Mandat für Deutsche Einheit
Die 10. Volkskammer zwischen
DDR-Verfassung und Grundgesetz

Hans Misselwitz
Richard Schröder (Hrsg.)

Mandat für Deutsche Einheit

Die 10. Volkskammer zwischen DDR-Verfassung und Grundgesetz

Leske + Budrich, Opladen 2000

Die einführenden Texte verfaßten:

Prof. Dr. Dietrich Herzog, Freie Universität Berlin
Dipl.-Pol. Bettina Scholz, Freie Universität Berlin

Gedruckt auf säurefreiem und alterungsbeständigem Papier.

Die Deutsche Bibliothek – CIP-Einheitsaufnahme

Ein Titeldatensatz für diese Publikation ist bei der Deutschen Bibliothek erhältlich.

ISBN 3-8100-2771-5

Satz: Leske + Budrich
Druck: DruckPartner Rübelmann, Hemsbach
Einband: disegno, Wuppertal unter Verwendung von Fotos von Inge Kundel-Saro, Berlin
Printed in Germany

Inhalt

Vorwort der Herausgeber ... 7

Dietrich Herzog
Die 10. Volkskammer der DDR:
Ein verantwortungsbewußtes und tüchtiges Parlament ... 11

Bettina Scholz
Verfassungsfragen, Verträge zur Einheit, Stasi-Unterlagen-Gesetz – Verlauf der Diskussions- und Entscheidungsprozesse ... 21

Die Arbeit der 10. Volkskammer – Berichte im Rückblick

Sabine Bergmann-Pohl
Die frei gewählte Volkskammer ... 49

Lothar de Maizière
Wie alles begonnen hat ... 67

Markus Meckel
Die Außenpolitik der DDR in der Zeit der frei gewählten Volkskammer 1990 ... 75

Christa Luft
In die soziale Marktwirtschaft ohne Arbeit und Eigentum? (Debatten und Beschlüsse zu Treuhand/Währungs-, Wirtschafts- und Sozialunion) ... 91

Reinhard Höppner
Beitritt zum heutigen Tage
Das allgegenwärtige Thema des Beitritts der DDR zum Geltungsbereich des Grundgesetzes ... 107

Wolfgang Ullmann
Eigentum im geteilten und im geeinten Deutschland
Zur legislativen Arbeit der ersten frei gewählten
Volkskammer der DDR 123

Joachim Gauck
Der Sonderausschuß zur Kontrolle der Auflösung des MfS/AfNS,
die Schaffung eines Gesetzes über die Stasi-Unterlagen 141

Die Fraktionen der 10. Volkskammer im Rückblick

Paul Krüger
Für einen geordneten Einigungsprozeß –
zur Arbeit der CDU/CDA-Fraktion 153

Richard Schröder
Die SPD-Fraktion in der Volkskammer 163

Jens Reich
Fraktion Bündnis 90/Grüne Partei: Positionen und Bilanz 169

Gregor Gysi
Das Profil meiner Fraktion – Positionen und Bilanz 177

Hansjoachim Walther
Das Profil meiner Fraktion, Positionen und Bilanz 183

Günther Maleuda
Die Fraktion DBD/DFD 191

Anhang

Biographische Notizen 201
Mitglieder der 10. Volkskammer 219
Chronik – Daten zur Arbeit der 10. Volkskammer 239
Dokumente 257

Vorwort der Herausgeber

Das zehnjährige Jubiläum des Mauerfalls am 9. November 1999 geriet vielen unwillkürlich zur Zehnjahresfeier der deutschen Einheit. Das ist ja nicht ganz unberechtigt. Aber als sich die Mauer unversehens öffnete, gab sie einen Weg frei und die Aussicht auf ein Ziel. Erreicht aber war es noch nicht. Dazu mußten sich viele bewegen: die beiden deutschen Staaten und diejenigen, die als Folge des Zweiten Weltkriegs, den Deutschland vom Zaune gebrochen hatte, Mitspracherechte besaßen, an erster Stelle die Siegermächte. Für die DDR war die Zuständigkeit, diesen Weg zu beschreiten, der Volkskammer und der von ihr getragenen Regierung unter dem Ministerpräsidenten de Maizière übertragen worden durch die ersten freien Wahlen, die es in der DDR am 18. März 1990 gegeben hat. Viele haben mitgewirkt auf dem Weg zur deutschen Einheit und niemandes Verdienst soll geschmälert werden. Beschließen aber konnte den Beitritt der DDR zum Geltungsbereich des Grundgesetzes allein diese, die letzte, die frei gewählte Volkskammer.

In der Geschichte der deutschen Demokratie ist diese Volkskammer ein zumeist unterschätztes Kapitel. Auch die Forschung hat sich dieses Themas längst noch nicht im geforderten Maße gewidmet, obwohl es doch seinen besonderen Reiz für Historiker und Politologen haben muß, zu untersuchen, wie sich nach vierzig Jahren Diktatur ein Parlament konstituiert und arbeitet, das, anstatt von einer „politischen Klasse“ dominiert, aus „Laienspielern“ besteht, wie man damals vom Westen aus ironisch angemerkt hat. Und ebenso interessant ist die Frage, welche Rolle dieses Parlament als Schule der Demokratie gespielt hat. Viele Volkskammerabgeordnete haben nämlich ihre Erfahrungen in die Landtage der „Neuen Bundesländer“, die zumeist älter sind als Nordrhein-Westfalen oder Baden-Württemberg, eingebracht.

Mit diesem Buch wollen wir aber nicht nur dieses unterschätzte Kapitel deutscher Parlamentsgeschichte würdigen. Wir wollen die Öffentlichkeit auch daran erinnern, daß die Einlösung jenes durch die Wahlen zustande gekommenen Mandates für die Herstellung der deutschen Einheit *demokratisch*, also im Widerstreit von verschiedenen Interessen und Überzeugungen erfolgte. Dies festzustellen soll heißen: Seinerzeit waltete weder nur die blinde Macht der Geschichte, noch der begnadete Wille des berühmten Einzelnen, wenn auch die Fülle zwingender, auf eine Vereinigung drängender Umstände in jener letzten Phase der DDR den Spielraum für Entscheidungen von Monat zu Monat und schließlich von Woche zu Woche einschränkten. Die Debatten und Auseinandersetzungen jener letzten Volkskammerperiode waren unter dem Druck der Zeit vielleicht nicht immer der Tragweite der Entscheidungen angemessen. Bei der Fülle der Gesetzgebungsarbeit bedurfte es eines hohen Maßes an Einsatz und Verantwortungsbewußtsein der Abgeordneten. Auch das Wissen um die bis in Einzelheiten hinein die Lebensumstände der Bevölkerung ändernden Bestimmungen führte dazu, daß die Arbeit selten routiniert abgewickelt und oft quer durch die Fraktionen abgestimmt wurde. Rückblickend sollte das Interesse auch Argumenten und Fragestellungen gelten, die vorwegnahmen, was der spätere und bis heute nicht vollendete Vereinigungsprozeß an Problemen zeitigte. Auch aus diesem Grunde lohnt es sich, jener Phase des Vereinigungsprozesses aus heutiger Sicht noch einmal Aufmerksamkeit zu schenken.

Für die Vorbereitung und Herstellung dieses Buches stand nur ein äußerst knapp bemessener Zeitraum zur Verfügung. Deshalb legen wir hier kein umfassendes Werk über die letzte Volkskammer vor, sondern einen Beitrag zur Darstellung der wesentlichen Entscheidungsfragen, der unterschiedlichen Positionen und der verschiedenen politischen Kräfte, die dieses Parlament prägten. Ohne eine schon abschließende wissenschaftliche Bearbeitung der Fragen erwarten zu können, baten wir Professor Dietrich Herzog von der Freien Universität Berlin, als „externer“ Beobachter und Politikwissenschaftler die Arbeit und Bedeutung dieses Parlaments einzuordnen. Seiner Mitarbeiterin, Bettina Scholz verdanken wir die Übersichtsdarstellungen und den Dokumententeil zu den ausgewählten Themenbereichen der parlamentarischen Arbeit. Den Hauptteil des Buches nehmen Beiträge von ehemaligen Abgeordneten der Volkskammer ein, die nach fachlicher Zuständigkeit und unter Berücksichtigung der Zusammensetzung des Parlaments angefragt wurden. Eingedenk ihrer jeweiligen politischen Rolle in jener Zeit, ob als Mitglied der Regierung oder einer der Koalitionsfraktionen oder als Abgeordneter auf der Oppositionsbank, wurde damit jeweils der Versuch gemacht, die betreffenden Probleme und Themen einerseits zu umreißen, andererseits die verschiedenen politischen Bewertungen noch einmal kenntlich werden zu lassen. Letzteres war vor allem von den ehemaligen Vorsitzenden oder führenden Mitgliedern der Fraktionen erwünscht, um ein möglichst objektives, wenn auch immer aus der eigenen Sicht gezeichnetes Gesamtbild herzustellen. Bewußt stellen wir somit die von Akteuren geschriebenen und von persönlicher Erinnerung geprägten Teile neben Beiträge, die sich um wissenschaftliche Analyse bemühen.

Die Herausgeber sind allen, die an diesem Buch mitgewirkt haben, zu Dank verpflichtet, denn sie haben sich unter den gegebenen Umständen dem Risiko ausgesetzt, ohne tiefgreifendes Aktenstudium und Absicherung persönlich wie politisch Stellung zu nehmen. Als Herausgeber wissen wir auch, daß bei näherem Hinsehen sich immer wieder Lücken auftun, die inhaltlich wie personell hätten gefüllt werden können. Wir bedauern, daß ein Beitrag zur Arbeit der FDP-Fraktion nicht mehr geliefert werden konnte. Somit verweist das Buch auf hinreichend offene Fragen und ein hoffentlich angeregtes Forschungsinteresse. Wir danken nicht zuletzt Edmund Budrich, der mit seiner verlegerischen Erfahrung und hohem persönlichem Einsatz für das Zustandekommen dieses Werkes rechtzeitig zum 10. Jahrestag der ersten freien Volkskammerwahl gesorgt hat. Und schließlich gebührt unser Dank der Ermutigung und Unterstützung durch Wolfgang Thierse, der selbst seine parlamentarische Laufbahn in der letzten Volkskammer begann und nun als Bundestagspräsident das beste Beispiel dafür gibt, daß das Wirken jenes kurze Parlamentes weit in die damals beginnende gemeinsame Zukunft reicht.

Wir haben uns erst vereinigt, wenn wir auch unsere Geschichten vereinigt haben. Dazu wollen wir einen Beitrag liefern und damit zugleich an den östlichen Beitrag zur deutschen Einheit erinnern. Geld und Kapital konnte die östliche Seite zur deutschen Einheit nicht beisteuern. Aber Engagement und wachen Bürgersinn. Darauf können die Ostdeutschen, die sich so oft als die Unterlegenen fühlen, durchaus ein bißchen stolz sein.

Richard Schröder
Hans Misselwitz Berlin, den 29 Februar 2000

Die 10. Volkskammer der DDR: Ein verantwortungsbewußtes und tüchtiges Parlament

Dietrich Herzog

Sie hat bisher eher im Schatten der Zeitgeschichte gestanden, jene zehnte und zugleich letzte Volkskammer der DDR. Aber sie war die erste, die aus freien Wahlen hervorgegangen ist. Und sie stand vor präzedenzlosen Herausforderungen. Sie mußte, noch weitgehend unter der alten DDR-Verfassung, und gleichsam über Nacht, nicht nur sich selbst organisieren, sondern auch ein funktionsfähiges parlamentarisches Regierungssystem in Gang setzen, um nach den turbulenten Monaten der demokratischen Revolution den neuen Staat wieder legitimations- und handlungsfähig zu machen. Sie mußte in einem ruinierten Land akute wirtschaftliche und soziale Probleme, so gut es ging, zu lösen versuchen. Und sie mußte vor allem der epochalen Aufgabe gerecht werden, nach viereinhalb Jahrzehnten der Spaltung die Wiedervereinigung der beiden deutschen Staaten zu befördern, solange die internationalen Bedingungen dafür noch eine Chance boten.

Dennoch liegt bisher weder eine gründliche zeitgeschichtliche Untersuchung vor, noch gar eine politikwissenschaftliche Gesamtdarstellung. Nur eine Handvoll schmaler Detailanalysen gibt Aufschluß über die Zusammensetzung der Abgeordnetenschaft, über ihre politischen Ansichten und Verhaltensweisen, über interne Konflikte etc. Noch immer konzentriert sich das publizistische und wissenschaftliche Interesse auf die Zeit der Bürgerbewegungen und der Runden Tische, obwohl erst durch die 10. Volkskammer und die durch sie gebildete Regierung die alte, zuletzt dualistische Staatsstruktur überwunden wurde. Abgelöst wurden die alte Regierung und der alte Staatsrat, die beide noch unter SED-Kontrolle gestanden hatten. Abgelöst wurden aber auch die rätedemokratisch verfaßten Runden Tische. Damit entfiel die lähmende Rivalität zwischen den alten Institutionen des SED-Staates und den mit demokratischem Anspruch auftretenden Runden Tischen. Wobei die Runden Tische ihrerseits bereits ihre anfänglich breite öffentliche Unterstützung verloren hatten, seitdem in der Bevölkerung das doppelte Ziel: freie Wahlen und Wiedervereinigung immer virulenter wurde, die Runden Tische aber, insbesondere der Zentrale Runde Tisch in Berlin, an einer Re-Stabilisierung des DDR-Staates festhielten Nun aber, mit dem Zusammentreten der 10. Volkskammer, begann ein neues Kapitel deutscher Verfassungsgeschichte. Die Politik der DDR gewann Legitimität und Kalkulierbarkeit. Das neue parlamentarische Regierungssystem schuf eindeutige Verantwortlichkeiten. Die DDR ordnete sich nunmehr ein in die Verfassungstradition der repräsentativen Demokratien des Westens.

Daß diese 10. Volkskammer der DDR noch immer keinen Platz im öffentlichen Bewußtsein gefunden hat, mag viele Gründe haben. Einer darunter ist sicherlich die nachhaltige Unsicherheit der deutschen Publizistik darüber, wie man die deutsche Vereinigung zu beurteilen habe. Darüber wird noch zu sprechen sein. Ein anderer Grund ist das Klischee vom „Übergangsparlament". In der Rückschau erscheint die 10. Volkskammer als eine Art Lückenfüller in jenem halben Jahr zwischen ihrer Wahl (18. März 1990) und dem Ende der DDR (3. Oktober 1990). Viele führende Parlamentsmitglieder hatten schon damals nur mit einer kurzen Amtsdauer gerechnet. Sie sahen ihre Aufgabe gerade darin, sich baldmöglichst „überflüssig" zu machen; wenngleich – und das war für viele eine wichtige Handlungsmaxime – „erst nach getaner Arbeit", wie es der damalige Vorsitzende der SPD-Fraktion, Richard Schröder, formulierte. Die Frage stellt sich heute, ein Jahrzehnt später: Hat diese Volkskammer ihre Arbeit gut geleistet?

Tatsächlich hat dieses „Übergangsparlament" in der kurzen Zeit seines Bestehens Beachtliches geleistet – und zwar obwohl die Ausgangsbedingungen dafür nicht nur günstig waren. Denn im Unterschied zu anderen Ländern, z.B. zu Polen oder der Tschechoslowakei hatte sich in der DDR keine politische Kraft herausgebildet, die, wie vergleichsweise die polnische Gewerkschaftsbewegung Solidarnosc oder die tschechische Intellektuellenbewegung Charta 77, die neue Demokratie unmittelbar nach dem Zusammenbruch des alten Regimes legitimerweise hätte tragen können. Auch gab es in der Umbruchsphase der DDR keine dominierende Persönlichkeit, etwa vergleichbar mit Walesa oder Havel, die mit unbestrittener Autorität eine Führungsrolle im demokratischen Konsolidierungsprozeß hätte übernehmen können. Der neue demokratische Staat in der DDR begann nicht plebiszitär sondern parlamentarisch. Das war schwieriger, weil viele Repräsentanten unterschiedlicher Interessen, auch solche aus dem alten Regime, innerhalb der noch unerprobten Regeln einer parlamentarischen Demokratie zusammenwirken mußten. Es ging, wie die Präsidentin der Volkskammer in der konstituierenden Sitzung sagte, darum, „über jeglichen Parteiegoismus hinweg ... durch eine *kluge, von vielen getragene Politik* wieder die Hoffnung in das Leben der Menschen zu geben, erneut das Vertrauen in die Zukunft zu wagen".

Günstig für den parlamentarischen Neubeginn war das Ergebnis der Volkskammer-Wahl vom 18. März 1990. Zwar hatte sie eine gewisse Parteienzersplitterung gebracht; von den 24 Wahlvorschlägen waren – mangels einer Sperrklausel im Wahlgesetz – nicht weniger als 12 erfolgreich, also im Parlament repräsentiert. Andererseits aber hatte das Wählervotum aber auch eine gewisse Konzentration der parlamentarischen Kräfte bewirkt, insofern es einen eindeutigen Gewinner gab, mit zusätzlich zwei mittelstarken und zwei kleineren Fraktionen. Das wurde möglich, weil sich schon im Vorfeld der Wahl jeweils mehrere Parteien und Bürgerbewegungen zu Wahlbündnissen zusammengeschlossen hatten. Darunter war die „Allianz für Deutschland". Sie umfaßte die (zunächst nur notdürftig reformierte) ehemalige Blockpartei CDU, die, nicht ohne Bedenken, aber dann doch machtvoll von ihrem westdeutschen Pendant unterstützt wurde, zudem die Deutsche Soziale Union (DSU) mit ihrer programmatischen Orientierung an der westdeutschen CSU und der aus der Bürgerbewegung stammende „Demokratische Aufbruch". Das ging keineswegs ohne heftige interne Konflikte. Jedoch erwies sich diese Allianz doch als genügend integriert, um – mit 48 Prozent der Stimmen – bei den Wählern eine unerwartete große Resonanz zu finden. Und sie blieb auch als Handlungseinheit über die gesamte Wahlperiode hinweg intakt, ja sogar darüber hinaus auch noch bei den später folgenden Kommunal- und Landtagswahlen. Jedenfalls konnte sich die Allianz auf eine eindeutige Wählerlegitimation als führende parlamentarische Kraft stützen. Ohne sie war eine Regierungsbildung praktisch nicht möglich, ihre programmatisch-strategische Zielsetzung bestimmte von vornherein die Grundzüge der neuen Regierungspolitik.

Andere Wahlbündnisse waren weniger erfolgreich, wenngleich sie doch jedenfalls einer sonst noch weiteren Zersplitterung der politischen Landschaft entgegengewirkt haben dürften. So hatten sich mehrere, in der Umbruchsphase besonders aktive Bürgerbewegungen (darunter das Neue Forum, Demokratie Jetzt und die Initiative für Frieden und Menschenrechte) zum „Bündnis 90" zusammengeschlossen. Es konnte zwar nur 2,9 Prozent der Wählerstimmen gewinnen. Aber diesem Bündnis fiel später die Hauptverantwortung als parlamentarische Opposition zu. Ein etwas besseres Wahlergebnis, nämlich 5,3 Prozent, erzielt der „Bund Freier Demokraten“, ein Bündnis mehrerer alter und neuer liberaler Gruppierungen (LDP, FDP, Deutsche Forumspartei). Auch hier verhinderte sicherlich der rechtzeitige Zusammenschluß eine parlamentarische Marginalisierung der einzelnen Partner. Wirklich gewichtige parlamentarische Kräfte waren die kurz zuvor in der DDR wieder gegründete SPD (21,9 Prozent der Stimmen), sowie die aus der ehemaligen Staatspartei SED hervorgegangene PDS (16,4 Prozent).

Vieles bliebe bei diesem Wahlausgang genauer zu analysieren; der überraschende große Erfolg der Ost-CDU, das schlechte Abschneiden der Bürgerbewegungen im Bündnis 90, die seinerzeit überraschende Wählerschwäche der Ost-SPD usw. Aber der Wählerentscheid ist eine Sache, die Regierungsbildung im Parlament eine andere. Und diese Koalition wurde – verglichen mit Regierungsbildungen in etablierten Parlamenten – verhältnismäßig schnell zusammengebracht; rund drei Wochen nach der Wahl der Volkskammer und eine Woche nach ihrer konstituierenden Sitzung. Sie wurde vor allem möglich durch die kluge Entscheidung der SPD, und zwar trotz mancher Vorbehalte gegenüber der ehemaligen Blockpartei CDU und vor allem gegenüber der zu weit rechts stehenden Neugründung Deutsche Soziale Union (DSU), in die Regierung einzutreten. Nachdem kurz zuvor schon die kleineren liberalen Fraktionen für eine Regierungsbeteiligung optiert hatten, entstand eine breit abgestützte Regierungskoalition. Sie verfügte nun über eine üppige Zweidrittelmehrheit, was vor allem für die anstehenden Verfassungsänderungen wichtig werden sollte. Das Wichtigste aber war, daß die Abgeordneten eine parlamentarische Mehrheit zustande gebracht hatten, die – trotz vielerlei interner Kontroversen – eine tragfähige Basis für eine handlungsfähige Regierung abgab. Das war nicht nur angesichts der dringenden innenpolitischen Probleme der DDR von großer Bedeutung. Es war darüber hinaus auch eine Grundbedingung für die selbstbewußte Teilnahme der DDR an den Einigungsverhandlungen mit der Bundesrepublik, an den internationalen Abkommen, insbesondere an den sogenannten 2+4-Verhandlungen, und auch für die Konsultation der unmittelbaren Nachbarn (Polen, Tschechoslowakei u.a.), deren Akzeptanz des deutschen Einigungsprozesses von großer Bedeutung für das zukünftige europäische Staatensystem war.

Man muß hinzufügen, daß diese zunächst beeindruckend große Regierungskoalition nicht bis zum Ende durchhielt. Nachdem bereits zuvor die Liberalen die Koalition aufgekündigt hatten, ohne freilich ihre drei Kabinettsmitglieder zurückzuziehen, verließ, nach rund vier Monaten Regierungsbeteiligung auch die SPD die Koalition (Fraktionsbeschluß vom 19. August 1990). Über die Gründe des Ausscheidens gibt es bislang nur spärliche Informationen. Möglicherweise spielten persönliche Rivalitäten zwischen dem Regierungschef (de Maizière) und einigen Kabinettsmitgliedern eine gewisse Rolle. Vielleicht war auch Parteitaktik im Spiel, insofern man sich durch einen begrenzten Konflikt eine bessere Ausgangsposition für die kommenden, nämlich ersten gesamtdeutschen Bundestagswahlen erhoffte. Aber dieser Fall zeigt wiederum eine umsichtige und verantwortungsbewußte Haltung in der Abgeordnetenschaft. Der Zusammenbruch der großen Koalition gefährdete die Handlungsfähigkeit der Regierung nicht ernsthaft. Denn sowohl die Liberalen als auch die Sozialdemokraten im Parlament unterstützten weiterhin die wichtigsten Regierungsvorlagen, darunter den Beschluß über den Beitritt der DDR zum Geltungsbereich des Grundgesetzes (23. August) und die Zustimmung zum Einigungsvertrag (20. September 1990). Die parlamentarische Verantwortungsbereitschaft war stärker als parteitaktische Interessen.

Das war durchaus nicht selbstverständlich. Denn es gab erhebliche ideologische Spannungen zwischen den Fraktionen. Zu unterschiedlich waren die Erfahrungen der Einzelnen unter dem SED-Staat und der Zeit der demokratischen Revolution. Es gab nicht nur Anhänger und Gegner des alten Regimes. Es gab auch ehemalige Nutznießer, die sich aber demokratisch neu zu orientierten begonnen hatten; und es gab mutige Akteure aus dem Widerstand, die einem repräsentativ-parlamentarischen System eher skeptisch gegenüber standen und eher eine plebiszitär-rätedemokratische Form bevorzugten. Derartige Konflikt-Konstellationen sind, wie noch zu zeigen sein wird, in vielen parlamentarischen Auseinandersetzungen virulent geworden – und sie prägen noch heute die öffentliche Debatte. Die Volkskammer konnte sie natürlich nicht aus der Welt schaffen. Aber sie hat – nach öffentlich geführten Debatten – auch tragfähige Entscheidungen getroffen.

Hinzu kommt, daß die Abgeordneten der 10. Volkskammer einen weiteren individuellen Handlungsspielraum hatten als in etablierten Parteiensystemen üblich. Sie waren, vielleicht mit Ausnahme der aus einer Kaderpartei hervorgegangenen PDS, zu jener Zeit noch wenig festgelegt auf eine spezielle Hausmacht oder auf bestimmte gesellschaftliche Verbände oder auch klar abgegrenzte Wählerschaften. In einer solchen Situation kommt es, mehr als sonst, auf die individuelle Motivation der einzelnen Abgeordneten an. Das kann Offenheit für neue Lösungen bedeuten. Aber möglich ist auch, daß in solchen Umbruchsphasen persönliche Ambitionen und individuelle Idiosynkrasien um so stärker durchschlagen.

Sie werden gewissermaßen nicht durch Institutionen gefiltert. Fast alle Mitglieder 10. Volkskammer waren Neulinge im parlamentarischen Betrieb. Niemand hatte parlamentarische Erfahrungen in einem demokratischen Staat sammeln können – im Unterschied zu 1949, wo, im ersten Deutschen Bundestag, zahlreiche erfahrene Weimaraner Politiker saßen, deren Erfahrungen damals für die Etablierung des parlamentarischen Regierungssystems der Bundesrepublik hilfreich waren. Nur etwa ein Dutzend der Abgeordneten hatte schon der vorangegangenen, noch SED-gesteuerten Volkskammer des alten Regimes angehört. (Wobei fraglich bleibt, ob dies eine hilfreiche Erfahrung für die neue Rolle in einem pluralistischen Parlament gewesen ist.) Viele Abgeordnete kamen direkt aus den Bürgerbewegungen, manche waren sogar an den zentralen oder lokalen Runden Tischen beteiligt gewesen. Das heißt, man kannte die politische Agenda der Zeit genau, und man war zudem gewöhnt an einen diskursiven Umgangsstil, wie er in den Bürgerbewegungen und an den Runden Tischen üblich gewesen war. Und dieser Verhaltensstil blieb offenbar auch dann noch intakt, nachdem sich im Parlament die normale Frontstellung zwischen Regierungsmehrheit und Oppositionsminderheit auftat. Wie aus den stenographischen Niederschriften der Volkskammer-Tagungen hervorgeht, kam es – trotz zum Teil durchaus heftiger Kontroversen – zu keinen Obstruktionen. Ordnungsrufe durch das Präsidium waren selten, kollektive Proteste im Plenum gleichfalls.

Man muß diese „Parlamentskultur“ der Toleranz besonders hervorheben. Denn sie hat wahrscheinlich zwei Dinge ermöglicht: ein erstaunliches Arbeitstempo und eine bemerkenswerte Konfrontationsresistenz. In den rund sechs Monaten ihres Bestehens absolvierten die Abgeordneten 38 Plenarsitzungen, verabschiedeten 164 Gesetze, faßten 93 Beschlüsse und gaben zahlreiche Stellungnahmen ab. Dabei ist die Arbeit in den Ausschüssen und informalen Parlamentsgremien noch nicht einbezogen. Das dokumentiert ein enormes, im großen und ganzen kooperatives Engagement der Abgeordneten, selbst wenn man berücksichtigt, daß ein Teil der Gesetzgebungsarbeit nicht Neuschöpfung war, sondern in der Anpassung des DDR-Rechts an die westdeutschen Normen bestand. Auch tut es dem Ruf der Volkskammer als „fleißiges Parlament“ keinen Abbruch, wenn in dieser Zeit viele Verhandlungen und Entscheidungen, namentlich die Verhandlungen zwischen der DDR und der Bundesrepublik, auf der Ebene der Exekutive stattfanden, dem Parlament also nur einen kontrollierenden, nicht aber einen gestalterischen Einfluß abverlangten.

Bemerkenswert auch der Verzicht auf lähmende Konfrontationen. Nicht selten stand das Parlament unter dem Druck heftiger Massendemonstrationen. Sie richteten sich unter anderem gegen den vorgesehenen Geldumtauschkurs bei der Währungsunion (die Demonstranten forderten einen Umtauschkurs 1 : 1), sie protestierten gegen die Pläne zur Änderung des DDR-Rechts auf Schwangerschaftsabbruch, sie richteten sich gegen den Zusammenbruch der bisherigen Absatzmärkte für die ostdeutsche Landwirtschaft, sie forderten umfassende Maßnahmen zur sozialen Absicherung im Einheitsvertrag, usw. Dazu kam der Druck von speziellen Gruppen. So protestierten PDS-Anhänger zu Zehntausenden gegen die mögliche Einziehung des Parteivermögens (mit gewissem Erfolg), oder revoltierende Gefängnisinsassen forderten eine allgemeine Amnestie, was aber vom Justizminister abgelehnt wurde. All das hätte durchaus genügend Anlässe geboten, den Protest von der Straße auch ins Parlament zu tragen.

Zu dem externen Druck auf das Parlament kamen grundlegende interne Meinungsverschiedenheiten in der Abgeordnetenschaft selbst. Sie äußerten sich in einer Art strategisch-ideologischem Schisma, das vielen Kontroversen über konkrete Sachprobleme zugrunde lag. Das zeigte sich in Bereichen der Wirtschafts-, Währungs- und Sozialpolitik wie auch besonders bei Verfassungs- und Rechtsproblemen, wie an anderer Stelle in diesem Band erläutert wird. Grob zusammengefaßt kann man die Spaltung in der Abgeordnetenschaft auf die Alternative bringen: möglichst schnelle Vereinigung (und zwar in der Form des Beitritts der DDR zum „Geltungsbereich des Grundgesetzes“) versus langsame Annäherung der beiden deutschen Staaten (zunächst durch eine zwischenstaatliche Vertragsgemeinschaft und mit dem Fernziel der Einheit). Für beide Positionen gab es durchaus wohlerwogene Begründungen. Die Anhänger einer Politik des langsamen Einigungsprozesses strebten zunächst eine Konsolidierung der DDR an. Das war vor allem, aber nicht ausschließlich, die Position von Bündnis 90 und der PDS. Man wollte zunächst eine grundlegend neue DDR-Verfassung schaffen. In ihr sollten unter anderem weitreichende soziale Grundrechte verankert und die sogenannten „Errungenschaften“ der DDR bewahrt bleiben. Verfassungspolitisch ging es um das Ziel, eine neue DDR-Verfassung zu schaffen, inklusive eines Verfassungsgerichts. Vor allem aber sollten auf allen staatlichen Ebenen direktdemokratische Elemente, z.B. Volksabstimmungen, ermöglicht werden. Die so reformierte DDR sollte dadurch ein größeres Gewicht im Einigungsprozeß erhalten. Wobei die Einigung nicht in einem Aufgehen in der bisherigen Bundesrepublik bestehen, sondern möglichst zunächst in eine „Vertragsgemeinschaft" der beiden deutschen Staaten einmünden sollte. Nicht zuletzt wollte man damit auch eine neue Verfassungsordnung für das vereinigte Deutschland, zumindest eine entsprechende Umgestaltung des westdeutschen Grundgesetzes erwirken. Bei der Vereinigung ginge es nicht um eine „erweiterte Bundesrepublik", sondern, wie Wolfgang Ullmann, Abgeordneter von Bündnis 90 und Sprecher der Bürgerbewegung Demokratie Jetzt, wiederholt betonte, um ein „neues Deutschland".

Die Gegenposition, vertreten von der Allianz, einem Großteil der sozialdemokratischen und liberalen Abgeordneten, befürwortete eine möglichst schnelle Vereinigung, und zwar durch einen Beitritt der DDR. Sie wurde im wesentlichen begründet mit der desolaten Situation des Landes. Die DDR, so wurde befürchtet, würde sich aus eigener Kraft nicht erholen. Der wirtschaftliche Niedergang, der sich schon seit Jahren abgezeichnet hatte, könne nur in einem vereinigten Deutschland aufgehalten werden. Auch die seinerzeit schon erkennbare ökologische Krise im industriellen Bereich der DDR wie in der Landwirtschaft war mit eigenen Mitteln nicht mehr zu bewältigen. Nachdem Bonn schon der Modrow-Regierung eine miliardenschwere Unterstützung versagt hatte, wurde auch einer Vertragsgemeinschaft zwischen den beiden deutschen Staaten keine Chance mehr eingeräumt. Schließlich mußte die fortdauernde Ausreisewelle gestoppt werden. Denn noch bis in den Sommer 1990 hinein verließen wöchentlich Tausende von DDR-Bürgern das Land. Man mußte mit einem weiteren Exodus von Fachkräften und damit mit akuten Versorgungsengpässen rechnen. Insofern war es für die Regierungsmehrheit nur konsequent, alle Bemühungen auf einen möglichst schnellen Beitritt zu richten.

Daß die Politik der raschen Einigung in der Volkskammer schließlich von einer großen, Zweidrittel- Mehrheit getragen wurde, erweist sich im Rückblick als ein Glücksfall der neueren deutschen Geschichte. Denn schon kurz nach der deutschen Einigung wurde in Moskau diejenige Führungspersönlichkeit aus dem Amt gedrängt, ohne deren persönlichen Einsatz die deutsche Einigung sicher nicht erreichbar gewesen wäre: der sowjetische Generalsekretär Gorbatschow. Wobei man noch berücksichtigen muß, daß mit der Zustimmung der Sowjetunion für den Verbleib des geeinten Deutschlands in der NATO auch zögerliche Regierungen des Westens zur Akzeptanz der deutschen Einigung bewogen wurden. Zahlreiche außenpolitische Aktivitäten der Volkskammer und der Regierung de Maizière waren zusätzlich geeignet gewesen, Mißtrauen der europäischen Nachbarn gegenüber einem nunmehr vereinigten Deutschland abzubauen und den Weg zur Einheit frei zu machen.

Natürlich konnte die Volkskammer jene scharfen politisch-ideologischen Konfliktfronten nicht auflösen. Sie sind noch heute, zehn Jahre nach der Einigung spürbar, wenn über mutmaßliche Fehlentscheidungen von damals debattiert wird. Aber alle Probleme der deutschen Einigung wurden seinerzeit von den Volkskammerabgeordneten ausführlich zur Sprache gebracht, im Plenum (dessen Sitzungen sämtlich im Fernsehen übertragen wurden) und in der Öffentlichkeit. Sie wurden schließlich von der Regierungsmehrheit entschieden. Das neue parlamentarische System in der DDR hatte seine ihm eigenen Vorzüge bestätigt: offene Auseinandersetzungen zu ermöglichen und zugleich entscheidungsfähig zu bleiben.

Historische Vergleiche sind immer bedenklich. Zu verschiedenartig sind gewöhnlich die Zeitumstände. Jedoch ergeben sich Urteilsgründe aus komparativer Sicht besser als aus persönlichen Vorlieben. Verglichen mit früheren parlamentarischen Neuanfängen in Deutschland, der Frankfurter Nationalversammlung oder dem Beginn der Weimarer Republik, hat die 10. Volkskammer der DDR ihre Arbeit nicht schlecht gemacht. Sie hat, anders als jene historischen Vorläufer, sich mit dem Dringlichen befaßt. Sie hat – auch das ein Zeichen politischer Klugheit – den Schwung der demokratischen Revolution, mit seinem Kernbegriff „Wir sind ein Volk“, auszunutzen versucht. Sie hat das praktisch Mögliche zu regeln versucht, statt sich in der Erörterung von Grundsatzfragen zu verlieren.

Auch ist die 10. Volkskammer nicht der Versuchung erlegen, sich als alleinigen Ausdruck des Volkswillens zu gerieren. Sie hat sich von Anfang an als Repräsentativorgan in einer Parteiendemokratie verstanden, in dem – neben dem Prinzip der Fairness gegenüber Minderheiten – das Prinzip des parlamentarischen Mehrheitsentscheids gilt. Sie ist vielleicht, wie manche Akteure bemängelten, ihrer Aufgabe der Exekutivkontrolle zu wenig nachgekommen. Jedoch hat sie andererseits auch der Regierung genügend Handlungsspielraum gelassen, um innenpolitisch, deutschlandpolitisch und außenpolitisch verläßlich auftreten zu können. In der Retrospektive erscheint das parlamentarische Regierungssystem in der kurzen Endphase der DDR als eine moderne Regierungsform: Parlament und Regierung haben ihre je spezifischen Kompetenzen nach Kräften auszufüllen versucht, ohne doch ihre gleichgewichtige Verantwortung im Rahmen einer „gemeinsamen Staatsleitung“ (Friesenhahn) zu vergessen.

Das Ende der DDR war natürlicher Weise auch das Ende der Volkskammer als Institution. Für viele ihrer Mitglieder war sie zugleich die Brücke in das vereinigte Deutschland. Unter den 128 Bundestagsabgeordneten, die 1990, bei der ersten gesamtdeutschen Bundestagswahl, aus den neuen Bundesländern kamen, hatten mehr als die Hälfte schon in der letzten Volkskammer der DDR ihre parlamentarischen Erfahrungen gewonnen. So markiert diese 10. Volkskammer nicht nur das Ende eines Staates, sondern in einem gewissen Sinne auch den Beginn einer neuen Periode in der Entwicklung des deutschen Parlamentarismus.

Verfassungsfragen, Verträge zur Einheit, Stasi-Unterlagen-Gesetz – Verlauf der Diskussions- und Entscheidungsprozesse

Bettina Scholz

In diesem Beitrag werden in knapper Form, aber doch umfassender als in einer reinen Zeittafel, Verlauf und wesentliche Argumentationslinien ausgewählter Verhandlungs- und Entscheidungsprozesse nachgezeichnet. Dabei werden bewußt nur bestimmte Aspekte der Themenbereiche herausgegriffen, zu denen die damals beteiligten Akteure in ihren Berichten ausführlicher zu Wort kommen. Im folgenden soll keine politikwissenschaftliche Analyse geleistet, sondern ergänzende Informationen zu den Beiträgen der ehemaligen Volkskammerabgeordneten geliefert werden, um die damaligen Akteure von der reinen Chronistenpflicht zu befreien und den Lesern das Verständnis ihrer Beiträge zu erleichtern.

Dabei werden folgende Einzelaspekte behandelt: die Verfassungsdiskussion, die in der Volkskammer geführt wurde, die Vertragsverhandlungen im Prozeß zur deutschen Einheit (Zwei-plus-Vier, Währungs-, Wirtschafts- und Sozialunion, Einigungsvertrag) sowie die Auseinandersetzungen über den Umgang mit den Stasi-Unterlagen.

Die Verfassungsdiskussion in der Volkskammer

Die im Herbst 1989 gültige Verfassung der DDR[1] ließ sich mit wenigen Änderungen durchaus für die Errichtung eines demokratischen parlamentarischen Regierungssystems in der DDR nutzen.

In dieser Verfassung war die Volkskammer charakterisiert als das oberste staatliche Machtorgan der Deutschen Demokratischen Republik,

---

1 Verfassung der Deutschen Demokratischen Republik in der Fassung vom 7. Oktober 1974

das in seinen Plenarsitzungen über die Grundfragen der Staatspolitik entscheidet, sowie die Vorsitzenden und die Mitglieder des Staatsrates und des Ministerrates wählt, die der Volkskammer rechenschaftspflichtig sind und von ihr jederzeit abberufen werden können. Somit waren Kompetenz und Aufgaben der Volkskammer in der Verfassung so definiert, daß sie auch auf ein demokratisch legitimiertes Parlament anwendbar waren.

Um den verfassungsrechtlichen Rahmen für die Wahl und parlamentarische Tätigkeit der demokratisch legitimierten Volkskammer zu bieten, mußte die alte Verfassung in zwei, allerdings grundlegenden Punkten geändert werden: Der Passus in Artikel 1, in dem bislang die „Führung der Arbeiterklasse und ihrer marxistisch-leninistischen Partei" festgelegt war, wurde gestrichen.[2] Damit war ein wesentliches Strukturmerkmal des sozialistischen Staates beseitigt. Ferner wurde Artikel 3 der Verfassung, wonach „das Bündnis aller Kräfte des Volkes in der Nationalen Front der Deutschen Demokratischen Republik seinen organisierten Ausdruck" findet, aufgehoben[3]. Bis zur konstituierenden Sitzung der demokratisch gewählten Volkskammer blieb die Verfassung der DDR von 1974 in Kraft.

Auf der konstituierenden Tagung der demokratisch gewählten Volkskammer wurde die in der Verfassung festgelegte Struktur des Regierungssystems der DDR erneut geändert. Der Staatsrat wurde abgeschafft und festgelegt, daß künftig ein Präsident das Staatsoberhaupt sein solle. Bis zu dessen Wahl, die allerdings nie stattfand, übernahm die Präsidentin der Volkskammer diese Funktion.

Die gültige Verfassung der DDR bot zwar den rechtlichen Rahmen für die Etablierung eines demokratischen parlamentarischen Regierungssystems in der DDR, die konkreten Aufgaben dieses demokratischen Parlaments – die Umgestaltung der zentralen Planwirtschaft zur Marktwirtschaft[4] und die Verwirklichung der staatlichen Einheit mit der Bundesrepublik –, waren mit der Verfassung in der bestehenden Form jedoch nicht zu lösen.

Die Diskussion über einen Antrag der CDU-Fraktion, die Minister nicht mehr, wie bisher üblich, auf die Verfassung, sondern nur auf Recht und Gesetz der DDR zu verpflichten, entwickelte sich zur Grundsatzdiskussion über die Gültigkeit der bestehenden Verfassung und ihre Brauch-

2 Auf der 13. Tagung der SED-dominierten Volkskammer, am 1. Dezember 1989.

3 Gesetz zur Änderung und Ergänzung der Verfassung vom 20. Februar 1990.

4 Die SED-dominierte Volkskammer hatte am 12. Januar durch eine Verfassungsänderung bereits den Weg für ausländische Unternehmensbeteiligungen (Joint Ventures) geebnet, etliche andere Festlegungen der sozialistischen Verfassung standen der Umstrukturierung der Wirtschaft jedoch entgegen.

barkeit im Hinblick auf die Entwicklung zur staatlichen Einheit mit der Bundesrepublik. In dieser Debatte wurden die Vorbehalte der Volkskammerabgeordneten gegen die bestehende sozialistische Verfassung, bis hin zu deren offener Ablehnung, besonders deutlich.[5]

Angesichts der Entwicklung zur staatlichen Einheit, stellte sich für die Volkskammer die grundsätzliche Frage, ob die Verabschiedung einer neuen Verfassung sinnvoll, oder ob es zweckmäßiger sei, sich auf Änderungen der bestehenden Verfassung und Übergangsregelungen zu beschränken.

Zwar lag mit dem Verfassungsentwurf des Runden Tisches[6] eine mögliche Alternative zur bestehenden sozialistischen Verfassung vor, durch die politische Entwicklung schien dieser Verfassungsentwurf aber bereits überholt.

In den Parlamentsdebatten[7] über den Verfassungsentwurf des Runden Tisches ging es dann auch kaum um die Inhalte dieses Entwurfs, sondern um die Frage, ob die Verabschiedung einer eigenen Verfassung nicht den Weg in die staatliche Einheit erschweren würde, und es daher sinnvoller sei, Übergangsregelungen zu beschließen. Die Abgeordneten der Bürger-

---

5 Ein Teil der Abgeordneten betrachtete die bestehende Verfassung als „sozialistisches Erbe", das mit der Entwicklung zu einem demokratischen Staat ungültig geworden sei. Andere Abgeordnete lehnten die bestehende Verfassung ab, da sie der Entwicklung zur staatlichen Einheit entgegenstehe. Der designierte Innenminister Diestel löste bei den Abgeordneten der Bürgerbewegungen Proteste aus, als er erklärte, er lehne die bestehende Verfassung ab. Dagegen betonte der Vorsitzende der SPD-Fraktion, Schröder, die Notwendigkeit, die bestehende Verfassung als gültig anzuerkennen, da sie zwar viel „sozialistische Lyrik" enthalte, zugleich aber das Grundgerüst darstelle, das die Verfahrensfragen regelt. Vgl. Protokoll der 2. Volkskammer-Tagung vom 12. April 1990.

6 Bereits auf der ersten Tagung des Zentralen Runden Tisches in Ost-Berlin, am 7. Dezember 1989, bildete sich eine Arbeitsgruppe zur Ausarbeitung eines Verfassungsentwurfs, an der alle Parteien und Vereinigungen des Runden Tisches, sowie eine Reihe von Experten aus der DDR und der Bundesrepublik beteiligt waren. Am 12. März 1990, während der letzten Sitzung des Runden Tisches, wurde ein Teil dieses, noch unvollständigen Entwurfs vorgestellt. Am 4. April wurde der fertiggestellte Verfassungsentwurf von den Teilnehmern der Arbeitsgruppe verabschiedet, einen Tag später der Volkskammer zugeleitet und durch seine Veröffentlichung in der Zeitung „Neues Deutschland" am 18. April der Öffentlichkeit vorgestellt.

7 Der Verfassungsentwurf des Runden Tisches wurde zunächst im Rahmen einer aktuellen Stunde auf der 3. Tagung der Volkskammer, am 19. April 1990, diskutiert und am 26. April, auf der 5. Tagung der Volkskammer, in erster Lesung beraten.

bewegungen, der PDS und der Bauernpartei sprachen sich für die Verabschiedung des Verfassungsentwurfs des Runden Tisches aus, da sie der Ansicht waren, diese Verfassung würde die Entwicklung zur staatlichen Einheit nicht behindern, sondern die Verhandlungsposition der DDR im Prozeß der staatlichen Einheit stärken. Die Abgeordneten der Allianzparteien argumentierten dagegen, daß eine neue Verfassung als Übergangsregelung nur begrenzte Gültigkeit haben könne, und der Aufwand öffentlicher Diskussion und Volksabstimmung dazu in keinem vernünftigen Verhältnis stünde. Zudem könne das Parlament angesichts der umfangreichen Aufgabe, die Währungs- und Wirtschaftsunion vorzubereiten, keine Zeit auf eine solche Übergangsregelung verwenden. Auch die SPD, deren Fraktionsvorsitzender den Verfassungsentwurf inhaltlich als gelungen bezeichnete, meldete Bedenken für seine Umsetzung an. Eine sofortige Inkraftsetzung des Verfassungsentwurfs sei nicht möglich, da sein Inhalt nicht der Realität entspräche. Als Beispiele nannte er die Existenz der Länder und ein Steuersystem, die im vorliegenden Verfassungsentwurf geregelt, in der Realität aber so noch nicht existent seien. Der Verfassungsentwurf oder Teile daraus, könne erst in Kraft gesetzt werden, wenn der Reformprozeß weiter fortgeschritten sei. Um bis dahin den Grundrechtsschutz zu gewährleisten, sei es daher notwendig sofort ein Staatsorganisationsgesetz einzuführen.[8]

Die SPD sprach sich zwar gegen die Verabschiedung des Verfassungsentwurfs zum gegenwärtigen Zeitpunkt aus, plädierte aber für seine Überweisung in die Ausschüsse. Die Allianzparteien argumentierten dagegen, das Wahlergebnis dokumentiere den eindeutigen Willen der Bevölkerung zur staatlichen Einheit mit der Bundesrepublik, eine langwierige Diskussion über eine neue Verfassung müsse daher in der Bevölkerung Irritationen auslösen. Eine Überarbeitung der Verfassung von 1949, in der es hieß „Deutschland ist eine unteilbare demokratische Republik"[9], sei die sinnvollste, weil am schnellsten zu realisierende Möglichkeit.[10]

Mit einer knappen Mehrheit von 179 zu 167 Stimmen, bei 4 Enthaltungen, wurde die Überweisung des Verfassungsentwurfs des Runden Tisches an den Ausschuß für Verfassung und Verwaltungsreform abgelehnt. Damit war eine weitere Behandlung des Verfassungsentwurfs in der Volkskammer nicht mehr möglich.

Nachdem der Verfassungsentwurf des Runden Tisches in der Volkskammer gescheitert war, begann Justizminister Wünsche eine Experten-

---

8 Vgl. Protokoll der 3. Volkskammer-Tagung vom 19. April 1990.
9 Verfassung der Deutschen Demokratischen Republik von 1949, Artikel 1.
10 Vgl. Protokoll der 5. Volkskammer-Tagung, vom 24. April 1990.

kommission zusammenzustellen, die auf der Grundlage der Verfasssung von 1949 eine Übergangsverfassung erarbeiten sollte. Ein von dieser Kommission erarbeiteter Entwurf wurde zwar in erster Lesung im Ministerrat behandelt, aber nie in die Volkskammer eingebracht.

Die Entwicklung zur staatlichen Einheit war bereits so weit fortgeschritten, daß nicht mehr die Ausarbeitung und Verabschiedung einer vollständigen (Übergangs-) Verfassung im Vordergrund stand, sondern schnellstmöglich die verfassungsrechtliche Grundlage für die Staatsverträge und den Beitritt der DDR zum Geltungsbereich des Grundgesetzes geschaffen werden mußte. Mit der Vorbereitung dieser Rechtsgrundlage, dem Verfassungsgrundsätzegesetz, wurde jede weitere Arbeit an einer (Übergangs-) Verfassung eingestellt.

Auf Antrag des Ministerrates wurde das Gesetz über die Verfassungsgrundsätze[11] am 17. Mai 1990, auf der 7. Tagung der Volkskammer, in erster Lesung beraten. In der Begründung dieses Gesetzentwurfs faßte Justizminister Wünsche die Verfassungsproblematik nochmals zusammen. Er betonte die Notwendigkeit einer „in sich geschlossenen, auf das wesentliche beschränkten und dann auch unverzüglich praktikablen Übergangsverfassung."[12] Darüber ginge der Verfassungsentwurf des Runden Tisches weit hinaus. Der Entwurf sei in einem Zeitraum entstanden, „in dem noch andere Vorstellungen über Dauer und Form der staatlichen Existenz herrschten als heute."[13] Bei einer gesamtdeutschen Verfassungsdiskussion und -entscheidung könne der Entwurf des Runden Tisches aber erneut an Aktualität gewinnen. Die Regierung werde sobald wie möglich der Volkskammer den Entwurf eines möglichst knappen vorläufigen Grundgesetzes der DDR vorlegen, in das Elemente der Verfassung von 1949 und des Verfassungsentwurfs des Runden Tisches einfließen sollten. Es zeige sich nun aber, „daß selbst diese realistische Variante ohne Schaden nicht so schnell zu bewerkstelligen ist, daß wichtige gesetzgeberische Projekte der nächsten Wochen, wie z.B. der Staatsvertrag mit der BRD, das Ländereinführungsgesetz oder das Richtergesetz, bereits ohne ständige Verfassungsdiskussionen und -änderungen verwirklicht werden" könnten.[14] „Gewissermaßen als Übergang im Übergang" sei es

11 Volkskammer der 10. Wahlperiode, Drucksache Nr. 19: Antrag des Ministerrates der Deutschen Demokratischen Republik vom 9. Mai 1990: Gesetz zur Änderung und Ergänzung der Verfassung der Deutschen Demokratischen Republik (Verfassungsgrundsätze).

12 Protokoll der 7. Tagung der Volkskammer, S. 173.

13 Ebenda.

14 Ebenda.

der Regierung daher unerläßlich erschienen, „dem Wesen der neu entstehenden gesellschaftlichen und staatlichen Verhältnisse entsprechende Verfassungsgrundsätze vorzulegen.“[15]

Mit diesen Verfassungsgrundsätzen, die im vorgelegten Entwurf nur sieben Artikel umfaßten, wurde keine neue, vollständige Verfassung vorgelegt, sondern gewissermaßen in der Umkehrung des Verfahrens, alle sozialistischen und daher hinderlichen Elemente der alten Verfassung außer Kraft gesetzt.

In Artikel 1 des Entwurfs bekennt sich die DDR zur freiheitlichen, demokratischen, föderativen, rechtsstaatlichen und sozialen Grundordnung. Alle gesetzlichen Regelungen, die den Einzelnen oder staatliche Organe auf die sozialistische Staats- und Rechtsordnung verpflichten, werden für ungültig erklärt. In den weiteren Artikeln des Gesetzentwurfs wird das Privateigentum einschließlich des Erwerbs von Grund und Boden sowie an Produktionsmitteln gewährleistet, die wirtschaftliche Handlungsfreiheit für natürliche und juristische Personen garantiert, die Freiheit tariffähiger Gewerkschaften und Arbeitgeberverbände, eine unabhängige Rechtsprechung sowie der Schutz der Arbeit[16] festgeschrieben. Das bisher verbriefte Recht auf Arbeit[17] wird durch die Verfassungsgrundsätze aufgehoben. Durch die Festlegung des Artikels 7 des Entwurfs wird das in der (noch) gültigen Verfassung vorgeschriebene Verfahren zu Verfassungsänderungen[18] erleichtert. Danach muß nicht mehr ausdrücklich der Wortlaut der Verfassung geändert werden, sondern die Verfassung kann durch Gesetze geändert werden, die die Bezeichnung „Verfassungsgesetz“ tragen.

Das Gesetz über die Verfassungsgrundsätze wurde an mehrere Ausschüsse überwiesen und am 17. Juni 1990 in zweiter Lesung beraten. Die bereits im Entwurf des Ministerrates enthaltenen Artikel der Verfassungsgrundsätze blieben in der zur Abstimmung vorgelegten Beschlußemp-

---

15 Ebenda.

16 Drucksache Nr. 19, Verfassungsgrundsätze, Artikel 6: „Die Arbeitskraft wird vom Staat geschützt. Der Staat fördert das Recht des Einzelnen, durch Arbeit ein menschenwürdiges Leben in sozialer Gerechtigkeit und wirtschaftlicher Freiheit zu führen.“

17 Verfassung der DDR in der Fassung von 1974, Artikel 24.

18 Verfassung der DDR in der Fassung von 1974, Artikel 106: Die Verfassung kann nur von der Volkskammer der Deutschen Demokratischen Republik durch Gesetz geändert werden, das den Wortlaut der Verfassung ausdrücklich ändert oder ergänzt.

fehlung im wesentlichen erhalten.[19] In der Überarbeitung durch die Ausschüsse wurden die Verfassungsgrundsätze jedoch um weitere Festlegungen ergänzt. So wurde in den Verfassungsgrundsätzen die Bildung eines Verfassungsgerichts in Aussicht gestellt und der Schutz der Umwelt als Staatsziel festgelegt. Festgeschrieben wurde auch eine von den Regierungsparteien in der ersten Lesung als Änderungsantrag eingebrachte Regelung über die mögliche Einschränkung von Hoheitsrechten. Danach kann die Deutsche Demokratische Republik „durch Verfassungsgesetz Hoheitsrechte auf zwischenstaatliche Einrichtungen oder Einrichtungen der Bundesrepublik Deutschland übertragen oder in die Beschränkung von Hoheitsrechten einwilligen."[20] Damit war es der DDR-Regierung möglich, im Zuge der Währungsunion bestimmte Souveränitätsrechte direkt an die Bundesrepublik zu übertragen, ohne zwischenstaatliche Gremien schaffen zu müssen.

Vertreter der Allianzparteien und der SPD bezeichneten die Verfassungsgrundsätze als gelungene Kompromißlösung, da die Verabschiedung einer neuen Verfassung nicht mehr zu realisieren sei, die Verträge zur staatlichen Einheit aber verfassungsrechtlich abgesichert sein müßten. Dagegen kritisierte die PDS, der Inhalt der Verfassungsgrundsätze sei aus dem Entwurf des Staatsvertrages abgeleitet; Vereinbarungen, die auf Regierungsebene getroffen wurden, würden somit zur Verfassungsordnung erhoben. Darüber hinaus kritisierten Vertreter der Oppositionsparteien, durch die Verfassungsgrundsätze würde eine unklare Verfassungslage geschaffen. Es sei nicht klar ersichtlich, welche Artikel der bisherigen Verfassung konkret verändert und ergänzt würden, bzw. welche neuen Artikel eingeführt werden sollten. Die Möglichkeit, die Verfassung durch Gesetze zu ändern, die den Titel „Verfassungsgesetz" tragen, führe dazu, daß künftige Verfassungsänderungen von der Öffentlichkeit nicht mehr nachlesbar und nachvollziehbar seien.[21]

Mit einer knappen Zwei-Drittel-Mehrheit[22] von 269 Stimmen, bei 83 Gegenstimmen und 4 Enthaltungen, wurden die Verfassungsgrundsätze am 17. Juni 1990 von der Volkskammer verabschiedet.

---

19 Einige Formulierungen wurden deutlicher gefaßt oder erweitert, ohne damit eine grundsätzliche Veränderung des Entwurfs vorzunehmen.

20 Gesetz zur Änderung und Ergänzung der Verfassung der Deutschen Demokratischen Republik (Verfassungsgrundsätze), Artikel 8.

21 Vgl. Protokoll der 15. Volkskammer-Tagung, vom 17. Juni 1990.

22 Bei 400 Abgeordneten in der Volkskammer erforderte eine Zwei-Drittel-Mehrheit 267 Stimmen.

Auch wenn die Kritik der Opposition nicht von der Hand zu weisen ist, bleibt festzuhalten, daß die legislative Arbeit der Volkskammer durch die Verabschiedung der Verfassungsgrundsätze erleichtert wurde, da die sozialistische Verfassung nicht mehr Artikel für Artikel außer Kraft gesetzt werden mußte, um die im Zuge der Entwicklung zur staatlichen Einheit erforderlichen umfassenden Rechtsangleichungen vornehmen zu können.

Die Zwei-plus-Vier-Verhandlungen

Mit dem „Zehn-Punkte-Programm zur Überwindung der Teilung Deutschlands und Europas", das Bundeskanzler Kohl Ende November 1989 vorlegte, erklärte er die Vereinigung beider deutscher Staaten zum konkreten Ziel seiner Politik.

Da Deutschland nur über eingeschränkte Souveränitätsrechte verfügte, mußten bei Überlegungen und Schritten in Richtung einer Vereinigung beider deutscher Staaten die Rechte und Verantwortlichkeiten der Siegermächte des Zweiten Weltkrieges berücksichtigt werden. Bundeskanzler Kohl und Außenminister Genscher vertraten dabei die Position, die Deutschen sollten zunächst selbst Vereinbarungen und Entscheidungen treffen, und diese den Alliierten abschließend zur Kenntnis geben. Unterstützt wurde diese Position durch den US-Präsidenten Bush und seinen Außenminister Baker. Die Sowjetunion, Frankreich und Großbritannien vertraten dagegen den Anspruch, aufgrund der besonderen Vier-Mächte-Rechte alle Entwicklungen, die das Verhältnis beider deutscher Staaten zueinander betrafen, aktiv mitbeeinflussen zu können. Die UdSSR sah, wie auch die DDR-Regierung unter Modrow, die Frage der staatlichen Einheit ohnehin als nicht aktuell an.

Nach dem Besuch Modrows in Moskau am 30. Januar konnte Kohl allerdings von einer veränderten Einstellung Gorbatschows zur Entwicklung der deutsch-deutschen Beziehungen ausgehen. In einer von der Nachrichtenagentur TASS verbreiteten Erklärung, äußerte Gorbatschow sein Verständnis für die legitimen Interessen der Deutschen in der DDR und der BRD, ihr Bemühen um eine Vertiefung des gegenseitigen Austausches und der Zusammenarbeit. Zudem legte Modrow nach seiner Rückkehr den Plan für „Deutschland, einig Vaterland" vor. Es war anzunehmen, daß er dies nicht ohne Rückendeckung aus Moskau tat.

Bei einem Kurzbesuch in Moskau, am 10. Februar 1990, erhielten Kohl und Genscher von Gorbatschow die Zusage, es sei Angelegenheit der Deutschen selbst, eigenverantwortlich über Formen, Termine und Bedingungen ihrer nationalen Einheit zu entscheiden. Die Sowjetunion werde dies respektieren.

Vorausgegangen waren Vermittlungen des amerikanischen Außenministers, der auch[23] bei Gorbatschow für die Idee geworben hatte, in gemeinsamen Verhandlungen der Siegermächte mit den beiden deutschen Staaten die äußeren Aspekte der deutschen Einheit zu erörtern. Am Rande einer Außenministerkonferenz der NATO und des Warschauer Paktes in Ottawa/Kanada trafen die Außenminister der zwei deutschen Staaten mit den Außenministern der Vier Mächte (USA, UdSSR, Großbritannien, Frankreich) die Vereinbarung über Zwei-plus-Vier-Gespräche.

Der offizielle Beginn der Zwei-plus-Vier-Gespräche der Außenminister fand am 5. Mai 1990 in Bonn statt.[24] Dieses Treffen war durch diverse Vorgespräche auf Beamtenebene, die zum Teil noch vor der Volkskammerwahl im März 1990 stattfanden, vorbereitet worden. Zunächst hatten sich die vier westlichen Verhandlungsführer getroffen, um eine gemeinsame Linie abzustimmen. Der bundesdeutsche Vertreter, der Politische Direktor des Auswärtigen Amtes Dieter Kastrup, hatte zudem bilaterale Gespräche mit sowjetischen und mit ostdeutschen Verhandlungspartnern geführt. Auch in der Folgezeit bereitete er die Zwei-plus-Vier-Gespräche durch Konsultationen der Bundesrepublik mit den USA, Großbritannien und Frankreich, deutsch-deutsche Treffen und bilaterale Gespräche mit Diplomaten der Alliierten vor.

Das erste Außenministertreffen in Bonn brachte eine Einigung über die Tagesordnung und die Tagungsorte der künftigen Gespräche. Der sowjetische Außenminister Schewardnadse bezeichnete bei diesem Gespräch die Mitgliedschaft eines vereinigten Deutschlands in der NATO als nicht akzeptabel.

Die Frage der gesamtdeutschen Bündniszugehörigkeit und das Verfahren zur endgültigen Anerkennung der deutsch-polnischen Grenze stellten sich als entscheidende Probleme der Verhandlungen heraus. Beides waren zentrale Themen zahlreicher bi- und multilateraler Treffen der beteiligten Außenminister und ihrer Beamte im Vorfeld der zweiten Außenministerkonferenz am 22. Juni in Ost-Berlin. Dieses Treffen brachte

23 Zuvor hatte Baker bereits die Zustimmung Großbritanniens, Frankreichs und der Bundesrepublik eingeholt.

24 Wenige Tage zuvor hatten sich beide deutschen Regierungen auf die Umtauschkurse für die Währungsunion geeinigt und damit deutlich gemacht, daß sie die Einheit wirklich und zügig vollziehen wollten.

keine Annäherung der Positionen. Es wurde lediglich Einigkeit darüber erzielt, beim nächsten Außenministertreffen die deutsch-polnische Grenzfrage abschließend zu regeln.

Der erhoffte Durchbruch gelang kurz bevor die dritte Verhandlungsrunde am 17. Juli in Paris zusammentraf. Bei Gesprächen in Moskau und im Kaukasus am 15. und 16. Juli hatten Kohl und Gorbatschow sich darauf geeinigt, daß mit der Vereinigung Deutschlands die alliierten Vorbehaltsrechte erlöschen und das souveräne Deutschland selbst über seine Bündniszugehörigkeit entscheiden könne. Ein Vertrag zwischen Deutschland und der Sowjetunion solle den Abzug der Roten Armee bis spätestens 1994 aus der ehemaligen DDR regeln. Während dieser Übergangsfrist würden keine Strukturen der NATO auf ehemaliges DDR-Gebiet ausgedehnt. Im Gegenzug sagte Kohl der Sowjetunion umfangreiche wirtschaftliche Hilfe zu.

Erleichtert wurde Gorbatschow das Einlenken in der Frage der Bündniszugehörigkeit durch die Ergebnisse eines NATO-Gipfels Anfang Juli, auf dem ein weitreichendes Angebot zur politischen Zusammenarbeit mit Staaten des Warschauer Paktes, zu Abrüstung und zur Änderung der NATO-Strategie vorgelegt worden war.

Ein wesentlicher Streitpunkt war also bereits geklärt als die Außenminister zu ihrem dritten Treffen in Paris zusammenkamen. Dieses Treffen, an dem auch der polnische Außenminister Skubiszewski teilnahm, beschäftigte sich vor allem mit der deutsch-polnischen Grenzfrage. Für die Lösung dieser Frage hatten die Volkskammer und der Bundestag entscheidende Vorarbeit geleistet, indem sie am 21. Juni, in der Sitzung in der auch über den ersten Staatsvertrag abgestimmt wurde, mit überwältigenden Mehrheiten eine vorher abgestimmte gleichlautende Entschließung zur Endgültigkeit der Oder-Neiße-Grenze verabschiedet hatten. In dieser Erklärung gaben beide Parlamente ihrem Willen Ausdruck, daß der Verlauf der Grenze zwischen dem vereinigten Deutschland und der Republik Polen durch einen völkerrechtlichen Vertrag endgültig bekräftigt werden solle. In diesem Vertrag solle, auf der Grundlage der mit Polen getroffenen Abkommen[25] und Vereinbarungen, der Grenzverlauf festgeschrieben und Gebietsansprüche gegenseitig ausgeschlossen werden.

Auf der Außenministerkonferenz in Paris einigten sich die Teilnehmer darauf, daß unmittelbar nach Herstellung der deutschen Souveränität

25 Die zur Grenzfrage zwischen der DDR und Polen abgeschlossenen Verträge und Vereinbarungen vom 6.7.1950, 27.1.1951 und 22.5.1989 sowie der Grundlagenvertrag zwischen der Bundesrepublik und Polen vom 7.12.1970.

ein bilaterales Abkommen zwischen Polen und Deutschland die Oder-Neiße-Grenze bestätigen solle.[26]

Zur Vorbereitung der nächsten und abschließenden Gesprächsrunde erhielten die Beamten und Diplomaten, die die Verhandlungen zwischen den Außenministertreffen führten, den Auftrag, den Entwurf für ein Abschlußdokument zu erstellen. Zur Beschleunigung der Ausarbeitung teilten die Delegationen die Entwurfsausarbeitung nach Problemfeldern auf. Die sowjetische Seite bestand darauf, einen eigenen Entwurf zu erarbeiten, konnte sich aber in den vorbereitenden Gesprächen mit ihrem Entwurf nicht durchsetzen, da die vier westlichen Verhandlungspartner an der unter ihnen abgestimmten Verhandlungslinie festhielten.

Beim abschließenden Treffen der Zwei-plus-Vier Runde unterzeichnete die Außenministerkonferenz am 12. September in Moskau den „Vertrag über die abschließende Regelung in bezug auf Deutschland". In der Präambel des Vertrages wird auf die Rechte und Verantwortlichkeiten der Vier Mächte für Berlin und Deutschland als Ganzes verwiesen, die historischen Veränderungen in Europa gewürdigt und das Selbstbestimmungsrecht der Deutschen anerkannt. Der Vertrag legt die Außengrenzen des vereinigten Deutschlands entsprechend der Grenzen der Bundesrepublik und der DDR endgültig fest. Die beiden deutschen Staaten bekräftigen ihren Verzicht auf ABC-Waffen und verpflichten sich zu einer Verkleinerung der gesamtdeutschen Armee. Die Sowjetunion zieht ihre Truppen bis Ende 1994 vom Gebiet der ehemaligen DDR ab. Dort dürfen weder ausländische Truppen noch Atomwaffen stationiert werden. Der Vertrag regelt weiter, daß die Vier Mächte ihre Rechte und Verantwortlichkeiten in bezug auf Berlin und Deutschland als Ganzes beenden, das vereinigte Deutschland damit volle Souveränität über seine inneren und äußeren Angelegenheiten gewinnt und damit auch in der Wahl der Bündniszugehörigkeit frei ist.

Der Vertrag trat nach erfolgreicher Ratifizierung in den beteiligten Staaten am 15. März 1991 in Kraft. Mit Wirkung zum 3. Oktober 1990 hatte das vereinigte Deutschland seine volle Souveränität bereits wiedererlangt, indem die Vier Mächte durch eine Erklärung vom 1.10.1990 bis zum Inkrafttreten des Zwei-plus-Vier-Abschlußvertrages auf ihre alliierten Vorbehaltsrechte verzichteten.

---

26 Ein Grenzabkommen, in dem die Oder-Neiße-Grenze völkerrechtlich anerkannt wird, unterzeichneten die Außenminister Genscher und Skubiszewski am 14. November 1990 in Warschau.

Der Vertrag zur Währungs-, Wirtschafts- und Sozialunion

Mitte November 1989 kündigte der neue Ministerpräsident Hans Modrow in seiner ersten Regierungserklärung wirtschaftliche Reformen an, die dazu beitragen sollten die Krise in der DDR zu beenden und die wirtschaftliche Situation zu stabilisieren. Dabei dachte er aber keineswegs an eine völlige Abkehr vom System der Planwirtschaft, sondern skizzierte seine Idee vom „dritten Weg", der Gestaltung einer sozialistischen Marktwirtschaft, in der Planung und Markt verbunden sein sollten[27]. So sollten Schlüsselbereiche der Wirtschaft Volkseigentum bleiben und weiterhin staatliche Strukturplanung betrieben werden, aber zugleich, zumindest in beschränktem Umfang, Privateigentum und freie Preisbildung zugelassen werden.

Auf das Verhältnis beider deutschen Staaten eingehend, erteilte Modrow den „unrealistischen wie gefährlichen Spekulationen über eine Wiedervereinigung" eine deutliche Absage, betonte aber die Bereitschaft zu einer Vertragsgemeinschaft, „die weit über den Grundlagenvertrag und die bislang geschlossenen Verträge und Abkommen zwischen beiden deutschen Staaten hinausgeht."[28]

Die von Modrow in Aussicht gestellte Vertragsgemeinschaft wurde Ende November von Bundeskanzler Kohl in seinem „10-Punkte-Programm zur schrittweisen Überwindung der Teilung Deutschlands und Europas" aufgegriffen und ausgestaltet.[29] In der DDR wurde dieser Stufenplan unterschiedlich aufgenommen, stieß aber überwiegend auf Ablehnung.

Am 1. Februar stellte Ministerpräsident Modrow vor der Presse ein Konzept „Deutschland, einig Vaterland" als Vierstufenplan für die Vereinigung beider deutscher Staaten vor. Vorgesehen war hier der Weg über eine Konföderation unter der Voraussetzung der militärischen Neu-

---

27 Insgesamt waren die Veränderungen im Wirtschaftssystem, die zumindest teilweise auch verwirklicht wurden, aber stärker auf die Stabilisierung bestehender Strukturen, als auf die Einführung einer freien Marktwirtschaft ausgelegt.

28 Volkskammer, 9. Wahlperiode, 12. Tagung (17./18.11.1989); zitiert nach: Deutschland-Archiv, 1/1990, S. 135.

29 Neben dem Angebot sofortiger konkreter Hilfe, wurde in dem Programm eine umfangreiche Zusammenarbeit angeboten, die allerdings an einen grundlegenden und unumkehrbaren Wandel der Wirtschaftsstukturen in der DDR geknüpft war. Nach freien Wahlen in der DDR seien konföderative Strukturen denkbar, die in einem Prozeß zunehmender Kooperation schließlich zu einer bundesstaatlichen Ordnung in Deutschland führen sollten.

tralität. Der Hintergrund[30] für diesen Kurswechsel ist einerseits in der sich verschärfenden wirtschaftlichen Krise in der DDR zu sehen, andererseits im Stimmungsumschwung in der Bevölkerung, von der immer deutlicher die staatliche Einheit gefordert wurde.

Die Bundesregierung erklärte sich daraufhin bereit, mit der DDR über eine baldige Währungsunion mit Wirtschaftsgemeinschaft zu verhandeln. Die DDR müsse damit allerdings ihre Souveränität in der Währungspolitik vollständig und in der Wirtschafts- und Sozialpolitik weitgehend aufgeben.

Dieses Angebot, das sowohl ökonomisch als auch außenpolitisch ein riskanter Schritt war, kennzeichnet einen völligen Wechsel der politischen Strategie. Die bisherigen Stufenpläne, sowohl das 10-Punkte-Programm, das Kohl im November vorgelegt hatte, als auch sonstige Überlegungen und Konzepte zur wirtschaftlichen Zusammenarbeit und zum Aufbau einer konkurrenzfähigen Wirtschaft in der DDR, waren immer dem Grundgedanken gefolgt, die DDR müsse zunächst die rechtlichen Voraussetzungen zur Einführung der Marktwirtschaft schaffen, dann ihre Wirtschaft sanieren und erst wenn sich die Produktivität dem westlichen Niveau angenähert habe, sei eine gemeinsame Währung in einem einheitlichen Wirtschaftsgebiet vertretbar.

Das Angebot der Währungsunion mit Wirtschaftsgemeinschaft bedeutete dagegen die baldige Einführung der D-Mark in der DDR, verbunden mit der gleichzeitigen Einführung der Marktwirtschaft (Stichtagslösung). Zwar ging die Bundesregierung im Frühjahr 1990 noch davon aus, daß, wegen der notwendigen Verhandlungen mit den Siegermächten, zwischen Währungsunion und staatlicher Einheit noch eine ein- bis zweijährige Übergangszeit liegen werde, diese Übergangsphase versprach aber wesentlich kürzer zu werden, als es noch die Stufenpläne vorgesehen hatten.

Der Wechsel der wirtschaftspolitischen Konzeption hatte mehrere Gründe. Zum einen den anhaltend großen Strom von Übersiedlern aus der DDR in die Bundesrepublik. Die DDR verlor damit Fachkräfte, die für den Aufbau der Wirtschaft dringend gebraucht wurden, während in der Bundesrepublik die Aufnahmekapazität allmählich erschöpft war. Mit der Aussicht auf baldige Besserung der Lebensverhältnisse in der DDR sollten die Menschen zum Bleiben ermuntert werden. Zum anderen gin-

30 Modrow selbst dazu: „Die Vereinigung der beiden deutschen Staaten stand schon auf der Tagesordnung. Deshalb konnte die Initiative keine Flucht nach vorn sein, es ging vielmehr darum, nicht hinter der Entwicklung zurückzubleiben.“ Hans Modrow, Aufbruch und Ende, Hamburg 1991, S. 125.

gen Wirtschaftsexperten davon aus, daß die DDR ihre Wirtschaft nicht aus eigener Kraft werde sanieren können, da die Produktionsanlagen völlig veraltet seien und Fachkräfte abwanderten.

Da der Termin für die Volkskammerwahlen inzwischen auf den 18. März vorverlegt worden war[31], kann das Angebot der baldigen Währungsunion in gewisser Weise auch als Wahlkampfhilfe interpretiert werden, da es die Parteien in der DDR stärken würde, die als Partnerparteien der westdeutschen Regierungsparteien gelten konnten.

Ministerpräsident Modrow, der am 13. Februar mit einer großen Regierungskoalition zu einem Besuch nach Bonn kam, erklärte, erst die nach der freien Volkskammerwahl gebildete Regierung könne über die Währungsunion verhandeln. Vereinbart wurde aber die Einsetzung einer gemeinsamen Kommission[32] zur Vorbereitung einer Währungs- und Wirtschaftsunion.[33] Eine geforderte Soforthilfe in Höhe von 10-15 Milliarden DM zur wirtschaftlichen Stabilisierung der DDR wurde dagegen von bundesdeutscher Seite abgelehnt.

Der erste frei gewählte Ministerpräsident, Lothar de Maizière, bekannte sich in seiner Regierungserklärung eindeutig zur Einheit Deutschlands. Die Teilung könne „nur durch Teilen aufgehoben werden", daher sei Solidarität geboten. Mit einem Währungsumtausch von 1:1 solle die Grundlage für eine Wirtschafts-, Währungs- und Sozialunion[34] mit der Bundesrepublik in einer ökologisch ausgerichteten sozialen Marktwirtschaft gelegt werden. Die Regierungserklärung verdeutlichte aber auch die Vorstellung der Regierungskoalition, wonach die DDR vor dem Schritt zur staatlichen Einheit wirtschaftlich weitgehend saniert und das

---

31 Am 28. Januar vereinbarte Modrow mit Repräsentanten des Runden Tisches die Verlegung des Wahltermins für die Volkskammerwahl vom 6. Mai auf den 18. März 1990.

32 Die „Gemeinsame Expertenkommission zur Vorbereitung einer Währungsunion und Wirtschaftsgemeinschaft zwischen der Bundesrepublik Deutschland und der Deutschen Demokratischen Republik" konstituierte sich am 20. Februar 1990 und traf insgesamt zu drei Sitzungen zusammen (20. Februar, 5. März und 13. März).

33 Daß auch die Bundesregierung an Verhandlungen mit der Regierung Modrow kein echtes Interesse mehr hatte, läßt sich aus der Zusammensetzung der Expertenkommission ablesen. Die Bundesregierung entsandte, im Gegensatz zur DDR-Regierung, nur Experten unterhalb der Ministerialebene zu den Gesprächen.

34 Bereits zwei Tage nach der Volkskammerwahl hatte die Bundesregierung beschlossen, der DDR eine Wirtschafts-, Währungs- und Sozialunion vorzuschlagen, die bis zum Sommer 1990 verwirklicht werden sollte.

ordnungspolitische System dem der Bundesrepublik angeglichen sein sollte.

Bereits Mitte April vereinbarten de Maizière und Kohl in Bonn, die Währungs-, Wirtschafts- und Sozialunion zum 1. Juli 1990 zu realisieren.[35] Wenige Tage später begannen Expertengespräche und parallel dazu Regierungsverhandlungen, um die genauen Modalitäten auszuhandeln. Da die vor der Volkskammerwahl mit der Regierung Modrow geführten Expertengespräche als Vorarbeit[36] genutzt worden waren, um von bundesdeutscher Seite einen ersten Rohentwurf für einen Staatsvertrag zu erarbeiten, der jetzt als Grundlage dienen konnte[37], gingen die Verhandlungen recht zügig voran. Umstritten waren vor allem der Umtauschkurs, mögliche Schutzmaßnahmen für die ostdeutsche Wirtschaft, Fragen der sozialen Sicherung und des Eigentums, sowie die Höhe der Finanzzuschüsse an den Staatshaushalt der DDR. In diesen Fragen mußten Kompromisse gefunden werden.

Für Betriebe wurden Anpassungshilfen in Form von Steuervergünstigungen, Investitionszulagen und zinsverbilligten Krediten vereinbart. Mit der Forderung nach einer Sondersteuer auf Westimporte, die eine innerdeutsche Zollgrenze bedeutet hätte, konnte sich die DDR nicht durchsetzen. Für private und genossenschaftliche Betriebe hatte die DDR-Verhandlungsdelegation auch gefordert, die Inlandsschulden zu streichen, da diese Schulden nicht durch die Betriebe selbst, sondern durch die zentralistische Planwirtschaft verursacht worden waren[38]. Auch diese Forderung wurde von bundesdeutscher Seite abgelehnt, da der Bundeshaushalt da-

---

35 Der 1. Juli, Tag des Ferienbeginns in der DDR, hatte sich bereits frühzeitig als gewünschter Termin für die Einführung der Währungs-, Wirtschafts- und Sozialunion herausgestellt. So hatte die Ost-SPD auf ihrem Parteitag im Februar die Umstellung der Ersparnisse der DDR-Bürger zu diesem Termin gefordert, die Bundesregierung hatte sich im Rahmen ihrer Planung zur deutschen Einheit am 20. März auf diesen Termin verständigt, und er wird auch in der Koalitionsvereinbarung der neugewählten Regierungskoalition unter de Maizière angegeben.

36 Im Rahmen der Arbeit der Expertenkommission hatte die Bundesregierung einen Eindruck der wirtschaftlichen Situation in der DDR gewinnen und auf dieser Basis erste Reformkonzepte entwickeln können.

37 Gleich nach der Volkskammerwahl hatten in Bonn, unter Federführung des Finanzministeriums, die Arbeiten an einem Rohentwurf für einen Staatsvertrag über eine „Währungsunion, Wirtschafts- und Sozialgemeinschaft" begonnen, der am 4. April fertiggestellt wurde.

38 Im Planwirtschaftssystem der DDR wurden die Gewinne der Betriebe zum überwiegenden Teil vom Staat abgeschöpft, zugleich wurden Investitionen und auch die Kreditaufnahme der Betriebe zentral geplant und den Betrieben vorgeschrieben.

durch mit enormen Ausgleichszahlungen belastet worden wäre, die nur über eine zusätzliche Verschuldung des Bundes und Steuererhöhungen finanzierbar gewesen wären.[39]

Als problematisch erwies sich die notwendige Festschreibung der Finanzzuschüsse der Bundesrepublik, da Finanzminister Romberg (SPD), in Absprache mit den SPD-Fraktionsführungen in Bonn und Berlin, keine konkreten Zahlen über den Zuschußbedarf der DDR vorlegte. Schließlich wurde eine von den Staatssekretären beider Finanzministerien gemeinsam erarbeitete Vorlage akzeptiert, obwohl absehbar war, daß die Finanzzuschüsse und Kreditobergrenzen wahrscheinlich nicht ausreichen würden.[40]

Am 2. Mai einigten sich beide Regierungen auf die Umtauschkurse, wie sie schließlich im Staatsvertrag über die Schaffung einer Währungs-, Wirtschafts- und Sozialunion festgelegt wurden. Danach wurden wiederkehrende Zahlungen[41] im Verhältnis 1:1 umgestellt, ebenso Guthaben natürlicher Personen bis zu einer nach Lebensalter gestaffelten Höchstgrenze[42]. Darüber hinausgehende Beträge sowie Forderungen und Verbindlichkeiten wurden im Verhältnis 1:2 umgestellt. Damit wurden die Inlandsschulden der Betriebe, wenn auch nicht komplett gestrichen, so zumindest halbiert.

Am 18. Mai unterzeichneten die Finanzminister Waigel und Romberg in Bonn den Vertrag über die Schaffung einer Währungs-, Wirtschafts- und Sozialunion[43] (Staatsvertrag). Dieser erste Staatsvertrag war

39 Vgl. Jürgen Gros, Entscheidung ohne Alternativen? Die Wirtschafts-, Finanz- und Sozialpolitik im deutschen Vereinigungsprozeß 1989/90, Mainz 1994, S. 137f.

40 Vgl. Dieter Grosser, Verhandlungen zur deutschen Einheit: Ökonomischer Prozeß. In: Werner Weidenfeld/ Karl-Rudolf Korte (Hrsg.), Handbuch zur deutschen Einheit 1949 – 1989 – 1999. Aktualisierte Neuausgabe, Bonn (Frankfurt/Main) 1999, S. 804-817, hier S. 813.

41 Gleichzeitig wurde vereinbart, bei der Umstellung der Arbeitseinkommen die Bruttobeträge vom 1. Mai 1990 zur Grundlage zu nehmen. Damit fiel der Anreiz weg, noch vor dem Umtauschtermin Lohnerhöhungen vorzunehmen, um höhere D-Mark-Löhne zu erreichen.

42 Die Höchstgrenze für den Umtausch der Guthaben im Verhältnis 1:1 lag für Kinder bei 2000 Mark, für 15-59jährige bei 4000 Mark und für Ältere bei 6000 Mark.

43 Mit der Wirtschaftsunion wurde festgelegt, daß die DDR die erforderlichen Rahmenbedingungen schafft für eine Soziale Marktwirtschaft mit Privateigentum, Leistungswettbewerb, freier Preisbildung und voller Freizügigkeit von Arbeit, Kapital, Gütern und Dienstleistungen. Mit der Sozialunion wurde schrittweise die bundesdeutsche Arbeitsrechtsordnung, Sozialversicherung und Sozialhilfe in der DDR eingeführt.

verbunden mit zahlreichen erforderlichen Rechtsangleichungen[44] und bedurfte, so legte es der Vertragstext fest, der Ratifizierung durch die Parlamente.

In der Volkskammer wurde das „Gesetz zum Vertrag über die Schaffung einer Währungs-, Wirtschafts- und Sozialunion zwischen der Deutschen Demokratischen Republik und der Bundesrepublik Deutschland vom 18. Mai 1990“ in zwei Lesungen behandelt[45].

Bei den Oppositionsfraktionen PDS und Bündnis 90/Grüne stieß der Staatsvertrag auf völlige Ablehnung. Von den Sprechern der übrigen Fraktionen wurde zwar teilweise auch Kritik an bestimmten Detailregelungen geübt, insgesamt wurde der Vertrag aber begrüßt.

Die PDS begründete ihre Ablehnung damit, daß der Staatsvertrag Parlament und Regierung der DDR die Entscheidungsfähigkeit für die Wirtschaftspolitik entziehe und den Anschluß der DDR an die BRD fordere, da die erforderlichen Rechtsangleichungen nur einseitig vorzunehmen seien.[46] Die PDS bezeichnete den Staatsvertrag als Unterwerfung und sprach sich für eine Volksabstimmung darüber aus.

Bündnis 90/Grüne argumentierte ähnlich wie die PDS, gab aber zusätzlich zu bedenken, daß die DDR Teile ihrer Souveränität abgebe, ohne daß einklagbare Mitwirkungsrechte fixiert seien[47], vor allem aber ohne daß die staatliche Einheit überhaupt gesichert sei.[48]

In der weiteren Aussprache erinnerte Ministerpräsident de Maizière daran, „daß der Auftrag zum Verhandeln über einen Staatsvertrag über die Schaffung der Währungsunion von der Regierung Modrow erteilt wurde“. Da im damaligen Kabinett auch die Bürgerbewegungen vertreten

---

44 Haushalt, Finanzen, Steuern, Zölle und Finanzverwaltung der DDR mußten dem Recht der Bundesrepublik angepaßt werden.

45 Auf der 8. Tagung am 21. Mai und auf der 16. Tagung am 21. Juni 1990.

46 Keller (PDS): „Die DDR-Regierung wird zum Juniorpartner der Deutschen Bundesbank. Ihr wird fast aller Spielraum für die Gestaltung einer den Interessen der DDR-Bürger entsprechenden Wirtschaftspolitik entzogen.“ Protokoll der 8. Volkskammer-Tagung, S. 219.

47 Reich (B90/Grüne): „Im Zentralbankrat wird z.B. die DDR-Regierung eventuell eingeladen – lesen Sie Artikel 13 –, in die Bundesbank kommen einige Berater. Das sind Katzentische. Das ist weit weniger Einfluß als das kleinste Bundesland hat.“ Protokoll der 8. Volkskammer-Tagung, S. 224.

48 Reich (B90/Grüne): „Die DDR gibt ihre Selbständigkeit in entscheidenden Teilen ab, ohne daß die staatliche Einigung zeitlich und sachlich gesichert ist. Kommt es zu Schwierigkeiten im internationalen Prozeß der Einigung, dann stehen wir als handlungsunfähige Staatskarkasse mit Teilsouveränität da.“ Ebenda.

waren, wurde „dieser Verhandlungsauftrag (...) von den gleichen Parteien erteilt, die jetzt dagegen sind.“[49]

Die von der PDS geforderte Volksabstimmung habe, so de Maizière weiter, am 18.3.1990 stattgefunden. Auch die von Bündnis 90/Grüne angesprochene Gefahr eines außenpolitischen Vetos zur Einheit, wies de Maizière als unbegründet zurück.[50]

Im Anschluß an die erste Lesung wurde das Gesetz zum Staatsvertrag – unter Federführung des Ausschusses Deutsche Einheit – an alle Ausschüsse überwiesen, außer den Ausschuß der Wahlprüfung, Geschäftsordnung und Immunität und den Petitionsausschuß.

Zu Beginn der zweiten Lesung des Gesetzentwurfs, am 21. Juni 1990, teilte der Berichterstatter des federführenden Ausschusses „Deutsche Einheit“ mit, die mitberatenden Ausschüsse hätten zwar etliche Änderungswünsche geäußert, aber nicht auf Nachverhandlungen bestanden.[51] In der Beschlußempfehlung wurde die Regierung der DDR dazu aufgefordert, mit der Bundesregierung zu bestimmten strittigen Punkten einvernehmliche Erläuterungen abzugeben, ohne dadurch den Staatsvertrag zu verändern oder zu ergänzen.[52]

Am 21. Juni 1990 beschloß die Volkskammer in namentlicher Abstimmung das Gesetz zum Vertrag über die Schaffung einer Währungs-, Wirtschafts- und Sozialunion mit 302 Ja-Stimmen, 82-Nein-Stimmen und 1 Enthaltung. Am 1. Juli 1990 trat der Staatsvertrag in Kraft; ab 2. Juli, einem Montag, war die D-Mark gültige Währung in der DDR.

---

49 Protokoll der 8. Volkskammer-Tagung, S. 226.

50 „Es haben sich alle am 2 + 4 Gespräch Beteiligten zur deutschen Einheit ausgesprochen und bekannt. Das heißt, Gefahren herbeireden wollen, die nicht vorhanden sind.“ Protokoll der 8. Volkskammer-Tagung, S. 227.

51 Förster, Berichterstatter des Ausschusses Deutsche Einheit: „Dem Ausschuß Deutsche Einheit wurden Stellungnahmen der 23 mitberatenden Ausschüsse in einem Umfang von mehr als 60 Seiten zugeleitet. Alle mitberatenden Ausschüsse stimmen dem vorliegenden Gesetz zu. Ihre Zustimmung wurde teilweise mit Wünschen und Hinweisen bezüglich Textpräzisierungen des Vertrages und der Anlage IX einer zusätzlichen Anlage X notwendiger einvernehmlicher Regelungen zwischen den Vertragspartnern und von der Deutschen Demokratischen Republik zu schaffender flankierender Gesetze, Verordnungen und zu realisierender Maßnahmen verbunden, aber nicht von ihrer Erfüllung abhängig gemacht.“ Protokoll der 16. Volkskammer-Tagung, S. 567

52 Vgl. Protokoll der 16. Volkskammer-Tagung, S. 567.

Der Einigungsvertrag

Mit Inkrafttreten des ersten Staatsvertrages zur Währungs-, Wirtschafts- und Sozialunion wurden große Teile der westdeutschen Wirtschafts- und Sozialordnung auf die DDR übertragen und damit ein erster Schritt zur staatlichen Einheit vollzogen. Beide deutschen Regierungen stimmten darin überein, daß der wirtschaftlichen Einheit rasch die staatliche Einheit folgen sollte. Der Abschluß eines Einigungsvertrages ist Ausdruck des Willens nach einem geordneten Übergang der DDR in die Bundesrepublik.

Der „Vertrag zwischen der Bundesrepublik Deutschland und der Deutschen Demokratischen Republik über die Herstellung der Einheit Deutschlands" umfaßt 45 Artikel, drei Anlagen und eine Protokollnotiz – im Bundesgesetzblatt füllt er 360 Seiten. Dieser zweite Staatsvertrag überträgt das gesamte rechtliche System der Bundesrepublik, einschließlich des Verwaltungsaufbaus, auf die fünf wiedergegründeten Länder auf dem Gebiet der DDR. In den Anlagen I und II ist nach Sachgebieten geordnet festgelegt, wie die Rechtsangleichungen im einzelnen vollzogen werden sollen, welche Teile des Bundesrechts ausgenommen sind oder geändert werden müssen bzw. welche Rechtsnormen der DDR ausnahmsweise fortgelten. Als Anlage III ist eine gemeinsame Erklärung beider Regierungen vom 15. Juni 1990 zur Regelung offener Vermögensfragen Bestandteil des Einigungsvertrages geworden. Die Protokollnotiz beinhaltet zusätzliche Klarstellungen zu einzelnen Festlegungen in den Artikeln und Anlagen des Vertrages.

Das umfangreiche Vertragswerk wurde in nur zwei Monaten ausgehandelt. Die erste offizielle Verhandlungsrunde begann am 6. Juli, wenige Tage nach Inkrafttreten des ersten Staatsvertrages. Am 31. August wurde der Einigungsvertrag durch die Delegationsleiter, Bundesinnenminister Wolfgang Schäuble und Günther Krause, parlamentarischer Staatssekretär beim DDR-Ministerpräsidenten, unterzeichnet. Erst in der Nacht zuvor waren Kompromisse über die bis zuletzt umstrittenen Fragen[53] erzielt worden.

Bevor der Vertrag am 20. September mit der notwendigen Zwei-Drittel-Mehrheit von beiden deutschen Parlamenten verabschiedet werden konnte, mußten auf Wunsch der DDR noch Zusatzvereinbarungen

---

53 Strittig waren noch folgende Bereiche: Umgang mit den Stasi-Akten, Regelungen zum Schwangerschaftsabbruch., Eigentumsfragen, Länderfinanzen, Verteilung der Stimmen der Länder im Bundesrat.

getroffen werden. Im Einigungsvertrag war festgelegt worden, daß nach Unterzeichnung des Vertrages erlassenes DDR-Recht nur dann über den 3. Oktober 1990 hinaus in Kraft bleiben konnte, wenn dazu eine besondere Vereinbarung getroffen wurde. Die Volkskammer hatte nach Unterzeichnung des Einigungsvertrages noch zahlreiche Gesetze und Verordnungen beschlossen, über die noch entsprechende Vereinbarungen geschlossen werden sollten. Am 17. September trat daher nochmals die große Verhandlungsrunde zusammen, die bereits den Einigungsvertrag ausgehandelt hatte. Durch die von Schäuble und Krause am 18. September unterzeichnete Zusatzvereinbarung wird keines der noch von der Volkskammer verbschiedeten Gesetze in den Einigunsgvertrag übernommen, sondern werden in erster Linie Ergänzungen und Klarstellungen zum bestehenden Vertrag vorgenommen.[54]

Am 20. September 1990 wurde der Einigungsvertrag von der Volkskammer in namentlicher Abstimmung, mit 299 gegen 80 Stimmen bei einer Enthaltung, verabschiedet. Dieser breite Konsens[55] konnte auch deshalb erzielt werden, weil der Vertrag eben nicht sämtliche Detailfragen eindeutig regelt, sondern sich in strittigen Fragen auf interpretationsfähige Formulierungen beschränkt, nur Übergangsregelungen festlegt oder die endgültige Entscheidung dem gesamtdeutschen Gesetzgeber überträgt.

Das Stasi-Unterlagen-Gesetz

Bereits ab Dezember 1989 hatten sich in der DDR Bürgerkomitees gebildet, die häufig in Zusammenarbeit mit der örtlichen Volkspolizei und der Staatsanwaltschaft die Gebäude des Ministeriums für Staatsicherheit/Amtes für Nationale Sicherheit (MfS/AfNS)[56] überwachten, um die un-

54 Neben Fragen von politischer Bedeutung – zur Problematik der Stasi-Akten, eines Amnestiegesetzes, der Ansprüche von Verfolgten des NS-Regimes – ist in der Zusatzvereinbarung auch geregelt, welche Übergangsgelder die ausscheidenden Abgeordneten der sich auflösenden Volkskammer und die Mitglieder des mit dem Beitritt ebenfalls verschwindenden DDR-Ministerrates erhalten.

55 Im Bundestag, der den Vertrag am selben Tag verabschiedete, fand sich eine noch größere Mehrheit, der Bundesrat billigte das Vertragswerk einen Tag später einstimmig.

56 Im November 1989 wurde unter dem neuen Ministerpräsidenten Modrow das Ministerium für Staatssicherheit (MfS) zunächst in das Amt für Nationale Si-

kontrollierte Vernichtung von Aktenmaterial durch das MfS selbst zu verhindern. Die Frage, wie mit den riesigen Datenbeständen[57] umzugehen sei, die das Ministerium für Staatssicherheit hinterlassen hat, löste eine heftige Debatte aus, deren Spannweite von der Forderung nach vollständiger Vernichtung sämtlicher MfS-Unterlagen bis hin zu deren völliger Offenlegung reichte.

Ein vorläufiges Ergebnis dieser Diskussion war die Entscheidung, alle personenbezogenen Daten des MfS/AfNS grundsätzlich zu sperren, was durch einen Ministerratsbeschluß vom 8. Februar 1990 bestätigt wurde. Zu diesem Zeitpunkt bestand weitgehend Einigkeit darin, daß eine endgültige Entscheidung erst von einer frei gewählten Volkskammer getroffen werden könne.

Der von der demokratisch gewählten Volkskammer der 10. Wahlperiode gewählte Ministerrat unter Lothar de Maizière befaßte sich Mitte Mai erstmals mit der Problematik der weiteren Auflösung des MfS/AfNS[58]. Dabei wurde die grundsätzliche Sperrung der personenbezogenen Daten des MfS zunächst bestätigt. Die Einsichtnahme sollte nur der Staatsanwaltschaft und den Gerichten in Zusammenhang mit Ermittlungs- oder Rehabilitierungsverfahren, sowie einem Parlamentarischen Untersuchungsausschuß vorbehalten bleiben.

Dieser Ausschuß wurde Anfang Juni auf Antrag aller Fraktionen als Sonderausschuß zur Kontrolle und Auflösung des MfS/AfNS eingesetzt. Einer der Schwerpunkte der Ausschußarbeit, an der auch sachkundige Vertreter der Bürgerkomitees mit beratender Stimme beteiligt waren, war die Erarbeitung eines Gesetzes über den Umgang mit personenbezogenen Unterlagen des ehemaligen MfS.

Unabhängig von diesem Sonderausschuß wurde zeitgleich auch auf der Regierungsebene an einem Entwurf für ein Stasi-Unterlagen-Gesetz gearbeitet. Ein erster Entwurf [59] wurde als Antrag des Ministerrates in die Volkskammer eingebracht und am 22. Juni in erster Lesung beraten. Der

---

cherheit (AfNS) umgewandelt, bevor es per Ministerratsbeschluß vom Februar 1990 offiziell aufgelöst wurde.

57 Der Archivbestand wird mit etwa 180 km Akten angegeben. Vgl. Joachim Gauck, Die Stasi-Akten. Das unheimliche Erbe der DDR, Reinbek 1991, S. 11.

58 Durch Ministerratsbeschluß vom 16. Mai 1990 wurde ein Staatliches Komitee, das in ähnlicher Form bereits seit Februar arbeitete, mit allen weiteren Maßnahmen zur Auflösung des MfS/AfNS beauftragt und die Verantwortung dafür dem Innenminister übertragen. Zur Vorbereitung grundsätzlicher Entscheidungen wurde unter Leitung des Innenministers eine Regierungskommission gebildet.

59 Dieser Entwurf, an dem auch westdeutsche Berater mitgearbeitet hatten, war im Auftrag der Regierungskommission vom Staatlichen Komitee erarbeitet worden.

Gesetzentwurf sah die Lagerung und Verwaltung der personenbezogenen Unterlagen des MfS/AfNS in einem zentralen Sonderdepot vor, dem ein von der Volkskammer gewählter Beauftragter vorstehen sollte. Die personenbezogenen Daten sollten weiterhin gesperrt bleiben, ein Zugriff auf die Daten sollte nur im Zusammenhang mit Straf- oder Rehablilitierungsverfahren sowie zur Überprüfung von Abgeordneten auf eine frühere MfS-Mitarbeit möglich sein. Für die Stasi-Opfer war keine Akteneinsicht vorgesehen, sondern sie sollten unter bestimmten, eng begrenzten Voraussetzungen nur das Recht auf Informationen über ihre Akten erhalten.

In der Aussprache zum Gesetzentwurf wurden vor allem Bedenken gegen die zentrale Lagerung geäußert. Zum einen wurde gefordert, die Verantwortung für die Sonderarchive den Ländern zu übertragen, da die Verwaltung der Akten Sache der DDR-Bürger sei und sie nicht nach der Vereinigung in die Verantwortung des Bundesinnenministeriums fallen sollte[60]. Zum anderen wurde die Sorge geäußert, nach dem Beitritt hätten möglicherweise Bundesnachrichtendienst, Verfassungsschutz oder andere Geheimdienste ungehinderten Zugriff auf die Akten[61]. Außerdem wurde argumentiert, der Transport und die Umverlagerung der Unterlagen könne quasi ihrer Vernichtung gleichkommen[62]. Der Entwurf wurde schließlich einstimmig in die Ausschüsse überwiesen.

Unter Federführung des Sonderausschusses zur Kontrolle der Auflösung des MfS/AfNS wurde in enger Zusammenarbeit mit Vertretern der Regierungskommission des Justizministeriums und dem West-Berliner Datenschutzbeauftragten, ein neuer Entwurf erarbeitet, der am 24. August von der Volkskammer fast einstimmig verabschiedet wurde. Das „Gesetz über die Sicherung und Nutzung der personenbezogenen Daten des ehemaligen Ministeriums für Staatssicherheit/Amtes für Nationale Sicherheit“ sah die dezentrale Lagerung und Aufarbeitung der Unterlagen in Sonderarchiven der Länder vor, wobei der Landtag jedes Landes dazu einen Sonderbeauftragten wählen sollte. Der von der Volkskammer gewählte Sonderbeauftragte sollte nur dem Berliner Archiv vorstehen. Zentrales Ziel des Gesetzes war die politische, historische und juristische

60 So Marianne Birthler (B90/Grüne). Vgl. Protokoll der 27. Volkskammer-Tagung vom 22.7.1990, S. 1261.

61 So Jürgen Haschke (DSU). Vgl. ebenda, S. 1259.

62 Der Abgeordnete Geisthardt (CDU/DA): „Ich habe ein Archiv besucht. Dort stapeln sich meterhoch auf der Fläche einer mittleren Turnhalle völlig ungeordnet Akten – man findet dort überhaupt nichts und gar nichts mehr. Und wenn ich diese Akten dann wieder in Säcke packe und irgendwo zentral verbringe, dann wird überhaupt nichts mehr gefunden.“ Ebenda, S. 1261.

Aufarbeitung der Tätigkeit des MfS/AfNS. Dementsprechend sollte die Nutzung der personenbezogenen Daten nicht nur zum Zweck der Strafverfolgung, Rehabilitierung oder Überprüfung von Personen auf eine eventuelle Zusammenarbeit mit dem MfS, sondern unter bestimmten Voraussetzungen auch zu wissenschaftlichen Forschungszwecken möglich sein. Gegenüber dem ursprünglichen Entwurf war auch das Auskunftsrecht für die Betroffenen deutlich erweitert worden. Eine direkte Einsichtnahme oder gar die Herausgabe der Stasi-Akten an die Betroffenen waren in diesem Volkskammergesetz jedoch nicht vorgesehen. In der Debatte äußerten fast alle Redner die Erwartung, daß dieses Gesetz als fortgeltendes Recht in den Einigungsvertrag aufgenommen würde.

Zumindest den Mitgliedern des Sonderausschusses muß bei der Verabschiedung des Gesetzes durch die Volkskammer bewußt gewesen sein, daß die Übernahme in den Einigungsvertrag von bundesdeutscher Seite nicht vorgesehen war. Dies ging deutlich aus einer Stellungnahme der Bundesregierung zum Gesetzentwurf hervor, die dem Sonderausschuß schon zwei Tage vor der Volkskammer-Tagung übermittelt worden war[63].

Die Verhandlungen zum Einigungsvertrag waren zu diesem Zeitpunkt bereits weit fortgeschritten. Dort war festgelegt worden, bis zur Verabschiedung einer endgültigen Regelung durch den gesamtdeutschen Gesetzgeber, den Präsidenten des Bundesarchivs in Koblenz mit der Funktion des Sonderbeauftragten für die MfS-Unterlagen zu betrauen.[64] Ihm sollte ein dreiköpfiger Beirat zur Seite gestellt werden, dem ein Vertreter aus der DDR angehören sollte. Die durch die Presse verbreitete Nachricht, das Stasi-Unterlagen-Gesetz der Volkskammer solle nicht in bundesdeutsches Recht übernommen werden, löste in der DDR Empörung aus. In der Volkskammer stimmten die Abgeordneten daraufhin mit übergroßer Mehrheit einem Antrag aller Fraktionen zu, mit dem die Regierung der DDR beauftragt wurde, in den Verhandlungen zum Einigungsvertrag zu sichern , daß das Stasi-Unterlagen-Gesetz vom 24. August Bestandteil des Einigungsvertrages wird. In der Debatte über diesen

63 Die Regierungskommission, die eine zentrale Lagerung befürwortete, hatte um eine Stellungnahme der Bundesregierung gebeten. Der Text der Stellungnahme, die per Telefax übermittelt wurde, ist abgedruckt in: David Gill/Ulrich Schröter, Das Ministerium für Staatssicherheit. Anatomie des Mielke-Imperiums, Berlin 1991, S. 287.

64 Die Stasi-Akten sollten zwar dem Bundesarchiv in Koblenz unterstellt, aber nicht dorthin verbracht werden. In der Öffentlichkeit entstand diesbezüglich ein Mißverständnis. Vgl. Wolfgang Schäuble, Der Vertrag. Wie ich über die deutsche Einheit verhandelte, Stuttgart 1991, S. 274.

Antrag wurde nicht nur die Bundesregierung kritisiert, die einen fast einstimmigen Beschluß der Volkskammer völlig ignoriere, sondern auch heftige Vorwürfe gegen die eigene Regierung erhoben.[65]

Unter dem Druck der Proteste wurden in der Nacht vom 30. zum 31. August Nachverhandlungen zum Einigungsvertrag aufgenommen, die zu einer Änderung des ursprünglichen Textes führten. In der neuen Fassung wurde dem Ministerrat das Recht zugesprochen, im Einvernehmen mit der Volkskammer den künftigen Sonderbeauftragten vorzuschlagen. Der Präsident des Bundesarchivs wurde als sein ständiger Stellvertreter vorgesehen. Die Stasi-Akten sollten zwar weiterhin zentral, aber ausdrücklich auf dem Gebiet der DDR gelagert werden. Dem gesamtdeutschen Gesetzgeber, der eine endgültige Regelung treffen sollte, wurde empfohlen, die Grundsätze des von der Volkskammer verabschiedeten Stasi-Unterlagen-Gesetzes zu berücksichtigen.

Damit waren zwar die Irritationen, die eine mögliche Verwahrung der Akten durch das Bundesarchiv in Koblenz ausgelöst hatte geklärt, dem Anliegen der Volkskammer, das Unterlagen-Gesetz zum fortgeltenden Recht zu erklären, aber nicht Genüge getan.

Um die endgültige Zustimmung der Volkskammer zum Einigungsvertrag nicht zu gefährden, wurde am 18. September 1990 durch die Verhandlungsführer, Innenminister Schäuble und Staatssekretär Krause, eine zusätzliche Vereinbarung zur Durchführung und Auslegung des Einigungsvertrages unterzeichnet. In dieser Zusatzvereinbarung wird an den gesamtdeutschen Gesetzgeber die Erwartung gerichtet, sich an den Grundsätzen des Volkskammergesetzes zur Sicherung und Nutzung der Stasi-Unterlagen zu orientieren, die politische, historische und juristische Aufarbeitung der Tätigkeit des MfS zu gewährleisten, den Betroffenen ein Auskunftsrecht einzuräumen und die Nutzung der Daten durch Nachrichtendienste auf Fälle der Strafverfolgung zu beschränken. Die Akten sollen zentral verwaltet werden, wobei die Aufbewahrung und Nutzung zentral oder dezentral erfolgen kann. Der Sonderbeauftragte, dem Län-

---

65 Der Abgeordnete Haschke (DSU): „Ich habe sehr aufmerksam die Ministerbank beobachtet und beobachtet, wie abgestimmt wurde. Der Ministerpräsident hat bei der Verabschiedung dieses Gesetzes die Hand gehoben. Er hat die Hand gehoben, obwohl er wußte, daß dieses Gesetz schon nicht Bestandteil des Einigungsvertrages wird. Es wäre seine Pflicht gewesen, dem Gesetz nicht zuzustimmen, sondern hier ans Rednerpult zu gehen und zu sagen, daß diese Abstimmung sinnlos ist, daß die Kammer hier veralbert wird, es ist bereits beschlossene Sache, dieses Gesetz nicht zum Bestandteil des Einigungsvertrages werden zu lassen.“ Protokoll der 33. Volkskammer-Tagung vom 30.8.1990, S. 1544.

derbeauftragte beratend zur Seite stehen können, erhält den Auftrag umgehend eine Benutzerordnung zu erlassen. Der gesamtdeutsche Gesetzgeber wurde aufgefordert, die Gesetzgebungsarbeit zur Regelung dieser Materie unverzüglich nach dem 3. Oktober 1990 aufzunehmen.

In der Debatte zur zweiten Lesung des Einigungsvertrages, am 20. September, wurde zwar auch erneut Kritik an der nicht erfolgten Übernahme des Gesetzes in den Einigungsvertrag geübt, mehrheitlich wurde der erzielte Kompromiß aber von den Volkskammerabgeordneten begrüßt.

Auf der vorletzten Volkskammertagung wurde fast einstimmig beschlossen, den Vorsitzenden des Sonderausschusses der Volkskammer, Joachim Gauck, als Sonderbeauftragten für die Stasi-Unterlagen vorzuschlagen; Anfang Oktober 1990 wurde er durch die Bundesregierung in dieses Amt berufen.

Wie in der Zusatzvereinbarung zum Einigungsvertrag vorgesehen, erließ er im Dezember 1990 eine Benutzungsordnung für die Unterlagen des ehemaligen MfS/AfNS.

Bis zur endgültigen gesetzlichen Regelung sollte es dagegen noch ein Jahr dauern. Im Dezember 1991 beschloß der gesamtdeutsche Bundestag das Stasi-Unterlagen-Gesetz[66], das die Grundlage bildet für die Arbeit der Behörde des Bundesbeauftragten für die Unterlagen des Staatssicherheitsdienstes der ehemaligen DDR – im Volksmund kurz „Gauck-Behörde" genannt.

---

66 Gesetz über die Unterlagen des Staatssicherheitsdienstes der ehemaligen Deutschen Demokratischen Republik vom 20. Dezember 1991 (BGBl. I, S. 2272) zuletzt geändert durch das Vierte Gesetz zur Änderung des Stasi-Unterlagen-Gesetzes (4. StUÄndG) vom 19. Dezember 1998 (BGBl. I, S. 3778). Das Gesetz folgt im wesentlichen den Intentionen des Volkskammergesetzes, geht zum Teil sogar noch darüber hinaus, indem den Betroffenen auch die Möglichkeit der Akteneinsicht bzw. der Herausgabe ihrer Akten eingeräumt wird.

Die Arbeit der 10. Volkskammer
Berichte im Rückblick

Die frei gewählte Volkskammer

Sabine Bergmann-Pohl

Die Volkskammer der 10. Wahlperiode setzte den im Lande begonnenen Wandlungsprozeß in allen Bereichen des gesellschaftlichen Lebens zügig fort. Hervorgegangen aus Wahlen, deren demokratischen Charakter sich die Bürger erkämpft hatten, widmete sie sich vor allem den gesetzlichen Grundlagen des neuen demokratischen Staates und damit den Voraussetzungen eines zukünftigen geeinten Deutschlands.

Nach vielen Jahre Praxis als Lungenfachärztin und ohne jede Erfahrung als Politikerin, begleiteten mich viele Hoffnungen auf dem Wege in das frei gewählte Parlament. Trotz der Bereitschaft zur politischen Mitarbeit im allgemeinen bedurfte es doch mancher Überredungskünste, mich für ein Abgeordnetenmandat zu gewinnen. Dort allerdings in die höchste zu vergebende Funktion gewählt und schließlich noch als amtierendes Staatsoberhaupt berufen zu werden, und das Ganze innerhalb weniger Tage, erforderte nicht nur starke Nerven, sondern auch eine gewisse „Schwindelfreiheit“, dazu Mut und das unbedingte Bedürfnis, zu den anstehenden Veränderungen ohne eigene Schonung etwas beitragen zu wollen. Das war im übrigen das Anliegen wohl aller Abgeordneten.

Mein anfänglicher Wunsch in den mir übertragenen Ämtern war es, und darin kann man die damalige Unbedarftheit erkennen, über die ich heute nur noch lächeln kann, wenigstens einen Tag in der Woche in meiner ärztlichen Praxis weiter zu arbeiten. Doch am zweiten Tag meines parlamentarischen Daseins war diese löbliche Absicht im Trubel des parlamentarischen Alltags vergessen.

Wir Abgeordneten waren uns durchaus der Verantwortung bewußt, den Weg aus einer unglückseligen Vergangenheit in eine, die große Mehrheit der Bürgerinnen und Bürger zufriedenstellende Zukunft finden und erste Schritte in diese Richtung gehen zu müssen.

Die letzte Wahlperiode der Volkskammer war die kürzeste Lehre und härteste Bewährungsprobe „in Sachen Politik". Ich kann mir nicht vorstellen, daß irgendein anderes Parlament auf der Welt Tag und Nacht so hart gearbeitet und gerungen hätte wie wir. Mit 164 verabschiedeten Gesetzen und 93 Beschlüssen war der Umfang der Arbeit gewaltig. Und die Zahl der Probleme auch.

Im Schnittpunkt noch nicht überwundener Vergangenheit und noch kaum begonnener Zukunft galt es, möglichst Vieles zu bedenken. Dazu kam der ungeheure Zeitdruck. Bei aller Kritik an Unvollkommenem bleibt die Frage rein theoretisch: Wer hätte es wie besser machen können?

Hervorzuheben ist die Neigung aller Abgeordneten zu großer Sachlichkeit bei der Diskussion und Beschlußfassung über die Hauptprobleme des gesellschaftlichen und staatlichen Lebens. Sicher gab es unterschiedliche politische Grundpositionen der Fraktionen. Aber es gab auch das große Bemühen, im Interesse der Bürger und ihrer Zukunft ein hohes Maß an Einvernehmlichkeit zu erzielen. Parteiübergreifende Debatten und Vereinbarungen spielten deshalb eine gewichtige Rolle.

Mit Dankbarkeit denke ich an das über alle Parteigrenzen hinweg gute Verhältnis der Abgeordneten untereinander. Wir gingen ordentlich miteinander um und versuchten, möglichst viele strittige Punkte schon im Vorfeld zu bereinigen. Wir haben im Präsidium oft stundenlang sehr kontrovers diskutiert, um dann später im Plenum die Dinge schneller und in Übereinstimmung erledigen zu können.

Daß es auch umgekehrte Fälle gegeben hat, versteht sich von selbst, da es durchaus nicht immer die Zustimmung der einzelnen Fraktionen zu den ausgehandelten Kompromissen gab. Das hatte dann erhebliche Irrtümer in den Zeitvorgaben zur Folge. Aus geplanten sieben Stunden wurden dann schon mal zwölf und mehr. Dazu kam, daß die Geschäftsordnung jederzeit Zwischenfragen zuließ, was naturgemäß häufig genutzt wurde.

Mit den Vizepräsidenten Dr. Reinhard Höppner, Dr. Käte Niederkirchner, Dr. Stefan Gottschall, Dr. Jürgen Schmieder, Dr. Wolfgang Ullmann und Dieter Helm verbanden mich gute, ja zum Teil vertrauensvolle Kontakte. Zu den weiteren Mitgliedern des Präsidiums gehörten dann noch die jeweils Ersten parlamentarischen Geschäftsführer der Fraktionen. Wir waren ein Gremium, in dem sich die Mitglieder bei aller Unterschiedlichkeit des politischen Wollens persönlich respektierten und durchaus gewogen waren.

Meine besondere Anerkennung gebührt dabei dem Vizepräsidenten Dr. Reinhard Höppner. Ich will wörtlich wiederholen, was ich bereits unmittelbar nach Ende unserer gemeinsamen Arbeit geschrieben habe: „Über die Parteigrenzen hinweg war vor allem die Zusammenarbeit mit Dr. Höppner ganz ausgezeichnet. Ohne sein Verständnis, seine Hilfe hätte ich es kaum geschafft, neben dem Amt der Parlamentspräsidentin auch noch das des amtierenden Staatsoberhauptes auszufüllen."

Dr. Höppner hatte durch seine langjährige Synodalarbeit in der Evangelischen Kirche Erfahrungen mit Gremien, deren Tätigkeit der parlamentarischen durchaus ähnlich ist. So hat er häufig die Leitung der Präsidiumssitzungen übernommen, vor allem auch, wenn es um die genaue Handhabung und Auslegung der Geschäftsordnung ging.

Es sei in diesem Zusammenhang hinzugefügt, daß die Sozialdemokratische Partei trotz des unbefriedigenden Wahlergebnisses den Wunsch hatte, den Parlamentspräsidenten zu stellen. Übrigens war es auch in Kreisen der CDU-Fraktion eine durchaus nicht unwesentliche Frage, ob man nicht dem wahrscheinlichen Koalitionspartner SPD und damit Reinhard Höppner, den Präsidentenstuhl überlassen sollte. Selbst nachdem sich eine Mehrheit unserer Fraktion am 2. April für einen eigenen CDU-Kandidaten und in geheimer Wahl für mich ausgesprochen hatte, gab es in der folgenden Fraktionssitzung am 4. April eine erneute Diskussion um diese politische Entscheidung.

Schließlich endete die Debatte mit dem Wahlergebnis im Plenum. Von 390 abgegebenen Stimmen entfielen 214 auf mich, 171 auf den Konkurrenten.

Unsere Arbeit als Abgeordnete war schwierig. Mancher heute wird vielleicht sagen: Wir hätten es uns viel leichter machen können. Doch wir wollten – etwas verkürzt formuliert – die notwendigen Voraussetzungen schaffen, um einen friedlichen und möglichst verträglichen Wandel von der DDR-Verfassung zum Grundgesetz zu gewährleisten. Dazu kommt, daß wir zu Beginn unseres Wirkens einen etwas längeren Zeitraum der Transformation vermutet haben. Nur so ist auch verständlich und sinngebend, daß wir noch sehr viele Details gesetzlich geregelt haben.

Das Entscheidende war aber schließlich der ungeheure Druck der Bürgerinnen und Bürger der DDR. Er machte uns dermaßen zu schaffen, daß uns kaum die Möglichkeit „zum Luft holen" blieb. Wenn wir zunächst glaubten, wir seien diejenigen, die vorangingen, so mußten wir sehr bald den Eindruck gewinnen, daß wir in Wirklichkeit die Getriebenen waren.

Täglich tauchte – meist unvorhergesehen – eine Vielzahl von Problemen auf. Die alten Herrschaftsstrukturen waren zwar zerstört, doch die Wirtschaft lag danieder. Dazu kam das zunehmende Abbrechen der ökonomischen Beziehungen zur Sowjetunion und zu den übrigen Ländern des Ostblocks, was den Niedergang noch beschleunigte. Gravierend hoch war die Zahl derer, die sich einen neuen Arbeitsplatz in der Bundesrepublik suchten. Viele der im Lande Gebliebenen hatten Zukunftsängste. Wir waren manchen Tag bis aufs Äußerste angespannt, manchmal ratlos.

Insofern war der möglichst rasche Übergang in die Bundesrepublik die einzige Hoffnung auf eine gesicherte Zukunft für alle Bürger dieses geschundenen Landes. Die Sicherung von Freiheit und Demokratie waren bereits gut vorangekommen, der Wandel des Wirtschaftssystems hatte begonnen. Nun ging es um die konkreten Modalitäten des Einigungsprozesses. Das Ziel war also für die Mehrzahl der Fraktionen und der Abgeordneten klar. Über den besten Weg dahin gab es aber durchaus unterschiedliche Auffassungen nicht nur zwischen den Fraktionen sondern auch in ihnen.

Eines der zentralen Themen, das in sehr vielen Sitzungen des Plenums, des Präsidiums, der Ausschüsse und der Fraktionen eine bedeutende Rolle spielte, war die Verfassung der DDR und ihre schrittweise Abänderung.

Als sich die Volkskammer konstituierte, waren bereits seit mehr als einem halben Jahr wesentliche Schritte der praktischen wie formalen Ablösung dieser Verfassung durch neue grundsätzliche Bestimmungen in Richtung Demokratie, bürgerliche Grundrechte und soziale Marktwirtschaft gegangen worden.

Der vielfache Widerspruch gegen die Ergebnisse der Kommunalwahlen vom 7. Mai 1989 vollzog sich noch völlig im Rahmen der Bestimmungen der Verfassung, denn diese wie auch die darauf basierenden Gesetze sahen Wahlfälschungen nicht vor. Der Zug der meist jungen Leute nach Budapest und Prag und das regelrechte Stürmen der dortigen bundesdeutschen Botschaften war jedoch bereits ein praktisches Aufkündigen der DDR-Verfassung, denn diese DDR-Bürger wollten diesen Staat nicht mehr.

In der Wirkung ähnlich, allerdings mit anderer Zielrichtung, waren die Bewegungen, die aus Friedensmärschen, Massendemonstrationen und – damit im Zusammenhang – aus der Tätigkeit von Bürgerrechtsgruppen hervorgingen.

Die Gründung von „Neues Forum“, „Demokratie jetzt“ und „Demokratischer Aufbruch“, die Reformforderungen führender Kräfte der Evangelischen Kirche und die Gründung der Sozialdemokratischen Partei, dazu die unüberhörbaren Rufe nach Reise-, Demonstrations- und Meinungsfreiheit und nach Einführung eines echten Mehrparteiensystems auf den Montagsdemonstrationen in Leipzig (und nicht nur dort), in der Massenzusammenkunft vor dem Dresdener Hauptbahnhof und schließlich anläßlich der „Feiern" zum 40. Jahrestag der DDR ließen erkennen, daß das verfassungsrechtliche Gefüge ins Wanken geriet.

Mit dem erzwungenen Rücktritt Erich Honeckers von allen seinen Ämtern, der Demonstration und Kundgebung am 4. November in Berlin und der „Überwindung" der Mauer am 9. November 1989 wurden weitere wesentliche Voraussetzungen geschaffen, daß die DDR-Verfassung in ihren grundlegenden Bestimmungen erschüttert wurde, denn nun wurde der Ruf nach freien Wahlen und der Beseitigung der führenden Rolle der Partei immer lauter.

Diesem Druck weichend hatte der neue Ministerpräsident Dr. Hans Modrow mit oppositionellen Gruppen die Einberufung eines „Runden Tisches" vereinbart, dessen ursprüngliche Absicht in der Reformierung der vorhandenen Gesellschaftsstrukturen und des bestehenden Staates bestand. Die Tätigkeit des Runden Tisches stand also von Anfang an im Schatten der bald lautstarken Forderung nach Wiederherstellung der staatlichen Einheit Deutschlands. Die konkreten Weichen in diese Richtung wurden dann auch durch die Regierenden in der DDR selbst im Januar und Februar 1990 gestellt.

Am 28. Januar wurde zwischen dem Ministerpräsidenten und dem Runden Tisch die Durchführung der Volkskammerwahlen am 18. März vereinbart. Wenige Tage später schlug Modrow, nach einem Gespräch mit Gorbatschow, eine Konföderation beider deutscher Staaten vor und bildet eine „Regierung der nationalen Verantwortung". Damit trat auch äußerlich die DDR aus dem Schatten bisher praktizierter Blockpolitik auf der Basis der Nationalen Front heraus. Nachdem die Bundesrepublik ihre Bereitschaft erklärte, Verhandlungen über eine Währungsunion und grundlegende Wirtschaftsreformen aufzunehmen und der sowjetische Präsident dem Bundeskanzler zugesagt hatte, eine Entscheidung der Deutschen für die Einheit zu respektieren, bekannte sich auch die Volkskammer am 21. Februar – es war noch die 9. Wahlperiode – zur Einheit Deutschlands.

In dieser gleichen Zeit wurden grundlegende inhaltliche Änderungen an der Verfassung vollzogen. Man brachte sie sehr rasch „auf die Höhe der Zeit".

Wir konnten deshalb an eine vorher geleistete Arbeit anknüpfen. Als wir mit unserer Tätigkeit begannen, war die Verfassung, die seit 1968 (neu gefasst 1974) Gültigkeit hatte, bereits in einigen Teilen außer Kraft gesetzt oder abgeändert. Das ist wichtig zu vermerken, weil auch hier sichtbar wird, daß wir mit der Volkskammer in ihrer 10. Wahlperiode den im Sommer 1989 eingeleiteten Wandlungsprozeß fortgesetzt haben und ihm dann mit dem Beschluß zum Beitritt eine neue Ebene erschlossen.

Die Abgeordneten der 9. Wahlperiode hatten unter dem Druck der Massendemonstrationen bereits am 18. November 1989 für ein neues Wahlgesetz gestimmt und eine Kommission zur grundlegenden Änderung der Verfassung eingesetzt. Doch ohne Ergebnisse aus dieser Arbeit abzuwarten, wurde bereits am 1. Dezember die grundlegende und politisch fundamentale Bestimmung über die führende Rolle der Arbeiterklasse und ihrer marxistisch-leninistischen Partei gestrichen. Es wurden alle bisherigen Wahlpraktiken mit Hilfe neuer verfassungsändernder Gesetze über die Wahlen, – Volkskammer- wie Kommunalwahlen –, über die Parteien sowie über die Nationale Front beseitigt.

Eine Vielzahl von Gesetzen sicherte die in den vorangegangenen Monaten durch die Bürger erkämpften Rechte und Freiheiten bezüglich Reisen, Vereinigungen, Versammlungen, Meinungs-, Informations- und Medienfreiheit. Schließlich veränderten Regelungen zur Gründung von Unternehmen mit ausländischem Kapital, zur Gewerbefreiheit, zum Handwerk und auch zu den Gewerkschaften das starre sogenannte sozialistische Wirtschaftssystem in Richtung einer sozialen Marktwirtschaft.

Das alles war also bereits geschehen, als wir uns – nach der Wahl am 18. März 1990 – in der Volkskammer am 5. April zur 10. Wahlperiode konstituierten. Wir konnten durchaus an etwas anknüpfen, wenngleich die entscheidenden Schritte erst dann gemacht wurden.

Natürlich unterschied sich diese 10. Wahlperiode nicht vor allem durch ihre Kürze von den vorangegangenen neun, sondern durch die Art ihres Zustandekommens, ihre Zusammensetzung und die Aufgaben, die sie zu bewältigen hatte. Zum ersten Mal seit Bestehen der DDR konnten die Wählerinnen und Wähler diejenigen Parteien und Abgeordneten wählen, denen sie ihr Vertrauen schenken wollten, während sie bis dahin einer in der Struktur vorbestimmten und in ihrer personellen Zusammensetzung bis ins Letzte ausgewählten Versammlung zustimmen mußten. Damit ist natürlich nichts über die beruflichen und persönlichen Fähigkeiten dieser „Ausgewählten" gesagt. In unserem 1990er Parlament waren noch 13 aus jener Vergangenheit. Unter ihnen waren anerkannte Wissenschaftler und Praktiker, übrigens auch ein sehr verdienstvoller langjähriger Chefarzt der Kinderheilkunde, dessen fachliche und parlamentarische Arbeit ich sehr geschätzt habe.

Der grundsätzliche Unterschied besteht darin, daß die Volkskammer, wie sie bis 1990 existierte, untrennbarer und ziemlich bedeutungsloser Bestandteil im System der Machtausübung der herrschenden Partei- und

Staatsmacht war, und die Mitglieder ihre im wesentlichen dekorativen Aufgaben bewußt erfüllten. Übrigens nahmen führende Funktionäre oft auch repräsentative Ämter im Parlament wahr, um zu sichern, daß alles reibungslos lief, aber auch, um auf diese Weise im staatlichen und vor allem interparlamentarischen Bereich präsent zu sein.

Es gab durchaus auch Abgeordnete, die über die Ausschußarbeit bestimmte gesellschaftliche Prozesse zu beeinflussen suchten. Doch ihre Bemühungen scheiterten allzu häufig an der mangelnden Bereitschaft der Partei- und Staatsbürokratie, den vernünftigen Vorschlägen zu folgen, sofern sie den Beschlüssen der SED-Führung widersprachen.

Mit diesen Erfahrungen konnten wir also nichts anfangen, denn unsere Absicht war es, auf Grund unserer Legitimation echte Arbeit zu leisten und das Leben der Bürger entscheidend zu verbessern.

Die unmittelbar verfassungsändernde Arbeit der Volkskammer setzte schon vor ihrer formalen Konstituierung ein. Alle Fraktionen berieten einen Antrag, der dann die Zustimmung des Parlaments fand, zur Streichung der Präambel und zur faktischen Beseitigung des Staatsrates. Die erste Veränderung beinhaltete den Verzicht auf das sozialistische und kommunistische Verfassungsziel. Die zweite sollte regeln, daß die Aufgaben des Staatsrates vom Präsidium der Volkskammer wahrgenommen werden sollten. Die Aufgaben des Vorsitzenden des Staatsrates fielen danach an die dann gewählte Präsidentin der Volkskammer.

Doch nicht nur Verfassungsänderungen beschäftigten uns, sondern sogar ein völlig neuer Entwurf. Das Plenum der Volkskammer behandelte in seiner 5. Tagung am 26. April einen Antrag der Fraktion Bündnis 90/Grüne zur Inkraftsetzung eines Vorläufigen Grundgesetzes für die DDR und verbunden damit einen Antrag zur Volksabstimmung über eine neue Verfassung. Dem vorangegangen war bereits ein Meinungsaustausch in einer Aktuellen Stunde am 19. April.

Mit der Ablehnung der Anträge durch eine, allerdings knappe, Mehrheit der Abgeordneten – 179 votierten dagegen, 167 dafür, 4 enthielten sich der Stimme – endete ein besonderes verfassungsgeschichtliches Kapitel, das ich doch aus mehreren Gründen besonders hervorheben möchte.

Die meisten Bürger wissen darüber nichts oder fast nichts. Andere, die es wissen sollten oder sogar wissen, verschweigen es; übrigens aus unterschiedlichen Gründen.

Ein Teil der oppositionellen Kräfte, die das herrschende DDR-Regime bekämpften, hatte von Anfang an eine Reformierung der DDR, ihre Verbesserung ins Auge gefaßt. Man wollte weiterhin zwei deutsche Staaten. Der Zentrale Runde Tisch hatte deshalb auf seiner ersten Sitzung am

7. Dezember 1989 eine Arbeitsgruppe gebildet, um den Entwurf einer neuen Verfassung auszuarbeiten. In der 6. und letzten Sitzung dieser Arbeitsgruppe am 12. März 1990 wurde ein Teil des Entwurfes vorgestellt. Die Arbeitsgruppe erhielt den Auftrag, den Gesetzentwurf im April der Öffentlichkeit zur Diskussion und der neugewählten Volkskammer zur Behandlung zu übergeben. Am 17. Juni sollte dann in einer Volksabstimmung über die neue Verfassung entschieden werden.

Es ist auffällig, daß damals führende Politiker der Bundesrepublik diese Verfassungsdiskussion und diesen Verfassungsentwurf heute nur allzu gern verschweigen, wie ich es erst jüngst gelegentlich einer Podiumsdiskussion aus Anlaß des Mauerfalls erleben konnte. Offensichtlich will man negieren, daß es auch oppositionelle Kräfte gab, die nicht zur Einheit drängten. Gleichzeitig will man die eigene Leistung auf diese Weise umso stärker in den Vordergrund rücken.

Es gibt aber auch Teilnehmer jener damaligen Diskussion, die darauf ungern angesprochen werden wollen, da sie heute andere Auffassungen vertreten.

Meines Erachtens gehört es zur politischen Fairneß, anzuerkennen, daß es 1989/90 auch gutwillige Kräfte gab, die „eine bessere DDR" einem wiedervereinigten Deutschland vorzogen oder aber eine Wiedervereinigung in Verbindung mit einer Verfassunggebenden Versammlung wünschten.

Das damalige Parlament lehnte mehrheitlich die Bemühungen um eine neue Verfassung ab, da sie in keiner Weise geeignet war, der Zielrichtung der Mehrheit der Bürger der DDR zu dienen, nämlich einen möglichst raschen Weg zur Wiedervereinigung zu gehen.

Was aber durchaus auch diese Abgeordneten wünschten, war eine Überprüfung und Überarbeitung des Grundgesetzes dahingehend, ob es der gegenwärtigen und vor allem der zukünftigen Entwicklung Deutschlands gerecht werden kann. Denn Erfahrungen hatten wir tatsächlich einzubringen, sowohl die mit der Diktatur als auch die mit dem Demokratisierungsprozeß.

Selbst die DSU, die ja bekanntlich eine gewisse Hektik bezüglich der Wiedervereinigung entwickelte, verband die Ablehnung einer DDR-Verfassung mit dem Wunsch, daß man die vorhandenen Energien auf die Diskussion um eine Verfassung eines einheitlichen Deutschland verwenden sollte, „denn auch das Grundgesetz der Bundesrepublik verträgt noch gute Gedanken".

Als Nachtrag sei hier angemerkt, daß es in der 9. Tagung der Volkskammer am 31. Mai auf der Tribüne des Parlaments eine Demonstration für eine Volksabstimmung über eine neue Verfassung gab, indem ein Transparent enthüllt wurde, das diese Forderung enthielt. Es gab sehr viel Unruhe in den Fraktionen und im Präsidium, begleitet vom Beifall zahlreicher Abgeordneter der PDS, der SPD und von Bündnis 90/Grüne.

Die Änderung der bestehenden Verfassung war naturgemäß immer mit lebhaften Diskussionen verbunden. Manche waren nervenzehrend.

Die neue Regierung mußte, bevor sie ihre Tätigkeit aufnehmen konnte, vor der Volkskammer einen Eid ablegen. Der designierte Ministerpräsident lehnte es jedoch ab, den von der Verfassung vorgeschriebenen Text zu sprechen. Ich hatte noch am Vortag bis weit nach Mitternacht mit ihm diskutiert. Auch in der Präsidiumssitzung war versucht worden, dieses Problem vorab zu klären, um das Plenum zu entlasten. Es gab kein Einlenken. So kam es im Plenum zur Auseinandersetzung, die sich zu tumultartigen Szenen ausweitete. Dazu gesellte sich eine technische Panne. Da die Mikrofone, die über den ganzen Saal verteilt standen, gleichzeitig benutzbar, d. h. offen „ihren Dienst" versahen, war die Katastrophe ziemlich komplett.

Die inhaltliche Klärung vollzog sich schließlich in geordneten Bahnen mit Hilfe einer Verfassungsänderung und der Tatsache, daß der Ministerpräsident und alle seine Kollegen den Eid in einer neutralen Form sprachen, die da lautete „Ich schwöre, daß ich meine Kraft dem Wohle des Volkes widmen, Recht und Gesetze der Deutschen Demokratischen Republik wahren, meine Pflichten gewissenhaft erfüllen und Gerechtigkeit gegen jedermann üben werde." Es blieb dem Einzelnen überlassen, den Zusatz zu machen: „So wahr mir Gott helfe."

Was für die Öffentlichkeit aber blieb, war der verheerende Eindruck von undisziplinierten Abgeordneten, die nicht in der Lage waren, sich selbst zu beherrschen. Wie sollten sie da das Land führen können?

Wir waren keine Routiniers auf parlamentarischem Gebiet. Das konnte auch gar nicht anders sein, denn wie und wo sollten wir uns denn Erfahrungen in der parlamentarischen Demokratie erworben haben, wenn es diese nicht gegeben hatte. Und die 40-jährigen Erfahrungen eines Jasager-Parlaments nutzten uns nichts, wollten wir auch nicht. Denn das war ja eben der grundlegende Unterschied zwischen „vorher" und „nachher".

Insofern traf der Begriff der „Laienspieler", den man uns von außerhalb unseres Landes damals „verlieh", tatsächlich zu. War er dazu gedacht, die großen Anstrengungen von Menschen zu verniedlichen, die über Nacht ins Rampenlicht der Geschichte gedrängt wurden, hat sich diese beabsichtigte Herabsetzung heute in ihr Gegenteil verkehrt. Zehn Jahre danach kann man bereits hier und da das Bedauern vernehmen, daß diese „Zeit der Laienspieler“ leider sehr kurz war. Es wäre wohl gut gewesen, sie hätte noch etwas länger gedauert.

Daß es Diffamierungen auch im Lande selbst gab, brauche ich wohl nicht besonders zu betonen. So kann man in der Biographie eines führenden Mannes des alten Herrschaftssystems nachlesen, daß ich als Ärztin besser gewesen sein möge, als in der Funktion der Parlamentspräsidentin. Da kann ich nur sagen: Ärztin war mein gewünschter Beruf. Auf einem Abgeordnetenstuhl wollte ich eigentlich nie sitzen. Und wenn der heutige Kritiker und seine Genossen ihren früheren Aufgaben im Interesse der Bürger gerecht geworden wären, hätten wir, und damit meine ich eine große Zahl der Abgeordneten des Jahres 1990, unserer normalen beruflichen Tätigkeit nachgehen können und es wäre uns erspart geblieben, das parlamentarische Handwerk noch zusätzlich erlernen zu müssen.

Ein gewisses Verständnis habe ich natürlich für diese üblen Nachreden. Es ist schließlich nicht einfach, die eigenen Felle wegschwimmen zu sehen und zu den Verlierern zu gehören, wenngleich man sich Jahrzehnte bei den „Siegern der Geschichte“ wähnte.

Unser Parlament erfreute sich übrigens vom ersten Tage an des regen Interesses der Bürger jenes nun vergangenen Staates und der internationalen Öffentlichkeit. Kein Wort, das im Plenum gesprochen wurde, keine Kontroverse, keine Abstimmung entging dem wachen Blick der Zuschauer an den Bildschirmen. Und sie zeigten eine Teilnahme, wie man sie sich auch heute für jedes Parlament wünschte.

Nicht weniger lebhaft, aber doch in sehr geordneten Bahnen vollzog sich eine weitere Verfassungsänderung, die allerdings als solche gar nicht gewertet wurde. Es ging um das Staatwappen der DDR, jenes Emblem, das im eigentlichen Sinne heraldisches Zeichen des Staates war, denn Schwarz-Rot-Gold waren ja auch die Farben der Bundesrepublik. Die DSU-Fraktion brachte für die 9. Tagung am 31. Mai einen Antrag ein, der die Entfernung dieses Emblems von allen öffentlichen Gebäuden vorsah. Für mich war es kein Problem, auf dieses Symbol unserer Vergangenheit zu verzichten. Ich hatte es ohnehin bereits – ohne Beschluß – aus meinem Arbeitszimmer entfernen lassen.

Der Sprecher der Antragsfraktion kam allerdings mit seinem Auftritt in bedenkliche Nähe des Komischen, was zwar das Abstimmungsergebnis nicht beeinflußte, aber doch ziemlich viel Gelächter hervorrief. Die Sache selbst war nicht sonderlich bedeutend, bot aber die Möglichkeit, sich in bestimmter Richtung zu profilieren.

Wir hatten tatsächlich hin und wieder Schwierigkeiten, immer die richtige Haltung vor allem im Hinblick auf die Öffentlichkeit zu bewahren.

Schon bald nach Beginn unserer Arbeit war mir wie dem gesamten Präsidium aufgefallen, daß mancher Abgeordnete doch recht ungezügelte Reden hielt. Das veranlaßte mich schon bald, einen Brief an die Fraktionen zu schreiben, in dem ich darauf hinwies, daß zahlreiche Bürger ihr Mißfallen über das Verhalten mancher Abgeordneter bekundet hätten. Die Bürger erwarteten mehr Ernsthaftigkeit und Verantwortungsbewußtsein.

Verstehen konnte ich diese Abgeordneten schon. Sie waren durch die Ereignisse der jüngst vergangenen Zeit emotional sehr aufgeladen. Im übrigen ist ja das eigene Wollen das Eine und die Eindrücke, die die Öffentlichkeit davon gewinnt, ein Anderes.

Die Angelegenheit mit dem Emblem gelang uns übrigens nicht besonders gut. Die Abgeordneten stimmten zwar mehrheitlich dafür, alle Staatswappen die sich in oder an öffentlichen Gebäuden befinden, „unverzüglich, spätestens jedoch in Wochenfrist, zu entfernen. Wo dies aus technischen oder finanziellen Gründen nicht möglich ist, ist das Wappen zu verdecken." Die Entscheidung erregte internationales Aufsehen. Und Probleme schaffte sie auch. So wollten DDR-Diplomaten von mir wissen, ob sie denn das Wappen auch von den Botschaftseingängen entfernen sollten. Das wäre doch wohl sehr bedenklich. Ich habe dann entschieden, es soll so bleiben wie es ist. Ansonsten solle man dort, wo das Wappen deutlich ins Auge springt, es entfernen oder abdecken.

Ein wesentlicher Schritt zur Änderung und damit zur Außerkraftsetzung der Verfassung wurde am 17. Juni gegangen, als das Verfassungsgrundsätze-Gesetz beschlossen wurde. Nach diesem Gesetz wurde die DDR als „freiheitlicher, demokratischer, föderativer, sozialer und ökologisch orientierter Rechtsstaat deklariert. Das Privateigentum an Grund und Boden und an Produktionsmitteln wurde ebenso gewährleistet wie die Vertragsfreiheit und die Freiheit der Vereinigung in Arbeitgeber- und Arbeitnehmerverbänden. Der Schutz der Umwelt wurde Staats- und Bürgerpflicht. Des weiteren durften Hoheitsrechte auf zwischenstaatliche Einrichtungen und auf Einrichtungen der Bundesrepublik per Verfassungsgesetz übertragen werden.

Die Gesetze über die Währungs-, Wirtschaft- und Sozialunion vom 21. Juni, über die ersten gesamtdeutschen Wahlen vom 22. August, den Beitritt zum Geltungsbereich des Grundgesetzes vom 23. August und über den Einigungsvertrag vom 20. September ebneten dann den Weg, der direkt zum 2. und 3. Oktober führte.

Die Beratungen zu diesen Gesetzen waren langwierig, interessant und unvergeßlich, wie es überhaupt viele ereignisreiche Sitzungen und Begegnungen gab, die den Abgeordneten immer in Erinnerung bleiben werden. In ganz besonderem Maße dürfte dies aber wohl auf den 22. August und die darauffolgende Nacht gelten. Es ging um die Entscheidung der Volkskammer über den Tag des Beitritts zum Geltungsbereich des Grundgesetzes. Ich will hier lediglich meine persönliche Anmerkung machen.

Nach Abschluß eines langen Sitzungstages am 22. August überraschte der Ministerpräsident die Abgeordneten mit der unerwarteten Forderung nach einer sofortigen Sondersitzung, um dem ständigen Hin und Her über den Termin der deutschen Vereinigung ein Ende zu bereiten. Das Präsidium diskutierte heftig darüber, gab dem Ansinnen Lothar de Maizières aber schließlich statt.

Die Stenografische Niederschrift vermerkt über den Beginn der Plenartagung: 21.10 Uhr. Behandelt wurden ein Antrag der DSU-Fraktion zum sofortigen Beitritt und ein Antrag der CDU/DA-Fraktion zum Beitritt am 14. Oktober. Die Anspannung war groß, sollte doch der konkrete Zeitpunkt der deutschen Vereinigung festgelegt werden. Die Debatte begann nach mehreren „Auszeiten", in denen die Fraktionen ihre Marschroute festlegten, gegen 23.00 Uhr.

Inzwischen waren in den Fraktionen durch Absprachen die Vorbereitungen für die entscheidende Abstimmung über den CDU/DA-Antrag gelaufen. Die Bemühungen gingen dahin, daraus einen gemeinsamen Abänderungsantrag von CDU/DA, DSU, FDP und SPD zu machen, da ja eine Zweidrittelmehrheit erforderlich war. Beitrittstermin sollte der 3. Oktober sein. Die Sache schien gelaufen.

Doch noch vor der Einbringung des Antrages zog die DSU ihre Bereitschaft zur Mitwirkung zurück. Es hieß auch, ihre Bereitschaft sei ein Mißverständnis gewesen. Selbst die persönliche Überzeugungsarbeit des Vorsitzenden der CSU, den wir unter großen Mühen irgendwo in Bayern um Mitternacht telefonisch aufgespürt hatten, bewirkte nicht, alle Mitglieder der Fraktion für den Gemeinsamen Antrag zu gewinnen. Die Ungeduld der Abgeordneten wuchs spürbar. Eine Entscheidung sollte aber unter allen Umständen getroffen werden. Schließlich führte meine unverhüllte Drohung, daß man der Öffentlichkeit bekannt machen werde, der Beitritt zum 3. Oktober sei an der DSU gescheitert, zum Erfolg.

Die Spannung blieb bis zur Auszählung der Stimmen groß, absolute Sicherheit auf die notwendige Mehrheit bestand nämlich nicht. Umso erleichterter war ich, als ich das Ergebnis der namentlichen Abstimmung verlesen konnte. Von 363 Abgeordneten votierten 294 mit Ja, 62 mit Nein, 7 enthielten sich der Stimme. Es gab lauten Jubel der Antragsteller, die sich von ihren Plätzen erhoben. „Das ist ein wirklich historisches Ereignis", erklärte ich. „Wir haben uns die Entscheidung alle sicher nicht leicht gemacht, aber wir haben sie heute in Verantwortung vor den Bürgern der DDR in der Folge ihres Wählerwillens getroffen." Die Stenografische Niederschrift vermerkt: Ende der Tagung 3.00 Uhr.

Von den weiteren Verfassungsänderungen will ich lediglich noch das Ländereinführungsgesetz vom 22. Juli nennen, schuf es doch die strukturellen Voraussetzungen, die den Beitritt ermöglichten.

Interessant ist in diesem Zusammenhang, daß Gedanken aus der Verfassungsdiskussion durchaus in die Debatten um die Länderverfassungen eingingen. Neben einer grundsätzlich freiheitlichen und rechtsstaatlichen Orientierung gab es Bemühungen um wesentliche soziale Bestimmungen. Recht auf Arbeit, Schutz der Umwelt, Erhaltung und Förderung der Kultur waren Stichworte, die durchaus berechtigte Wünsche wiedergaben. Leider gab es damals weder Zeit noch Möglichkeit einige der anstehenden Fragen gründlicher zu diskutieren.

Für mich ist bemerkenswert, daß sich schon bald nach Beginn des politischen Wandels „Landesbewußtheiten" zeigten. Obwohl die Länder im Jahre 1952 zerschlagen worden waren, regten sich sehr schnell die Sachsen und die Brandenburger, die Thüringer und die Mecklenburger, die Pommern und die Sachsen-Anhaltiner. Das war meines Erachtens eine gute Ausgangsposition für eine ganz normale föderative Entwicklung in unserer neuen Gesellschaft und unserem Staat.

In den wenigen Monaten meiner Tätigkeit habe ich sehr viel Unterstützung erfahren und eine Vielzahl von Menschen kennengelernt, Staatsoberhäupter, Regierungschefs und Diplomaten, Präsidenten von Parlamenten und Gerichten, Menschen aus verschiedenen gesellschaftlichen und sozialen Bereichen.

Eine meiner ersten Begegnungen nach meiner Wahl hatte ich mit der Bundestagspräsidentin in Bonn Ostern 1990. Frau Süßmuth sagte mir ihre persönliche Unterstützung in unserer verantwortungsvollen Arbeit zu und gewährleistete für die kommende Zeit die Hilfe des Bundestages und seiner Verwaltung. Dem Präsidium der Volkskammer berichtete ich am 17. April über dieses Treffen.

Wesentlich und außerordentlich hilfreich waren Begegnungen mit Persönlichkeiten wie Richard von Weizsäcker und Roman Herzog. Ich möchte diese beiden besonders hervorheben, unterschieden sie sich doch etwas von den Gesprächen und Erfahrungen, die wir sonst machten.

An einem Septembermorgen machte der Bundespräsident seinen ersten offiziellen Besuch in unserem Parlament. Die Art des Umgangs und der Inhalt des Gesprächs überraschten mich doch sehr. Es ging dem Gast offensichtlich darum, uns Mut zuzusprechen und persönliches Wohlwollen zu vermitteln. Und eben das war es, was wir brauchen konnten. Er hatte unsere persönliche Befindlichkeit sehr genau eingerechnet. Im übrigen hatte er auch keine Zweifel an der Schwere der Aufgabe, die darin bestand, 16 Millionen Bürger in kürzester Zeit aus einer Gesellschaftsordnung in eine andere führend zu begleiten, ohne daß jemand um sein Leben fürchten mußte. Dazu kam, daß die Akteure keine parlamentarischen Profis waren, sondern lediglich Menschen guten Willens.

Diese Verbindlichkeit, ja Herzlichkeit war allen meinen Begegnungen mit Richard von Weizsäcker eigen. Als ich ihm am 24. April 1990 zum ersten Mal begegnete, gewann ich von ihm auch den unmittelbaren Eindruck einer ungewöhnlichen Persönlichkeit, die spürbares Wohlwollen, großes Verständnis und Wertschätzung für die Arbeit des anderen vermittelte. Er hatte übrigens bereits am Tage nach dem Mauerfall in einer Erklärung geäußert, daß es nun gilt, „mit Verantwortungsbewußtsein und Augenmaß Schritt für Schritt einen Zustand zu erreichen, in dem die Menschen in Deutschland hüben und drüben in Freiheit und Würde miteinander leben können“. Ich sah mich bereits bei dieser ersten Begegnung in Bonn bestätigt in meinem Vorschlag, den ich in einem meiner ersten Interviews zum Ausdruck gebracht hatte, als ich ihn als gemeinsamen Präsidenten der Deutschen in den damals noch existierenden zwei Staaten vorschlug.

Auch die Begegnung mit dem damaligen Präsidenten des Bundesverfassungsgerichts, Roman Herzog, verdient, in Erinnerung zu bleiben. Er brachte eine hohe Wertschätzung für unsere Arbeit zum Ausdruck und begegnete allen Einwänden wegen eventueller Fehler, die sich einschleichen könnten, mit der Bemerkung, daß diese, gemessen an der Gesamtleistung völlig unbedeutend seien. Im übrigen entwickelten sich durch unsere Arbeit interessante Probleme für die Juristen.

Mir sind viele dieser Begegnungen in deutlicher Erinnerung geblieben, förderten sie doch bei mir die Erkenntnis, in meinem jeweiligen Gesprächspartner eine Persönlichkeit eigener Art und nicht nur den Amtsinhaber zu sehen und ihn auch so zu schätzen.

Diese Achtung unserer Arbeit war für uns sehr wichtig, gab es doch auch andere Verhaltensweisen und Äußerungen. In der damaligen Bundesrepublik brachten leider manche durchaus nicht einflußlose Politiker ihr Erstaunen zum Ausdruck, mit welcher Unvoreingenommenheit und welchem Draufgängertum wir unsere Aufgaben in Angriff nahmen. „Amateurtheater“ und „Laienspieler“ waren noch die gutmütigsten Titulierungen, die mancher sogenannte Profipolitiker für uns fand. Diese Äußerungen zeugten von der Unkenntnis der Situation bei uns. Sie ließen aber auch die mangelnde Bereitschaft erkennen, die tatsächlichen Veränderungen, die sich vollzogen, zu verstehen, geschweige denn, konkret zu analysieren. Diese Charakterisierungen waren also unangebracht und wirklichkeitsfremd. Im übrigen war es unserer Situation durchaus unangemessen, die festgefügten Prozeduren des Bundestages kritiklos zu übernehmen.

Diese Haltung ist es auch, die uns bis heute zu schaffen macht. Ohne die Grundentscheidungen auch nur im entferntesten in Zweifel zu ziehen, hätte doch Vieles besser laufen können, wenn es die Bereitschaft zum Lernen und zur Berücksichtigung der konkreten Situation in den dazugekommenen Bundesländern gegeben hätte. Diesem Problem bin ich auch in meiner langjährigen Tätigkeit als Parlamentarische Staatssekretärin immer wieder begegnet.

Wir waren mit unserem Wirken in der Volkskammer Teil der demokratischen Bewegung, die nicht zukunftsfähigen gesellschaftlichen Zustände und schließlich auch staatsrechtlichen Grundlagen der DDR überwand.

Jahrzehnte hatten viele Menschen in der Illusion gelebt, eine humane, kollektive, auf einem Interessenausgleich beruhende Gesellschaft aufzubauen, in der nur eigene Leistung, Intelligenz und das bessere Argument zählen sollten. Vieles war ihnen eingeredet worden, was mit der Wirklichkeit nichts zu tun hatte. Manches war Heuchelei und bewußte Lüge. Sogar die selbstgegebene Verfassung war zu einem wesentlichen Teil Makulatur. Die Bürger hatten von dieser Politik genug.

Sicher hatte das eigene Regime, wenn auch ungewollt, die Voraussetzungen für den Niedergang geschaffen. Die Führungsorgane waren unfähig, auch nur im entferntesten Entscheidungen zu treffen, die auf eine grundlegende Veränderung der Situation hinzielten. Sie waren wie gelähmt. Es fehlte jede Verbindung zu den Bürgern und damit zu den Problemen des Landes. Sie hatten nicht einmal gemerkt, daß sie die Macht längst verspielt hatten.

Aber auch das gesellschaftliche System samt seiner Strukturen war verkalkt, und keine noch so umfangreichen Beipaßoperationen hätten einen Deut Verbesserung, geschweige denn Gesundung gebracht.

So waren es am Ende nicht nur Tausende, die aktiv gegen Willkür und Unterdrückung wirkten und demonstrierten, sondern auch Millionen, die an diesem Staat kein Interesse mehr zeigten. Sie sahen in ihm nicht die Garanten ihrer eigenen Werte, ihres materiellen wie geistigen Wohls.

Am Beginn des Prozesses standen Proteste, Demonstrationen und Kundgebungen, die den Willen bekundeten, mit der Arroganz der Macht, mit Korruption und Amtsmißbrauch, mit Bevormundung und mangelnder Freizügigkeit Schluß zu machen. Sie versinnbildlichten den Willen zur Wahrheit, zur persönlichen Freiheit, zu einer demokratischen Gesellschaft.

Heute sind wir Teil einer Gesellschaft, in der – bei allen Problemen, die es natürlich im Alltag gibt – die politischen und persönlichen Grundrechte der Bürger verfassungsmäßig garantiert, die soziale Marktwirtschaft erfolgreich praktiziert und das parlamentarische System realisiert werden.

Es ist noch nicht die Zeit, die wahre Leistung jener turbulenten Monate zwischen Frühjahr 1989 und Herbst 1990 voll darzustellen. Aber eines steht heute schon fest: Die Bürger der Deutschen Demokratischen Republik haben mit ihrem Verhalten, mit Geduld und Besonnenheit, mit drängender Friedfertigkeit und vielleicht auch mit etwas Glück einen Staat aus den Angeln gehoben und bald überwunden, der seit 40 Jahren als nicht antastbar galt.

Diese Zeit und ihre Ereignisse, zu denen auch in hervorragender Weise das Wirken der Abgeordneten der Volkskammer in der 10. Wahlperiode gehört, werden – dessen bin ich sicher – einen besonderen historischen Stellenwert bekommen, denn es geht um nicht weniger als um die Verwirklichung lebendiger Demokratie in Deutschland durch die Deutschen selbst.

Beim Blättern in den Annalen des Deutschen Bundestages stieß ich auf die Antrittsrede des ersten Bundespräsidenten Theodor Heuss, die dieser vor Bundestag und Bundesrat am 12. September 1949 hielt. Er formulierte: „Es ist das geschichtliche Leid der Deutschen, daß die Demokratie von ihnen nicht erkämpft wurde, sondern als letzte, als einzige Möglichkeit der Legitimierung eines Gesamtlebens kam, wenn der Staat in Katastrophen und Kriegen zusammengebrochen war."

Historische Vergleiche hinken natürlich wie alle Vergleiche. Dennoch bezeugen die Ereignisse in der damaligen DDR, daß hier staatliche Strukturen durch eine siegreiche demokratische Bewegung zerstört wurden und zwar weder durch Katastrophen, noch durch Krieg, und auch nicht durch die Hilfe ausländischer Kräfte. Sicher haben der Zusammenbruch des „sozialistischen Weltlagers" und die Existenz der Bundesrepublik das Rückgrat für diesen Erfolg abgegeben, dennoch lagen Initiative und Verwirklichung vollständig bei den Bürgerinnen und Bürgern, die sich um die künftige Entwicklung ihres Landes große Sorgen machten.

Die deutsche Geschichte ist arm an Ereignissen, in denen Volksbewegungen den Lauf der Geschichte positiv gestaltet haben. Hier haben wir einen überzeugenden Vorgang.

Wäre dies nicht ein wichtiger Anknüpfungspunkt für einen allgemeinen Meinungsaustausch über unsere Gesellschaft, unsere nun gemeinsame Demokratie, ihren Wert, ihren Bestand und ihre Sicherung! Ich finde es gut und notwendig, Meinungen zu formulieren, Erfahrungen auszutauschen und in der Folge dessen Gemeinsames für die Zukunft zu erörtern.

Wie alles begonnen hat

Lothar de Maizière

Die Wahlen, die vom 18. März, waren nicht nur die ersten freien allgemeinen und geheimen Wahlen zu einer Volkskammer, die diesen Namen auch verdiente, sondern sie waren meiner Meinung nach das Plebiszit, der Auftrag zur Herstellung der Einheit Deutschlands. Alle die Parteien, die sich im Wahlkampf eindeutig zum Ziel Herstellung Deutsche Einheit bekannt hatten gewannen an Zustimmung während die, die einen eigenständigen, einen dritten Weg oder ähnliches gehen wollten, fast marginalisiert wurden. Die Bürgerrechtsbewegung wäre, wenn wir damals schon eine 5% Sperrhürde gehabt hätten, nicht mehr in die Volkskammer gekommen. Insofern hat die Mehrheit der Wähler ganz klar erkannt, auch unsere sonstigen, insbesondere wirtschaftlichen Probleme, werden wir im Verbund mit dem reichen westdeutschen Bruder wesentlich besser lösen können als im Alleingang.

Zu diesen Wahlen muß man auch etwas sagen, was vielen, die mit einer typisch altbundesdeutschen Geografie gelebt haben, nicht so klar ist. Es waren die ersten freien Wahlen seit 58 Jahren, d.h. seit 1932 in den ostdeutschen Ländern gewesen. Und damals betrug das Wahlalter noch 21 Jahre, d.h. jemand mußte 79 Jahre alt sein, um schon einmal an freien Wahlen teilgenommen zu haben. Man muß sich das Gefühl vorstellen, hinzugehen und zu sagen, ich habe wirklich die Auswahl zwischen Parteien, zwischen Personen und Programmen, und ich muß nicht nur dieses entwürdigende Zettelfalten vollziehen, wie es bei den sog. Wahlen vorher war.

Die Volkskammer wählte dann am 12. April 1990 die Regierung. Wir haben am gleichen Tag eine Erklärung abgegeben zu vier Punkten: Einmal, daß auch wir Ostdeutschen uns zur geschichtlichen Schuld der Deutschen bekennen. Uns war jahrzehntelang gesagt worden, wir sind die

Sieger der Geschichte. Die Bösewichte, die den Holocaust und alles, was damit zusammenhängt, zu vertreten haben, sitzen in der Bundesrepublik. Und im Osten Deutschlands sitzen diejenigen, die die Sieger der Geschichte sind, weil sie sich auf dem Weg zum Sozialismus befinden.

Wir haben des weiteren gesagt, wir stehen zu der bestehenden Grenze mit Polen. Unsere polnischen Nachbarn sollen wissen, daß sie in sicheren Grenzen leben. Wir waren der festen Überzeugung, daß das Ergebnis der Geschichte anzunehmen ist und haben uns damals sehr gewundert, daß es bis in den späten Juni hinein gedauert hat, bis beide deutsche Parlamente eine diesbezüglich gleichlautende Erklärung abgaben. Es gab damals erhebliche Widerstände.

Drittens haben wir uns zur Verantwortung gegenüber den Völkern der Sowjetunion bekannt. Es wird immer wieder vergessen, daß die Völker der Sowjetunion den größten Blutzoll im Zweiten Weltkrieg geleistet haben. 27 Millionen Tote! Und letztendlich haben wir ein Wort gefunden der Entschuldigung für die Teilnahme der DDR an dem, was 1968 in Prag geschah.

Am 12. April wurde die Regierung gewählt, die den wohl eigenwilligsten Auftrag bekommen hat, den eine Regierung überhaupt bekommen kann. Der lautete nämlich, macht Euch so schnell wie möglich überflüssig. Wir wissen ja, dass normalerweise Regierungen, Parteien, insbesondere Parteivorsitzende, auf Machterhalt und Machtbewahrung ausgerichtet sind. Nicht so wir. Wir hatten den Auftrag, Macht so schnell wie möglich abzugeben über fünf Schritte, die zum einem der inneren Demokratisierung und der Herstellung grundgesetzkompatibler Strukturen dienen sollten und zum anderen die außenpolitische Einbindung gewährleisten sollten. Wir haben dieses Ziel erreicht.

Ich will versuchen, diese Schritte einmal zu rekapitulieren. Doch dazu muß ich zurück; ein Wort sagen zur DDR-Geschichte. Im Jahre 1952 fand in der DDR die sog. 2. SED-Parteikonferenz statt. Und auf dieser 2. SED-Parteikonferenz beschloß man, in der DDR den Sozialismus aufzubauen und daß es dazu notwendig wäre, das Prinzip des demokratischen Zentralismus durchzusetzen. Das von Stalin entwickelte Prinzip der Konzentrierung der Gesamtmacht in einem Machtzentrum. Und um dies tun zu können, wurde in Ostdeutschland die kommunale Selbstverwaltung zerschlagen. Das geschah in dem Land, in dem 1807/1808 die Idee der kommunalen Selbstverwaltung geboren worden ist. Es wurde die nach dem Kriege entstandene Länderstruktur aufgehoben, da nach der 49er Verfassung die Länder auch noch eigenständige Gesetzgebungskompetenzen hatten und auch Ausführungskompetenzen, die man glaubte, bei der Zentrale anbinden zu müssen. Es wurde die freie Gerichtsbarkeit zerschlagen. Es wurde insbesondere jegliche Form der Überprüfung von Verwaltungsentscheidungen aufgehoben. Bis dahin gab es zumindest noch Reste von Verwaltungsgerichtsbarkeit und Bilanzgerichtsbarkeit. Und gleichzeitig wurden im ökonomischen Bereich die Zügel straffer angezogen, was dann zu den berühmten Ereignissen am 17. Juni 1953 führte.

Wir haben in der Volkskammer als erstes beschlossen, die kommunale Selbstverwaltung wiedereinzuführen. Wir haben sehr schnell eine Kommunalverfassung beschlossen, ein Kommunalvermögensgesetz, mit dem sich die Kommunen ganz erfolgreich gegen die Habgier der Treuhand und der Länder versucht haben zu wehren. Wir mußten auch dafür sorgen, daß kommunale Aufgaben, die bisher von den Kombinaten wahrgenommen wurden, beispielsweise Polikliniken, Kindergarteneinrichtungen, Ferieneinrichtungen und ähnliches, von den Betrieben abgekoppelt werden und in kommunale Trägerschaften überführt werden. Spätestens bis zu dem Zeitpunkt, wo wir die D-Mark einführen und damit auch marktwirtschaftliche Strukturen wirken. Es war keinem Betrieb mehr zuzumuten, der im Wettbewerb bestehen will, daß er noch kommunale Aufgaben erfüllt, was in der DDR ganz selbstverständlich war. Ein Kombinatsdirektor war zuvor mitverantwortlich für die Versorgung seiner Leute bis hin zur Wohnungsbeschaffung und ähnliche Fragen mehr. Und wir waren der Meinung, die Menschen müssen Demokratie vor Ort erfahren können. Demokratie ist immer nur so gut, wie sie der einzelne vor Ort erfährt.

Wir haben damals Tausende von Menschen in die politische Verantwortung gebracht bei den ersten Kommunalwahlen am 6. Mai. Ich habe es damals als absolut kränkend empfunden, daß das Wort von der Laienspielerschar aufkam für diese Menschen, denn es waren alles Menschen, die noch nie im Leben politische Verantwortung getragen hatten. Es war geradezu Voraussetzung, daß sie in politische Verantwortung kamen, daß sie vorher eben nicht Politik gemacht hatten, denn die gesamte „politische Klasse“ war ja durch die 40 Jahre zuvor diskreditiert.

Der zweite Schritt, den wir machen mußten, war die Wiedereinführung der Länder. Nicht nur weil wir uns entschlossen hatten, nach Art. 23 dem Geltungsbereich des Grundgesetzes beizutreten und wir grundgesetzkompatible Strukturen haben wollten, sondern weil dies eine Forderung des Herbstes '89 war. Uns allen waren die Bilder in Erinnerung wie Helmut Kohl und Hans Modrow in Dresden an der Frauenkirche standen. Da schwenkten die Sachsen bereits wieder ihre weiß-grünen Sachsenfahnen, obwohl es die nirgendwo zu kaufen gab. Sachsen war abgeschafft, es durfte nicht erwähnt werden. Die DDR hatte ja systematisch versucht, den Leuten ihre landsmannschaftliche, kulturelle Identität, ihre Geschichte zu nehmen. Zwar hat die SED es spät, sehr spät als Fehler erkannt, Anfang der 80er Jahre als eine Friedrich II-Biografie erschien und eine Bismarck-Biografie auf den Markt kam. Plötzlich durften wir wieder Luther feiern – 1983, nachdem wir ihn jahrelang als Fürstenknecht beschimpft hatten. Die Leute wollten ihre landsmannschaftliche Identität wiedergewinnen. Heute sind die Leute stolz, wenn sie sich wieder Mecklenburger, Brandenburger, Thüringer oder gar Sachsen nennen, letztere haben sich sogar einen „Freistaat“ gegeben.

Wir haben im Sommer 1990 dazu ein sog. Länderwiedereinführungsgesetz erlassen. Ganz am Anfang heißt es: Die DDR besteht aus folgenden Ländern. Und dann werden die fünf Länder genannt. Und als nächstes steht dort: „Verfügungen über die DDR als ganzes kann nur die Volkskammer treffen“. Warum eine so merkwürdige Formulierung? Der Art. 23 der damals geltenden Formel lautete: „Dies Grundgesetz gilt in den Ländern ... In weiteren Teilen ist es nach deren Beitritt in Kraft zu setzen“. Und da war der Streit, was heißt „Teilen“? Wenn ein grenznaher Kreis erklärt, wir treten bei, sind sie Bundesrepublik. Eine große Sorge der Sowjets war, daß plötzlich, vielleicht nach einer Landtagswahl einzelne Länder Fakten schafften. Deswegen haben wir auch die Landtagswahlen relativ spät gemacht, ehe z.B. Thüringen die Geduld verlieren könnte und sagt, wir treten bei. Und plötzlich hätten sowjetische Eliteeinheiten auf Nato-Territorium gestanden.

Die Offenheit der Formulierung des Art. 23 war tatsächlich in der damaligen Zeit eine relative Gefahr. Wenn jemand diesen Weg gegangen wäre. Wir müssen uns ja auch einmal in die Situation dieser sowjetischen Soldaten versetzen, die 40 Jahre dem Feind gegenüberstanden und den Weltfrieden bewachten.

Es ist für mich heute noch eine der großen logistischen Leistungen der sowjetischen Offiziere, die Kommandogewalt über ihre Truppen bis zum Schluß behalten zu haben und diese in geordneter Weise zum Abzug gebracht zu haben.

Mit der Länderwiedereinführung ging es aber auch um die Wiedergewinnung der landsmannschaftlichen Identität und noch um etwas anderes. Wir waren der Hoffnung, daß wir damit wieder Bleibehoffnung für die Menschen setzen, daß sie sagen, jawohl, in meinem Land kann ich mich wieder einbringen, hier geht's vorwärts. Denn nach dem Fall der Mauer waren es pro Tag 4.000 Menschen, die gingen. Es gingen die Jungen, die Dynamischen, die gut Ausgebildeten, die für sich und ihre Familien Realisierungschancen, Lebenschancen im Westteil Deutschlands sahen. Dies haben wir letztendlich erst mit der Währungsunion gestoppt.

Das dritte wichtige Vorhaben war der Vertrag über die Herstellung der Wirtschafts-, Währungs- und Sozialunion. Man kann heute natürlich darüber streiten, ob es richtig war, wie wir es gemacht haben, ob der Kurs 1 : 1 oder 2 : 1 ökonomisch sinnvoll gewesen wäre. Der Kurs war aber kein ökonomischer, er war ein politischer Kurs. Und er war als politischer Kurs gedacht. Nur so konnten wir den Exodus aufhalten. Wenn wir damals einen reellen Kurs zugrundegelegt hätten, den hätten wir von der Staatsbank der DDR erfragen können. Es gab den Begriff des Richtkoeffizienten in der DDR, der den wirtschaftlichen Kurs feststellte. Der Richtkoeffizient drückte aus, wieviel Mark der DDR muß die Volkswirtschaft der DDR aufwenden für Energie, für Rohstoffe, für Lohn, für Abschreibung, um ein Produkt zu erzeugen, mit dem sie eine D-Mark auf den Außenmärkten erwirtschaften kann. Und dieser Richtkoeffizient betrug 1975 etwa noch 2,20 Mark zu 1 D-Mark. 1988 wurde er neu festgesetzt und betrug 4,40 Mark zu 1 D-Mark. Das heißt, 4,40 Mark zu 1 D-Mark war die reale wirtschaftliche Kraft der beiden Währungen. Hätten wir zu dem Kurs die Währung umgestellt, wären die Leute in Scharen gegangen. Wenn wir z.B. die Renten 4 : 1 umgestellt hätten, wären die Rentner alle Sozialhilfeempfänger geworden. Wir mußten ohnehin die Mindestrenten aufstocken, um zu verhindern, daß die Rentner nicht mehr ihre Mieten zahlen und die Grundnahrungsmittel kaufen konnten, weil zugleich mit der Währungsunion das gesamte Subventionssystem der DDR zerschlagen wurde. Dieser Vertrag ist ein einmaliger Versuch, Marktwirtschaft per Gesetz von heute auf morgen einzuführen. In all unseren sozialistischen Nachbarstaaten ist das ein sehr mühseliger Schritt-für-Schritt-Prozeß gewesen. Wir haben letztendlich mit dem Vertrag über die Wirtschafts-, Währungs- und Sozialunion die gesamten rechtlichen Rahmenvoraussetzungen für die frei oder soziale Marktwirtschaft im Osten Deutschlands bereitgestellt und per Knopfdruck diesen Wandel vollzogen.

Wir mußten diesen Prozeß im Gehen erfinden. Wir hatten in der DDR sicherlich Hunderte von Lehrbüchern, die uns sagten, wie man von einer Marktwirtschaft zu einer Planwirtschaft kommt. Es war Bestandteil jeder Ausbildung, aber es gab nicht ein einziges Lehrbuch, daß uns den umgekehrten Weg und dies noch in sozialverträglicher Weise geschildert hätte. Dieser Vertrag hatte im übrigen noch einen ganz anderen Zeithorizont als er sich dann abzeichnete. Wer sich noch einmal den Vertrag ansieht, wird feststellen, daß noch Bundeszuweisungen für den Haushalt der DDR für

1991 vorgesehen waren, obwohl wir am 3. Oktober ja die Einigung hatten. Wie wir überhaupt in Deutschland 1990 eine Beschleunigung oder einen Prozeß in einer historischen Plötzlichkeit erlebt haben, wie er ganz selten ist. Ich bin der festen Überzeugung, als Helmut Kohl im Deutschen Bundestag Ende November seinen 10-Punkte-Plan vorstellte, daß er einen Zeithorizont von 8-10 Jahren vor sich sah. Ich habe in meiner Regierungserklärung noch mit Zustimmung des gesamten Hauses gesagt, ich hoffte, unsere Politik wäre so erfolgreich, daß wir 1992 erstmalig in Barcelona wieder mit der gemeinsamen Olympiamannschaft antreten. Die Entwicklung in der Sowjetunion, insbesondere auch Hinweise, die wir von Eduard Schewardnadse und anderen erhielten, ließen uns anders handeln.

Die vierte wichtige Aufgabe war die Aushandlung und Verabschiedung des Einigungsvertrages, eines Vertrages, der, glaube ich, einmalig ist, nämlich die Überführung eines gesamten Staates in die Rechtsordnung eines anderen Staates. Eine delikate Frage war, ob denn dieser Vertrag ein staatsrechtlicher oder ein völkerrechtlicher Vertrag wäre. Der Hintergrund war, daß die Bundesrepublik die DDR staatsrechtlich wohl anerkannt hatte, aber nicht völkerrechtlich. Wenn auch hier die Meinungen auseinandergingen, letztendlich ist die Anerkennung der DDR völkerrechtlich durch die Bundesrepublik Deutschland doch noch erfolgt, nämlich am 12. September 1990 in Moskau bei der Unterzeichnung des 2+4-Vertrages. Da haben zwei deutsche Staaten und vier Siegermächte die deutsche Einheit beschlossen.

Der Einigungsvertrag enthält Hunderte von Regelungen, die sich in den letzten 10 Jahren bewährt haben, aber auch Regelungen, die sich nicht so bewährt haben, oder umstritten sind, wie die Eignungsproblematik. Wir haben damals auch so argumentiert, daß die Bourbonen 1815 die Enteignung des Direktoriums der Revolutionszeit nicht rückgängig gemacht hätten. Andererseits können wir auf die berechtigte Frage des damaligen Bundesfinanzministers, wieviel Enteignungsfälle es denn wären und wie hoch die Entschädigungsbeträge wären, die daraus abgeleitet werden müßten, nicht antworten. Die Enteignungspraxis der DDR war eben immer top-secret. Nachfragen bei den Räten der Bezirke die noch existierten, in den Abteilungen Finanzen, wieviel es so wären, ließen uns zu der Meinung kommen, es könnten vielleicht 500.000 Fälle sein. Wir wissen inzwischen, daß es 2,2 Mio. Anträge gegeben hat. Nun, unterstellt, davon ist 1/4 oder 1/3 unbegründet, sind es immerhin dennoch viel mehr als wir damals ahnen konnten. Es wäre also ein Entschädigungsvolumen entstanden, das kein Haushalt je hätte schultern können. Abgesehen davon, daß ich glaube, daß viele Restaurierungen im Osten Deutschlands nicht erfolgt wären, wenn nicht ein privates Interesse dahinter gesteckt hätte, die Gebäude wieder in den Zustand zu versetzen.

Dennoch, diese Frage war eine der problematischsten Fragen, die wir damals hatten. Und in diese Frage gehört auch die Frage hinein, wie lange wird dieser Angleichungsprozeß beispielsweise bei den Löhnen und Gehältern sein, nicht nur der Beamten, auch der Ärzte und z.B. der Anwälte. Ich glaube, es ist auch eine materielle Frage, aber es ist vor allem eine Frage der Anerkennung der Leistung!

Der fünfte wichtige Problemkreis bestand in der Lösung der sogenannten "äußeren Aspekte" der deutschen Einheit. Es war ein Glücksfall der Geschichte, daß wir am 12. September 1990 in Moskau den 2+4-Vertrag unterschreiben konnten. Er beschreibt die Grenze als endgültig, aber er gibt Deutschland nach der selbstverschuldeten Abhängigkeit von den Siegermächten seine volle Souveränität wieder. Im übrigen war es eine Forderung der Sowjets, daß der Art. 23 in der bis dahin geltenden Form gestrichen wird. Im 2+4-Vertrag steht, der Art. 23 wird aufgehoben. Sie hatten die Befürchtung, daß noch mehr auf die Idee kommen könnten, daß es ganz vorteilhaft ist, beizutreten.

Am Vorabend des 3. Oktober 1990 durfte ich als Ministerpräsident noch eine Fernsehansprache halten. Und dort habe ich einen Satz gesagt, von dessen Richtigkeit ich noch heute überzeugt bin. Ich habe damals gesagt, die deutsche Einheit ist mit dem Beitritt nicht abgeschlossen. Sie ist und bleibt eine Gemeinschaftsaufgabe aller Deutschen. Sie ist nicht nur eine materielle Frage, sondern eine Frage des praktizierten Gemeinsinns. Die Einheit will nicht nur bezahlt, sondern auch mit dem Herzen gewollt sein. Ich glaube, daß es eine der Hauptschwächen der Folgejahre war, daß wir zugelassen haben, daß die Mehrheit der Deutschen glaubte, der Prozeß ist abgeschlossen und es nicht mehr im eigentlichen Sinne als Gemeinschaftsaufgabe angesehen hat. Das führte dazu, daß wir mit kaufmännischen Betrachtungen dieser Einheit angefangen haben. Was kostet sie? Als ob sich Geschichte damit greifen ließe.

Zwei Fehleinschätzungen von 1990 sind zu nennen: Erstens: Wir haben die Anpassungslasten, sowohl, was den Zeitraum als auch was die Kosten anbelangte, unterschätzt. Der Fonds Deutsche Einheit, zunächst geplant für 4 Jahre, sah vor, 120 Milliarden für vier Jahre. Wir wissen, wieviel daraus in den Folgejahren pro anno wurde.

Und das zweite: Es kam zu einer erheblichen Unterschätzung der Mühseligkeiten sozialer Lernprozesse. Wir haben erst dann gemerkt, wie schwer es ist, wenn ein ganzes Volk umlernen muß: Ein neues politisches

System, ein neues Verwaltungssystem, eine neue Rechtsordnung, ein neues Bildungssystem, eine neue Werteskala.

Ich bin heute der Auffassung, es war falsch, von der Angleichung zu sprechen. Angleichung ist kein selbstbewußtes Lebensziel. Ich will nicht wie ein anderer werden. Ich glaube, einer der großen Erfolge von Kurt Biedenkopf in Sachsen ist, daß er den Sachsen sächsische Ziele genannt hat und nicht Angleichung. Die Politik muß Ziele formulieren, die für das Land richtig und notwendig sind. Es kommt darauf an, das Selbstbewußtsein der Menschen im Osten zu stärken.

Zur Bilanz gehört vor allem, daß die Ostdeutschen in den letzten zehn Jahren ihren Anteil am Bruttosozialprodukt fast verdoppelt haben. 1990 waren es nicht einmal 6%, inzwischen sind es über 12%. Wir haben Gewaltiges erreicht im Osten mit der Infrastruktur. Straßen, Telefone und so weiter.

Wir hatten hohe Aufbauleistungen im kommunalen Bereich. 1989/90 waren nur 25% aller ostdeutschen Haushalte beispielsweise an öffentliche Kläranlagen angeschlossen. Das Verhältnis ist genau umgekehrt geworden. Und wir haben, was mir persönlich ganz wichtig ist, große Fortschritte gemacht bei der Sanierung der historischen Innenstädte und Dorfbilder und auf diese Weise unsere Heimat erhalten. Ich bin der festen Überzeugung, in einigen Jahren werden viele Städte Ostdeutschlands schöner aussehen als ihre Geschwister gleicher Art und gleichen Alters in den alten Bundesländern.

Es ist immer wieder diskutiert worden in den letzten Jahren, ist das geglückt mit der Einheit? Der 9. November 1989 leitete den größten Wandlungsprozeß in Mittel- und Osteuropa ein. Die Tschechoslowaken gingen auseinander, womit ich nie gerechnet hatte. Jugoslawien explodierte in blutigen Kriegen. Die Sowjetunion zerfiel mit, wie ich meine, bisher unabsehbaren Folgen. Im Gegensatz zu diesen Prozessen des Zerfalls sind wir Deutschen zusammengegangen und schreiten gemeinsam nach Europa.

Als Frankreich 1871 nach einer schweren Niederlage auch national in eine Sinnkrise geraten war, befaßte sich der damals dort sehr bekannte Religionsphilosoph Erneste Renan mit dem Begriff der Nation. Er definierte ihn durch zwei Feststellungen. Zum einen durch die Feststellung, eine gemeinsame Vergangenheit zu haben. Zum anderen durch den Willen, eine gemeinsame Zukunft haben zu wollen. Und ich glaube, diesen Willen, eine gemeinsame Zukunft haben zu wollen stellt in unserem weiten Land keiner ernsthaft in Frage.

Die Außenpolitik der DDR in der Zeit der frei gewählten Volkskammer 1990

Markus Meckel

1. Einleitung – Der Weg zur freien Wahl am 18. März 1990

Die freie Wahl am 18. März 1990 war das Ergebnis der Herbstrevolution des Jahres 1989, in welcher die SED-Herrschaft an ihr Ende kam. Gleichwohl stand sie ganz im Zeichen der deutschen Einheit. Dadurch, daß im Zuge der Herbstrevolution am 9. November 1989 durch eine mißverständliche Information zum Reisegesetz die Berliner Mauer überrannt worden war, hatte sich im Zentrum Europas die Situation völlig verändert. Nun war eine operative Politik für die deutsche Einheit möglich geworden. Das änderte nicht nur die deutsche Politik grundlegend, sondern die Situation in Europa überhaupt.

Vorher war es in der Herbstrevolution um Demokratie und Freiheit gegangen. Wir im Osten hatten bis dahin ebensowenig wie die Politiker des Westens damit gerechnet, daß so schnell die Möglichkeit der Einheit offen stünde. Nun jedoch galt es, sich neu zu orientieren. Für die Menschen auf der Straße wurde mehr und mehr die deutsche Einheit zur Priorität. Die politischen oppositionellen Gruppen vertraten unterschiedliche Positionen. Einige lehnten die deutsche Einheit ab und wollten in einer demokratischen DDR neue Wege gehen. Andere, quer durch alle Parteien – auch in den Blockparteien, wollten dagegen die Einheit sofort. Für die Mehrheit der politischen Gruppierungen war jedoch wichtig, daß es einen geordneten Prozeß der deutschen Einheit geben würde, in welchem eben insbesondere auch die Interessen der Ostdeutschen vertreten werden sollten. Deshalb war es für uns von großer Bedeutung, daß eine freie Wahl in der DDR zu Volksvertretern in Parlament und Regierung führte, die diesen Prozeß der deutschen Einheit mit der notwendigen demokratischen Legitimation würden gestalten können.

Ich verweise z.B. auf eine Erklärung zur deutschen Frage, die der SDP-Vorstand am 3. Dezember 1989 beschloß. Sie enthielt folgende Momente:

- Wir wollten die Einigung als wohlorganisierten Prozeß zwischen zwei demokratisch legitimierten, gleichberechtigten deutschen Staaten, in dem die Interessen des schwächeren Teil, der Bevölkerung der DDR, angemessen vertreten und berücksichtigt sind. Deshalb war die wichtigste Forderung die Konstituierung eines frei gewählten Parlaments, einer legitimierten Regierung in der DDR.
- Die deutsche Einigung sollte nicht auf Kosten der sozial Schwachen in der DDR gehen.
- Sie sollte den europäischen Einigungsprozeß fördern, die Sicherheit in Europa nicht gefährden und den Deutschen volle Souveränität geben.
- Die Nachbarn Deutschlands sollten sich der endgültigen Anerkennung ihrer Grenzen und der Solidarität Deutschlands auf ihrem Weg der Demokratisierung sicher sein.

- Wir wollten die Einigung als wohlorganisierten Prozeß zwischen zwei demokratisch legitimierten, gleichberechtigten deutschen Staaten, in dem die Interessen des schwächeren Teil, der Bevölkerung der DDR, angemessen vertreten und berücksichtigt sind. Deshalb war die wichtigste Forderung die Konstituierung eines frei gewählten Parlaments, einer legitimierten Regierung in der DDR.
- Die deutsche Einigung sollte nicht auf Kosten der sozial Schwachen in der DDR gehen.
- Sie sollte den europäischen Einigungsprozeß fördern, die Sicherheit in Europa nicht gefährden und den Deutschen volle Souveränität geben.
- Die Nachbarn Deutschlands sollten sich der endgültigen Anerkennung ihrer Grenzen und der Solidarität Deutschlands auf ihrem Weg der Demokratisierung sicher sein.

Der Wahlkampf war dann fast nur noch von der Frage geprägt, wie schnell und auf welchem Wege die deutsche Einheit am besten zu erreichen sei. Gegner der Einheit hatten in der großen Mehrheit Bevölkerung der DDR überhaupt keine Chance. Schon diejenigen, die wie wir Sozialdemokraten die Schwierigkeiten darstellten, die dieser Prozeß mit sich bringen würde, wurden schnell als Gegner der Einheit diffamiert.

Das Wahlergebnis hat dann deutlich gezeigt, daß die DDR-Bevölkerung eine möglichst schnelle Einheit wollte. Wir Sozialdemokraten beteiligten uns – nach langen und schwierigen Auseinandersetzungen in der Partei und auch der Fraktion – an der Regierungskoalition, um bei der Gestaltung der deutschen Einheit mitwirken zu können und hier insbesondere die Interessen der Ostdeutschen zu vertreten, denn wir befürchteten, daß dies durch die anderen Koalitionspartner nicht im ausreichenden Maße geschieht.

Außenpolitische Fragen spielten im Wahlkampf keine große Rolle. Für uns Sozialdemokraten war immer wichtig, sehr deutlich zu machen, daß wir die deutsche Einheit so gestalten wollen, daß auch die europäischen Nachbarn sie nicht befürchten müssen. Dies wurde von den konservativen Parteien nicht so betont, war aber auch nicht wirklich strittig. So gab es zu den außenpolitischen Passagen der Koalitionsvereinbarung auch keinen Streit. Die Regierungserklärung des Ministerpräsidenten de Maizière am 19. April 1990 ging auf alle wichtigen Aussagen der Koalitionsvereinbarung ein.

2. *Die gemeinsame Erklärung der Volkskammer vom 12. April 1990*

In einer gemeinsamen Erklärung der Volkskammer vom 12. April 1990 – in ihrer zweiten Sitzung, während der auch die Minister vereidigt wurden – übernahm die demokratische DDR bewußt die Verantwortung, welche uns als Deutschen aus unserer Geschichte erwächst. Dies war uns besonders wichtig, da es eine grundlegende Veränderung bedeutete gegenüber dem Selbstverständnis der von der SED regierten DDR.

In dieser Erklärung heißt es: „Durch Deutsche ist während der Zeit des Nationalsozialismus den Völkern der Welt unermeßliches Leid zugefügt worden. Nationalismus und Rassenwahn führten zum Völkermord, insbesondere an den Juden aus allen europäischen Ländern, an den Völkern der Sowjetunion, am polnischen Volk und am Volk der Sinti und Roma. Diese Schuld darf niemals vergessen werden. Aus ihr wollen wir unsere Verantwortung für die Zukunft ableiten.“

Die SED hatte eine solche Verantwortung immer geleugnet. Für sie stand die DDR an der Seite der ruhmreichen Sowjetunion gewissermaßen an der Seite der Sieger der Zweiten Weltkriegs und des Fortschritts. Da nach ihrer Ideologie Geschichte immer die Geschichte von Klassenkämpfen war, glaubte sie sich von jeder nationalen Verantwortung frei. So wurde der Antifaschismus der ersten Jahre auch schnell zu einer Legitimationsideologie für die SED-Herrschaft. Eine die Gesellschaft einbeziehende und die Verantwortung des Einzelnen reflektierende Aufarbeitung des Nationalsozialismus gab es in der DDR nicht. Allein die evangelischen Kirchen, das katholische Polenseminar in Magdeburg, die Aktion Sühnezeichen und verschiedene oppositionelle Gruppen waren sich auch in früheren Jahren einer aus der nationalen schuldhaften Geschichte erwachsenden Verantwortung bewußt und versuchten, ihr durch konkrete Aktivitäten gerecht zu werden.

Für die demokratische DDR sollte dieses Schuldbekenntnis eine wesentliche Grundlage ihrer Politik sein. Waren früher die Beziehungen zu den europäischen Nachbarstaaten durch die kommunistische Ideologie und die Zugehörigkeit zum sowjetischen Einflußbereich innerhalb des Ost-West-Konflikts geprägt, so waren diese jetzt völlig neu zu gestalten und auf neue Grundlagen zu stellen.

Das Bekenntnis zur Verantwortung, die uns als Deutschen auch in der DDR und gemeinsam mit der Bundesrepublik Deutschland aus der Vergangenheit erwächst, sollte deutlich machen, auf welchen geistigen und moralischen Grundlagen sowohl die Einigung Deutschlands wie auch bis dahin die Außenpolitik der DDR gegründet sein würde. Gerade für das Verhältnis zu den östlichen Nachbarn, die mit uns unter der kommunistischen Diktatur gelitten hatten, denen sich jedoch auch die Geschichtsvergessenheit der DDR fest eingeprägt hatte, war diese Erklärung von besonderer Bedeutung.

Wichtig war außerdem, daß nicht so getan wurde, als knüpfe man unmittelbar an die Nachkriegszeit an. Auch die Schuld der kommunistischen Zeit wurde nicht nur nicht verdrängt, sondern in die eigene nationale Verantwortung übernommen. Sowohl gegenüber dem jüdischen Volk und Israel wie gegenüber der Tschechoslowakei spielte auch diese Dimension eine wichtige Rolle.

Die gemeinsame Erklärung entfaltete diese Verantwortung in vier verschiedenen Richtungen und versucht sie auch jeweils zu konkretisieren und zu aktualisieren:

1. Am Anfang stand die Verantwortung gegenüber dem jüdischen Volk. Die SED hatte die Shoa, den Holocaust, auch in ihrer Darstellung des Nationalsozialismus immer eher an den Rand gedrängt. Die Volkskammer bat um Verzeihung für „Heuchelei und Feinseligkeit der offiziellen DDR-Politik gegenüber dem Staat Israel und für die Verfolgung und Entwürdigung jüdischer Mitbürger auch nach 1945 in unserem Lande.“
   Konkrete politische Konsequenz sollte u.a. sein, daß jüdische Religion und Kultur gefördert und geschützt sowie Friedhöfe, Synagogen, und

Gedenkstätten erhalten und gepflegt werden. Verfolgten Juden sollte in der DDR Asyl gewährt werden. Auch wenn die deutsche Vereinigung bevorstand, sollte aus symbolischen Gründen noch mit Gesprächen zur Herstellung diplomatischer Beziehungen begonnen werden.

2. Auch gegenüber der Sowjetunion war es uns wichtig, die künftigen Beziehungen in die historischen Bezüge zu stellen. Wir wollten die Russen und die anderen Völker der Sowjetunion nicht mit Stalin und dem Kommunismus identifizieren, sondern deutlich machen, daß wir zum einen die deutsche Schuld des Überfalls auf die Sowjetunion sehen und anerkennen und für Versöhnung eintreten wollen. Zum anderen sollte deutlich werden, daß uns bewußt ist, daß – ebenso wie Deutsche die ersten Opfer Hitlers waren – Russen und die anderen Völker der Sowjetunion die ersten Opfer der kommunistischen Diktatur gewesen sind. Gleichzeitig wurde anerkannt, daß Gorbatschow und die Veränderungen in der Sowjetunion einen wichtigen Anteil daran hatten, daß bei uns Freiheit und Demokratie gesiegt hatten. Dies sollte auch für die künftige Gestaltung Europas berücksichtigt werden. Deutschland sollte wie die SU in ein gesamteuropäisches Sicherheitssystem integriert sein, weil nur so in Europa Frieden und Sicherheit garantiert werden können. Die von der DDR mit der SU abgeschlossenen Verträge sollten möglichst einvernehmlich den neuen Realitäten angepaßt werden.
3. Gegenüber der Tschechoslowakei bekannte sich die Volkskammer zur Mitschuld der DDR an der Niederschlagung des Prager Frühlings 1968 durch Truppen des Warschauer Vertrages und bat dafür um Entschuldigung: „Wir haben in Angst und Mutlosigkeit diesen Völkerrechtsbruch nicht verhindert. Das erste frei gewählte Parlament der DDR bittet die Völker der Tschechoslowakei um Entschuldigung für das begangene Unrecht."
4. Eine im Zusammenhang mit der deutschen Vereinigung besondere Bedeutung hatte das Verhältnis zu Polen. Auch wenn es in allen Jahrzehnten der kommunistischen Herrschaft in den Ländern Ost- und Mitteleuropas Opposition und Widerstand gegeben hatte, so war der polnische Widerstand seit den 70er Jahren am breitesten und wohl auch am tiefsten in der Bevölkerung verwurzelt. Zwar suchte die SED es zu verhindern und scheute sich auch nicht, antipolnische Ressentiments zu schüren, doch gab es in der DDR eine große Anerkennung gegenüber der unabhängigen Gewerkschaft Solidarnosc, die das kommunistische Regime zum ersten Mal durch Widerstand aus der Gesellschaft heraus wanken ließ. Polen hatte mit Tadeus Mazowiecki

seit August 1989 den ersten nichtkommunistischen Ministerpräsidenten und war so Vorreiter gewesen beim Sturz der kommunistischen Sowjetherrschaft im östlichen Europa. Noch wichtiger als diese historische Verbundenheit war jedoch die notwendige dauerhafte Gültigkeit der deutsch-polnischen Grenze an Oder und Neiße. Dies bekräftigte die Volkskammer ohne jede Bedingung. „Insbesondere das polnische Volk soll wissen, daß sein Recht, in sicheren Grenzen zu leben, von uns Deutschen weder jetzt noch in Zukunft durch Gebietsansprüche in Frage gestellt wird. Wir bekräftigen die Unverletzbarkeit der Oder-Neiße Grenze zur Republik Polen als Grundlage des friedlichen Zusammenlebens unserer Völker in einem gemeinsamen europäischen Haus. Dies soll ein künftiges gesamtdeutsches Parlament vertraglich bestätigen."
Diese Frage sollte im Prozeß zur deutschen Einheit dann aber durchaus noch zu einem Problem werden und in den Verhandlungen eine wichtige Rolle spielen. Doch davon weiter unten.

3. Der Verhandlungsansatz und die Positionen der DDR im Rahmen der 2+4-Verhandlungen

Die Revolutionen und Veränderungen in Ost- und Mitteleuropa brachten viele alte und neue Fragen auf die Tagesordnung. Es mußte Ziel der westlichen Staaten sein, nach den schwer lenkbaren Umbruchprozessen des Herbstes 1989 die Initiative neu in die Hand zu bekommen. Für die USA stand viel auf dem Spiel, nämlich nicht weniger als ihre künftige Rolle in Europa. Daß die deutsche Vereinigung kommen würde, war Anfang 1990 klar, offen waren Zeitraum und Rahmenbedingungen. Von zentraler Bedeutung war für die USA die NATO-Zugehörigkeit des vereinten Deutschland. Sie war das wichtigste Instrument der Führungsrolle der USA in Europa. Ein Austritt Deutschlands hätte die Bedeutung der NATO stark herabgesetzt und den Einfluß der USA in Europa wesentlich eingeschränkt. So unterstützte Präsident Bush aus eigenem nationalen Interesse heraus Helmut Kohls Konzeption einer möglichst schnellen Vereinigung – natürlich zu den eigenen Bedingungen.

Anders Frankreich und Großbritannien. Die damals mit der deutschen Einheit verbundenen Ängste in diesen Ländern vor einem „Großdeutschland" sind bekannt. Frankreich konnte insbesondere durch das glaubwürdige Engagement der Bundesrepublik für eine weitergehende Vertiefung der Europäischen (Wirtschafts-)Gemeinschaft hin zu einer Europäischen

(Politischen) Union gewonnen werden. Helmut Kohl versprach Präsident Mitterrand das deutsche Engagement für die europäische Wirtschafts- und Währungsunion und gewann so seine Zustimmung. Somit wurde die deutsche Vereinigung auch zum Motor für den (west-!) europäischen Integrationsprozeß. Für Großbritannien war es wichtig, daß Douglas Hurd anders als seine Chefin persönlich die Vereinigung unterstützte.

Als ich nach der ersten freien Wahl in der DDR am 12. April 1990 zum Außenminister gewählt wurde, waren wichtige internationale Konstellationen bereits festgelegt. Der 2+4-Mechanismus war erfunden und beschlossen. Die genaueren Hintergründe erklärte mir Hans-Dietrich Genscher bei einem Besuch in seinem Privathaus unmittelbar nach meiner Wahl. Noch im Herbst 1989 war ich in meinem programmatischen Vortrag zur Gründung der Sozialdemokratischen Partei in der DDR (SDP) für einen Friedensvertrag zur Lösung der deutschen Frage eingetreten. Hans-Dietrich Genscher machte nun deutlich, weshalb eine solche Terminologie und jedes daran erinnernde Prozedere unbedingt zu vermeiden sei: Knapp fünfzig Jahre nach Kriegsende dürfe die zwischen Zweitem Weltkrieg und Gegenwart liegende Demokratiegeschichte in der Bundesrepublik und die lange Zeit der Partnerschaft in Westeuropa in Nato und EG nicht ausgeblendet werden. Deutschland dürfe nicht wieder zum bloßen Objekt von Viermächtegesprächen werden. Vielmehr sei zu berücksichtigen, daß die Bundesrepublik nunmehr ein angesehener Partner unter den Demokratien des Westens sei. Und nicht zuletzt müsse ausgeschlossen werden, daß mehr als fünfzig ehemalige Kriegsgegner auf den Gedanken kommen könnten, bei der deutschen Vereinigung mitreden zu wollen und die Hände aufhalten zu können. Er betonte die Notwendigkeit, daß die beiden deutschen Staaten gleichberechtigte Verhandlungspartner wären, deren Zustimmung Voraussetzung für Entscheidungen war. Diese Argumentation leuchtete mir ein, ihre Intention wurde von mir vollständig geteilt. Wir konnten zudem mit Stolz darauf verweisen, die Demokratie in der DDR selbst erkämpft zu haben. Wir als Ost-Deutsche, die aus ihrer Geschichte gelernt haben, wollten mit Selbstbewußtsein nicht nur an der Gestaltung der deutschen Einheit, sondern auch der europäischen Zukunft mitwirken!

Diesem mit moralischer Legitimation versehenen Gestaltungswillen standen jedoch die realen Möglichkeiten entgegen. Ziel der frei gewählten DDR-Regierung war die Herstellung der deutschen Einheit. Unsere Aufgabe war es, die Selbstauflösung der DDR vorzubereiten und durchzuführen, bei rechtlichem Fortbestehen der Bundesrepublik Deutschland als vereintem Deutschland. Das allein verdeutlicht schon – unabhängig von dem

Unterschied an politischer Erfahrung bei den Akteuren – die Verteilung der Gewichte zwischen beiden deutschen Staaten in diesem Prozeß.

Die Aufnahme in den Kreis der Außenminister war überaus freundlich. Trotz mancher gegenteiligen Äußerung rechnete – und wollte – man aber im Grunde nicht, daß mit der demokratischen DDR noch ein wirklicher Akteur auf das Spielfeld trat. Das wurde schon daran deutlich, daß nach den Vereinbarungen von Ottawa zum 2+4-Mechanismus im Februar 1990 nicht gewartet wurde, bis es durch demokratische Wahlen legitimierte Vertreter der DDR gab. Das erste Beamtentreffen der 2+4 Verhandlungen, das die Aufgabe hatte, das erste Treffen auf Außenministerebene vorzubereiten, fand vier Tage vor der ersten freien Volkskammerwahl in der DDR statt!

Trotz dieser denkbar schlechten Voraussetzungen für eine eigenständige Rolle bei den Verhandlungen entwickelten wir unsere Konzeptionen. Die wichtigsten Positionen waren schon in den Koalitionsvereinbarungen festgeschrieben worden.

Im Folgenden beschränke ich mich jedoch auf Fragestellungen, die mit den 2+4-Gesprächen im Zusammenhang stehen.

1. Wir wollten den Prozeß der deutschen Einheit nicht nur in den Prozeß der europäischen Einigung einbetten – was ja ebenfalls Ziel der Bundesregierung war –, sondern ihn so gestalten, daß er auch noch Katalysator für diese sein sollte. So unterschied sich – bei grundsätzlich gleicher Zielstellung – der Verhandlungsansatz von Beginn an recht grundlegend. Die westlichen Staaten einschließlich der Bundesregierung wollten vor allem die Zustimmung der Sowjetunion zur deutschen Vereinigung, zur Ablösung der Rechte der Vier Mächte sowie die Akzeptanz der NATO-Mitgliedschaft des vereinigten Deutschland erreichen, ansonsten aber möglichst wenig regeln. Für die Zukunft sollten alle Optionen offen gehalten werden, denn es war klar, wo künftig in Europa das Machtzentrum liegen würde – nämlich im Westen. Wir dagegen hielten es für wichtig, zentrale Fragen nicht nur der deutschen, sondern auch der europäischen Einigung und Entwicklung zumindest ansatzweise festzulegen. Daraus folgte, daß wir in verschiedenen Fragen für Übergangsregelungen plädierten, um so für die Zukunft den Prozeß im Fluß zu halten und wenigstens die Richtung vorzugeben. Gerade solche Übergangsregelungen wurden von westlicher Seite – aus o.g. verständlichen Gründen – mit aller Entschiedenheit abgelehnt.
2. Wir hofften, daß es nach dem Ende der Konfrontation der zwei Blöcke im Kalten Krieg möglich wäre, diese Blöcke schrittweise zu

überwinden. Daher strebten wir drastische Abrüstungsschritte und Übergangsregelungen hin zu gesamteuropäischen Sicherheitsstrukturen an. Dafür sollte die KSZE eine zentrale Rolle spielen, weshalb wir nach Wegen suchten, diese zu stärken. Anknüpfend an einen polnischen Vorschlag entwickelten wir auf diesem Hintergrund gemeinsam mit Polen und der Tschechoslowakei eine Initiative zur Weiterentwicklung und Institutionalisierung der KSZE (die sogenannte trilaterale Initiative).

Anfang März 1990, also noch vor der freien Wahl, hatte ich gemeinsam mit Hans Misselwitz und formal gewissermaßen parallel zu den SPD-Bundestagsabgeordneten Dietrich Stobbe und Horst Ehmke Washington besucht. Während dieser Reise wurde mir klar, daß das vereinte Deutschland – zumindest für eine Übergangszeit – Mitglied der NATO sein müßte. Doch wollten wir einer solchen Mitgliedschaft erst zustimmen, wenn die NATO auch zu den notwendigen eigenen Veränderungen bereit wäre, was ihre Funktion und Strategien betrifft (Aufgabe der Vorneverteidigung, flexible response und nuklearem Ersteinsatz).

3. Nach unserem Verständnis sollte die Wiedererlangung der deutschen Souveränität damit einhergehen, daß wir Deutschen uns gerade darin als frei und souverän erweisen, daß wir ohne Zwang und in freier Selbstbestimmung bestimmte Selbstbeschränkungen eingehen, die ein wichtiger Beitrag zu einer europäischen Friedensordnung sein sollten. Dazu gehörte z.B. der Verzicht nicht nur auf Herstellung, Besitz und Verfügungsgewalt, sondern auch auf die Stationierung von atomaren, biologischen und chemischen Waffen. Am liebsten hätten wir diese Beschränkung im Einigungsvertrag bzw. im Grundgesetz festgeschrieben. Auch für die konventionelle Abrüstung und die Herabsetzung der Truppenstärken in Europa wollten wir Anstöße geben. Die Truppenstärke des vereinten Deutschlands sollte radikal herabgesetzt werden. Als ich im Juni beim 2+4 Außenministertreffen in Berlin den Vorschlag unterbreitete, die deutschen Truppen auf 300.000 (bzw. als Kompromiß auf 380.000) zu reduzieren, wurde er von den westlichen Verhandlungspartnern noch als Singularisierung Deutschlands vehement abgelehnt. Wenig später ist es dann aber doch so gekommen, wenn auch ohne auf meinen Vorschlag Bezug zu nehmen: Ende August 1990 erklärten die beiden deutschen Staaten vor der Wiener Abrüstungskonferenz zum KSE-Vertrag, daß das vereinte Deutschland seine Truppen auf 370.000 Mann begrenzen werde. Diese Erklärung wurde Bestandteil des 2+4 Vertrages.

4. Wie oben beschrieben, fühlten wir uns unseren östlichen Nachbarn tief verbunden, die mit uns unter der Diktatur gelitten und sich ebenfalls davon befreit hatten. Das schloß auch die Völker der Sowjetunion mit ein – sie hatten wie die sowjetischen Satellitenstaaten unter Stalin gelitten und sich nun ebenfalls auf den Weg der Demokratisierung gemacht, der für sie viel steiniger werden mußte, als für uns, gab es doch keinerlei demokratische Tradition. Gleichzeitig anerkannten wir die Verdienste Gorbatschows um die Demokratisierung des Sojwetsystems.
   Es schien uns aber nicht nur aus dieser moralischen und historischen Verbundenheit, sondern insbesondere aus grundsätzlichen politischen Gründen unerläßlich, mit der Sowjetunion zu einer auch für sie wirklich tragbaren Lösung zu kommen. Eine nur aus augenblicklicher Schwäche abgerungene Zustimmung der Sowjetunion, die dort das Gefühl hinterlassen würde, den Zweiten Weltkrieg nun nachträglich doch noch verloren zu haben, würde für das Europa der Zukunft ein bleibender Unsicherheitsfaktor sein. Wir wollten auf jeden Fall ein „Versailles" für die Sowjetunion vermeiden. Nicht nur die Zustimmung der Sowjetunion, sondern die wirkliche, angemessene Berücksichtigung ihrer Interessen lag deshalb aus unserer Sicht nicht nur in unserem eigenen deutschen Interesse, sondern im Interesse ganz Europas. Daher war uns wichtig, daß die Sowjetunion auch nach dem zu vereinbarenden Truppenabzug aus Deutschland fest mit Europa verbunden bleibt, sowohl politisch-kulturell und wirtschaftlich als auch sicherheitspolitisch.

Für die Sowjetunion war es u.a. ein Problem, daß mit der Anerkennung der deutschen Souveränität der vollständige Abzug ihrer Truppen bevorstand, für die westlichen Alliierten sich jedoch nicht viel ändern würde. Schließlich – insbesondere durch die NATO-Mitgliedschaft – war die Bundesrepublik mit diesen als Bündnispartner inzwischen auf vielfältige Weise verbunden. Um wenigstens an einer Stelle alle vier Alliierten gleich zu behandeln – was für die Sowjetunion von großer psychologischer Bedeutung war –, machte ich beim zweiten 2+4 Außenministertreffen in Berlin im Juni 1990 den Vorschlag, daß alle vier Siegermächte möglichst bald Berlin räumen sollten. Das hätte sicherheitspolitisch nichts gekostet, wäre für die Sowjetunion aber ein wichtiges Symbol gewesen!

Natürlich wurde ein solcher Vorschlag für völlig unmöglich gehalten...

5. Die Sicherung der Bodenreform war ein zentrales Anliegen der DDR-Koalitionsregierung. Wir haben nie bestritten, daß im Zusammenhang der Bodenreform 1946 viel Unrecht geschehen ist. Doch

waren wir aus Gründen der strukturellen Entwicklung des ländlichen Raumes strikt gegen die Wiederherstellung der alten Besitzverhältnisse und das Wiedererstehen der alten ostelbischen Güter auf dem Lande. Die Sowjetunion unterstützte dieses Anliegen und machte es sich zueigen, wie aus den verschiedenen Dokumenten von April bis August 1990 hervorgeht. Staatssekretär Dieter Kastrup hat dem Bundesverfassungsgericht gegenüber dazu sachgemäß berichtet.
Über die Motive der Sowjetunion für diese Haltung kann man nur spekulieren. Mir gegenüber sind solche Motive nie ausgesprochen worden, doch haben wir danach auch nicht gefragt, waren wir doch sehr zufrieden mit der sowjetischen Position, welche die unsere stützte. Die Sowjetunion konnte m.E. in dieser Zeit aber schon deshalb kein Interesse daran haben, daß die Rechtsakte der SU in der Besatzungszeit neu aufgerollt werden, da sie sonst auch mit der Frage der Speziallager etc. konfrontiert worden wäre. In Fünfeichen wurden im Frühjahr 1990 die Massengräber gefunden. Ich halte es nicht für ausgeschlossen, daß die SU in Sorge war, daß unbequeme Fragen auf sie zukommen könnten, wenn die Legitimität des rechtlichen Handelns der SU zum Thema gemacht würde.
Für unsachgemäß halte ich die heutige Zuspitzung der Frage, ob die SU die deutsche Einheit an der Bodenreform hätte scheitern lassen, denn so stand die Frage in den Verhandlungen nie. Es gab keinen Zeitpunkt, an dem etwa alle anderen Fragen geklärt und nur diese offen geblieben wäre. So stand die Frage nie, ob die Sowjetunion daran irgendetwas hätte scheitern lassen. Mit Sicherheit waren ihr andere Fragen wichtiger – doch bleibt es dabei, daß sie diese Position bis zum Ende vertreten hat. Daß nicht nur die DDR den Bestand der Bodenreform gefordert hat, wird allein schon durch das Ergebnis deutlich: Allein hätte die DDR in den 2+4-Verhandlungen eine solche Position nicht zum Erfolg führen können!
Wer heute dieses Ergebnis rückgängig zu machen versucht bzw. unterläuft, begeht Einigungsbetrug. Viele Abgeordnete der Volkskammer haben 1990 dem Einigungsvertrag, den sie sonst in vielen Details heftig kritisierten, nur zugestimmt, weil ihnen klar war, daß die Alternative ein Überleitungsgesetz gewesen wäre, in dem die Sicherung der Bodenreform bestimmt nicht mehr enthalten gewesen wäre.

6. Wie oben schon dargestellt, hatte die Anerkennung der polnischen Westgrenze an Oder und Neiße für uns eine hohe Priorität. Die Grenze sollte so schnell und so unkompliziert wie möglich völkerrechtlich verbindlich und dauerhaft anerkannt werden. Nur so konnten wir er-

warten, daß unsere Nachbarn die deutsche Vereinigung begrüßen und die mehr oder weniger latenten Befürchtungen in der polnischen Bevölkerung ausgeräumt werden können. Diese Anerkennung sollte aus unserer Sicht völlig freiwillig geschehen. Jeden Eindruck, daß wir Deutsche dazu gedrängt werden müßten, hielten wir für schädlich. Niemand sollte uns sagen müssen, wo Deutschland liegt! Die Reife der Deutschen sollte sich gerade in der freien Anerkennung der territorialen Integrität ihrer Nachbarn erweisen.
Daher strebten wir einen Grenzvertrag an, der völkerrechtlich verbindlich die bestehende deutsch-polnische Grenze bestätigen sollte, wie sie 1950 im Görlitzer Vertrag zwischen der DDR und Polen und 1972 im Warschauer Vertrag zwischen der Bundesrepublik und Polen beschrieben war. Im Verfahren schlossen wir uns einem Vorschlag des polnischen Ministerpräsidenten Mazowiecki an, denn wir wollten alles tun, um auf polnischer Seite alle Zweifel und Unsicherheiten über das deutsche Verhalten zu vermeiden. Entsprechend sollte unserer Meinung nach der Vertrag zwischen den beiden deutschen Staaten und Polen ausgehandelt und paraphiert, sofort nach der Vereinigung von der gesamtdeutschen und der polnischen Regierung unterschrieben und von den beiden Parlamenten ratifiziert werden. Dem widersetzte sich Helmut Kohl vehement, so daß die Gespräche zwischen den beiden deutschen Staaten und Polen nach kurzer Zeit im Sand verliefen.
Die damals häufig gebrauchte Rede davon, daß die Anerkennung der Grenze, bzw. – wie es hieß – die Abtretung der früheren deutschen Ostgebiete der Preis für die Wiedervereinigung sei, hielten wir für sehr problematisch. Die Gebiete waren aus unserer Sicht in der Folge des verbrecherischen Krieges durch Nazideutschland längst verloren und es galt, dies endlich wahrzunehmen und dauerhaft anzuerkennen!

Helmut Kohls lang währende Weigerung, die deutsch-polnische Grenze völkerrechtlich verbindlich anzuerkennen, erweckte nicht nur bei uns Vorbehalte, sondern sorgte auch innerhalb der Bundesregierung für Streit und schuf international Irritationen und Unverständnis. Im Hintergrund stand bei ihm offensichtlich das Kalkül, Wählerstimmen unter den Vertriebenen und im äußersten rechten Lager nicht verprellen zu wollen. Franzosen wie Amerikaner versuchten die Polen zu beruhigen und vorsichtig auf Helmut Kohl einzuwirken. Später stimmte der Bundeskanzler einer identischen Erklärung des Deutschen Bundestages und der Volkskammer zu, in welcher der Bestand der deutsch-polnischen Grenze garantiert wurde. Bald danach konnte beim 2+4 Außenministertreffen in Paris (Juli 1990) eine für alle Seiten akzeptable Lösung gefunden werden.

Eine wichtige Voraussetzung dafür war die von uns schon früh vorgeschlagene Unterscheidung von Grenz- und Grundlagenvertrag (der später Nachbarschaftsvertrag hieß). Ursprünglich wollten weder Polen noch die Bundesregierung diesem Vorschlag folgen, jedoch aus unterschiedlichen Gründen. Polen wollte möglichst im Zusammenhang mit der deutschen Vereinigung alle es interessierenden Fragen der Zukunft klären, nicht nur die Grenzfrage. Die Bundesregierung dagegen war sich bewußt, daß ein solcher umfassender Vertrag viel Zeit brauchen würde – und das war ihr gerade recht, denn sie spielte wegen der Bundestagswahl auf Zeit. In Paris wurde dann beschlossen, daß unmittelbar nach der Vereinigung der Grenzvertrag geschlossen werden sollte, danach dann auch ein Grundlagen- bzw. Nachbarschaftsvertrag.

Nach der Vereinigung nahm Helmut Kohl im November 1990 diese Differenzierung insofern zurück – natürlich auch dies mit Blick auf die Bundestagswahl –, als er erklärte, Deutschland würde den ausgehandelten Grenzvertrag erst gemeinsam mit dem auszuhandelnden Nachbarschaftsvertrag ratifizieren. So konnten die Vertriebenen zur Wahl hoffen, daß ihre Belange angemessen berücksichtigt würden...

Die sich bei solchem Verhalten einstellenden Befürchtungen haben sich dann glücklicherweise in den folgenden Jahren nicht bestätigt!

Die Veränderung der DDR-Positionen im Laufe der Verhandlungen nachzuzeichnen, kann hier nicht der Ort sein. Der unmittelbare Einfluß der DDR auf die Ergebnisse war gering, nicht nur wegen mancher Fehler und Unerfahrenheit, sondern insbesondere durch die oben angesprochenen Rahmenbedingungen. Das „schmale", auf wenige Verhandlungspunkte angelegte Konzept des Westens war strategisch auf einen schnellen Verlauf angelegt und hatte Erfolg. Dieser schnelle und erfolgreiche Abschluß des 2+4-Vertrages öffnete das Tor zur deutschen Einheit. Er war für Deutschland und seine europäischen Nachbarn ein großer Gewinn.

Der „Vertrag über die abschließende Regelung in bezug auf Deutschland" vom 12. September 1990 machte jedoch nicht nur den Weg frei für die deutsche Einheit, sondern mündete auch in die „Charta von Paris für ein neues Europa" vom November 1990. Wer diese Texte heute liest, spürt noch etwas von der Vision eines neuen Europa, die uns und viele Menschen in ganz Europa damals erfüllte.

5. Die Nachbarn in Europa

Nicht nur in Polen oder Frankreich, auch bei anderen Nachbarn der beiden deutschen Staaten gab es Befürchtungen und Sorgen angesichts des Prozesses der deutschen Einheit. Es war mit Sicherheit eine weise Entscheidung, daß nicht alle ehemaligen Kriegsgegner bei diesem Prozeß mitreden sollten. Doch galt es gleichzeitig, bei den anderen Staaten und insbesondere bei den Nachbarvölkern um Vertrauen und Zustimmung zu werben. Deshalb war es auch wichtig, daß die KSZE-Staaten nach Abschluß der 2+4-Gespräche über die Ergebnisse förmlich unterrichtet wurden. So sollte deutlich werden, daß die Deutschen ihre neu gewonnene Souveränität und ihr mit der deutschen Einheit vollzogenes Recht auf Selbstbestimmung als gute Nachbarn in Europa gestalten werden.

Wenn wir Sozialdemokraten schon im Wahlkampf zur ersten demokratischen Wahl immer wieder betont hatten, daß niemand die deutsche Einheit solle befürchten müsse, auch die europäischen Nachbarn nicht, so hatten wir durchaus auch die Konsequenzen der Währungsunion für den Außenhandel der DDR, insbesondere mit den östlichen Partnern im Blick. So traten wir dafür ein, daß im Rahmen der Vereinigung die Vertragstreue der DDR Berücksichtigung finden müsse. In der Koalitionsvereinbarung heißt es dazu: „Für die bestehenden Außenhandelsverpflichtungen der DDR, insbesondere mit der Sowjetunion, müssen auch im Rahmen der EG Lösungen im Sinne der Vertragstreue der DDR gefunden werden, die vor allem zu einer Stabilisierung und Stärkung der Verhältnisse in Mittel- und Osteuropa beitragen."

Diesem von uns immer wieder mit Nachdruck vorgetragenen Anliegen begegnete Bundesfinanzminister Waigel – vorsichtig ausgedrückt – ausgesprochen zurückhaltend. Das galt für die Verhandlungen zur Währungsunion ebenso wie für die direkten Beziehungen mit den Betroffenen. Im Sommer 1990 war an Hermes-Bürgschaften für den Osthandel der DDR nicht zu denken. Diese gab es erst ab Dezember 1990 – nachdem viele Handelsbeziehungen gen Osten schon nicht mehr bestanden und viele Betriebe in Ostdeutschland durch ein Wegbrechen der Märkte kaputtgegangen waren.

Im Juni 1990, wenige Wochen vor der Währungsunion, veranstaltete das Außenministerium der DDR in Berlin mit den östlichen Nachbarländern eine Konferenz mit dem Ziel, die negativen Folgen der Währungsunion für den Osthandel der DDR zu analysieren und nach Möglichkeiten der Schadensbegrenzung für einen Zeitraum der Anpassung zu suchen.

Das Interesse in den Partnerländern war groß. Doch sagte das eingeladene Bundesministerium für Finanzen kurzfristig ebenso ab wie das Auswärtige Amt – und im Gefolge dann auch der eigene Ministerpräsident und Wirtschaftsminister...

Die Solidarität mit den östlichen Nachbarn, die wie wir die Demokratie selbst erkämpft hatten, spielte für uns eine wichtige Rolle. Die Einigung Deutschlands sollte – wie oben beschrieben – in unseren Augen damit verbunden werden, das Gegenüber der beiden Blöcke zu überwinden und gesamteuropäische Sicherheitsstrukturen zu entwickeln. So entwickelten wir mit Polen und der Tschechoslowakei die sogenannte trilaterale Initiative zur Stärkung und Institutionalisierung der KSZE vom 12. Juni 1990. Die drei Staaten regten an, regelmäßig Treffen der Staats- und Regierungschefs der KSZE-Staaten durchzuführen und eine Europäischen Rat für Sicherheitheit und Zusammenarbeit zu schaffen. Auf dieser Ebene sollten die Außenminister jährlich zweimal zusammenkommen. Dieser Rat sollte ein ständiges Sekretariat – mit Sitz in Prag – erhalten. Außerdem wurden damals zwei KSZE-Zentren vorgeschlagen: Ein „Zentrum für Vertrauensbildung, Rüstungskontrolle und Verifikation" mit Sitz in Berlin sowie eines zur Verhütung und Beilegung von Konflikten, das dem Sammeln von Informationen über mögliche Ursachen und Lösungsmöglichkeiten potentieller Konflikte und militärischer Streitfälle sowie über die Verhinderung ihres Entstehens dienen sollte.

Die DDR wurde mit der Vereinigung automatisch und ohne Verhandlungen Mitglied in der Europäischen Gemeinschaft. Diese Perspektive war aus unserer Sicht ebenfalls für die Staaten Ostmitteleuropas notwendig. Auch sie sollten die Möglichkeit der Integration in die Europäische Gemeinschaft erhalten. Wenn im Westen von Europa gesprochen wurde, war damit – nicht nur 1990, sondern noch Jahre später – gemeinhin nur Westeuropa gemeint, meist die Europäische Gemeinschaft. Uns lag dagegen daran, eine gesamteuropäische Perspektive zu entwickeln und deutlich zu machen, daß nur mit der Integration dieser ostmitteleuropäischen Staaten und mit einer verbindlichen Kooperation mit der Sowjetunion ein stabiles Europa der Zukunft zu gestalten ist.

So heißt es schon in der Koalitionsvereinbarung der Großen Koalition in der DDR vom 12.April 1990: „Die DDR will ihre besondere Verbindung zu den Völkern Osteuropas auf wirtschaftlichem, politischem und kulturellem Gebiet entwickeln und vertiefen. Sie tritt für eine baldige, stufenweise Erweiterung der Europäischen Gemeinschaft ein. Sie fordert nach der Vereinigung Berlin als Hauptstadt Deutschlands, um dieser Brückenfunktion einen besonderen Ausdruck zu geben."

Diese Sätze haben auch heute – nach 10 Jahren, während wir mitten in den Beitrittsverhandlungen der EU mit diesen Staaten stehen sowie kurz nach dem Umzug von Regierung und Bundestag nach Berlin – nichts an ihrer Aktualität verloren...

In die soziale Marktwirtschaft ohne Arbeit und Eigentum?

(Debatten und Beschlüsse zu Treuhand/Währungs-, Wirtschafts- und Sozialunion)

Christa Luft

Der Sieg der CDU-dominierten Allianz für Deutschland bei der Volkskammerwahl am 18. März 1990 symbolisierte das deutliche „Ja“ einer Bevölkerungsmehrheit der DDR zur sozialen Marktwirtschaft, zur kurzfristigen Einführung der D-Mark und zur deutschen Einheit. Das erstmals demokratisch gewählte Parlament stand nunmehr vor der singulären Aufgabe, die Wege zu diesen Zielen zu bahnen und somit zugleich seinen eigenen historischen Abgang zu vollziehen. Im Bewußtsein dessen sahen die allermeisten Abgeordneten ihre Verantwortung für die Bürgerinnen und Bürger der untergehenden DDR – auch wenn es ganz konträre Sichten darauf gab. Unterschiedliche Wertvorstellungen, ja Weltsichten und Gefühlslagen trafen aufeinander, und dennoch war selbst im Zorn und Streit etwas Verbindendes. Wir hatten schließlich ein ganzes Land mit seiner Wirtschaft und Bevölkerung in neue gesellschaftliche Verhältnisse zu überführen. Das „Ob“ war zwischen Regierungs- und Oppositionsfraktionen weitgehend unstrittig. Das „Wie“ und „Wann“ jedoch erhitzte die Gemüter. Vor allem die Oppositionsfraktionen PDS und Bündnis 90/Grüne warnten, man könne die DDR-Bürgerinnen und Bürger nicht in Demokratie und soziale Marktwirtschaft einbeziehen wollen, ohne sie gebührlich an deren Voraussetzungen zu beteiligen: an Arbeit und Eigentum.

In diesem Zusammenhang kam den Auseinandersetzungen um den Vertrag über die Wirtschafts-, Währungs- und Sozialunion mit der BRD (1. Staatsvertrag) sowie um das Gesetz zur Privatisierung und Reorganisierung des volkseigenen Vermögens (Treuhandgesetz) eine Schlüsselrolle zu.

Ich will mich bemühen, die damaligen Debatten und Entscheidungen nicht mit dem Wissen und den Erfahrungen von heute zu beurteilen, wenngleich man sich einer solchen Versuchung angesichts der eingetretenen Langzeitfolgen nur schwer entziehen kann. Ich werde vielmehr die objektiven Gegebenheiten und subjektiven Umstände beleuchten, unter denen das Parlament agierte und einschlägige Dokumente zu Rate ziehen.

Der Grundtenor, der die Arbeit der Volkskammer vom ersten bis zum letzten Tag bestimmte und mit dem die Mehrheitsfraktionen ihre eiligen Beschlüsse rechtfertigten, lautete: Die Wirtschaft der DDR ist marode, der Staat ist nach innen verschuldet, nach außen zahlungsunfähig. Eigene Entwicklungswege hin zu einer sozialen und ökologisch orientierten Marktwirtschaft zu suchen, ist daher abwegig. Die Bevölkerung will keine Experimente, sondern Teilhabe an einem bewährten System.

Flankenschutz erhielten die Koalitionsabgeordneten von der CDU-geführten Bundesregierung. Auch mancher Wissenschaftler und Journalist stieß in dasselbe Horn. Und – welche Ironie – Munition für ein propagandistisches Dauerfeuer auf die im Untergang befindliche DDR hatten deren jahrzehntelange Statthalter selbst noch in letzter Minute gesammelt und bereit gelegt. In einer von Honecker-Nachfolger Egon Krenz am 24. Oktober 1989 in Auftrag gegebenen und wenige Tage später am 31. Oktober im Politbüro der SED beratenen Geheimen Verschlußsache zur „Analyse der ökonomischen Lage der DDR mit Schlußfolgerungen“[1] postulierten sie die unmittelbar bevorstehende Zahlungsunfähigkeit des Staates.

Dieser erschütternden Ankündigung allerdings in keiner Weise angemeßen waren die von den hochrangigen Verfassern[2] angebotenen Auswege aus der beschriebenen Situation. Einen Beitritt zum Internationalen Währungsfonds schlossen sie ebenso kategorisch aus wie die Vereinigung der DDR mit der BRD. Selbst eine Konföderation beider deutscher Staaten als „Rettungsring“ wiesen sie weit von sich. Mit den möglichen Beweggründen für ein solches Verhalten habe ich mich in meinem Buch „Die Lust am Eigentum“ auseinandergesetzt.[3]

Ich sah und sehe wahrhaftig keinen Grund, die DDR-Wirtschaftshinterlassenschaft im nachhinein etwa schön zu reden. Gemessen an der westdeutschen Ökonomie hatte die der DDR ohne Zweifel ernsthafte Gebrechen. Einige erwiesen sich mit Öffnung der innerdeutschen Grenze und damit dem schutzlosen Aufprall auf die internationale Konkurrenz als lebensbedrohlich. Dazu gehörte der überalterte Maschinenpark, der eine Produktion mit übermäßig hohem Material- und Arbeitseinsatz nach sich zog. Neuausstattungen von Betrieben zum Beispiel in der chemischen, elektronischen oder der Werkzeugmaschinenindustrie mit Importausrüstungen, wie sie in der zweiten Hälfte der achtziger Jahre erfolgten, können diesen Grundtatbestand nicht entkräften. Der erhebliche Mittelabfluß für die Rüstung und den repressiven Sicherheitsapparat, aber auch das starre Planungs- und Bilanzierungssystem verhinderten überfällige Investitionen in eine durchgängige Modernisierung der Produktionsanlagen. Hier zeigten sich die Auswirkungen der Austerity-Politik zu Beginn der 80er Jahre (Investitionsverzicht, Importablösung, Streichung von Ersatzteileinfuhren) am deutlichsten. Stillstandszeiten und Schadensfälle hatten eine zunehmende Tendenz. Manchenorts glichen die Betriebe eher einem Schrottplatz denn Werkstätten, in denen bis zuletzt gefragte Produkte gefertigt wurden.

Die Folgen all dessen spiegelten sich in der Stundenarbeitsproduktivität je Arbeitskraft wider. Einen 40prozentigen Rückstand hatten bereits die Autoren des genannten Geheimberichts eingestanden. De facto lag er – wie sich nach dem Fall der Mauer herausstellte – in etlichen Branchen rund 50, in anderen bis 60 Prozent unter dem Stand der BRD.

Erhebliche Sünden hatte die DDR-Führung auf dem Gebiet des Umweltschutzes zugelassen. Einen hohen Verschleißgrad wiesen das Autobahn- und Straßenbahnnetz auf. Infrastrukturinvestitionen waren auf den Ausbau der Schienenwege konzentriert worden.

Der an sich wünschenswerte, auf die beschleunigte Verbesserung der Arbeits- und Lebensbedingungen gerichtete Honeckersche „Kurs der Einheit von Wirtschafts- und Sozialpolitik“ war durch die tatsächliche Leistungsentwicklung der Volkswirtschaft nicht abgedeckt. Er beruhte z. T. auf der zunehmenden Verschuldung gegenüber den westlichen Industrieländern, und er brachte einen enormen Kaufkraftüberhang der DDR-Bevölkerung hervor. Gleichzeitig waren die Preise für Grundnahrungsmittel, Mieten und Verkehrstarife anhaltend subventioniert.

Die Liste solcher Passiva ließe sich verlängern. Wirtschaftspolitisch bestand dringlicher Handlungsbedarf. Erste Konsequenzen hatte die Modrow-Regierung bereits eingeleitet. Und dennoch war und ist meine Meinung: Zerbrochen ist die DDR nicht in aller erster Linie am Zustand ihrer Ökonomie, so bedenklich er auch war. Entscheidend für ihren Untergang war nicht eine drohende Pleite. (Übrigens sind weder 1990 noch später die Aktiva der DDR-Wirtschaft, ihre Ressourcen und Potentiale gewürdigt worden, und die Daten über die äußere Netto-Verschuldung der DDR in konvertierbaren Devisen wurden später mehrfach nach unten korrigiert und zuletzt von der Deutschen Bank mit 19,9 Mrd. DM angegeben.)[4] Als ursächlich erwiesen sich politische Faktoren. Weder das Ulbrich- noch das Honecker-Regime waren durch freien Volksentscheid zustande gekommen, sondern letztlich von der Sowjetunion installiert worden. Sie hatten es auch im Laufe von 40 Jahren nicht verstanden, wirklich das Vertrauen des „kleinen Mannes“ zu gewinnen. Im Gegenteil, das System hatte sich speziell in Honeckers selbstherrlicher Endphase politisch und moralisch total diskreditiert. Als das Sowjetimperium in die Krise geriet, war es auch mit seinem Satelliten vorbei. Einen neuen, eigenen, durchaus schmerzlichen und dabei noch ungewissen Weg wollte die Bevölkerungsmehrheit nicht mehr gehen.

So fiel das von der Kohl-Regierung während des Besuchs des Modrow-Kabinetts am 13. und 14. Februar 1990 in Bonn via Medien gegebene Versprechen, zum 1. Juli 1990 zwischen Elbe und Oder die D-Mark einzuführen, auf äußerst fruchtbaren Boden. Eine bilaterale Expertengruppe, die auf DDR-Seite unter Leitung meines kurzzeitigen Ministerkollegen, des SPD-Politikers Walter Romberg stand, hatte unverzüglich begonnen, sich mit den Modalitäten einer Währungsunion zu befassen. Nach der Volkskammerwahl ging diese Arbeit unter breitgefächerten Umständen auf Hochtouren weiter: „Kommt die D-Mark, bleiben wir; kommt sie nicht, gehen wir zu ihr“, skandierten ausreisebereite DDR-Bürger. Diese Lust auf „richtiges Geld“ verlieh den Protagonisten einer raschen Einführung der harten Mark, darunter den Abgeordneten der Koalitionsfraktionen, Rückenwind. Bis heute wird diese verständliche Sehnsucht als Hauptargument für gebotene Eile bemüht. Es muß aber wahr bleiben: Das Startsignal für den in rasende Fahrt kommenden Zug zu Währungsunion und deutscher Einheit kam nicht aus Leipzig, sondern aus Bonn. Hastiges Agieren ließ für das Suchen eigener ostdeutscher Wege zu einer sozialen und ökologisch orientierten Marktwirtschaft keinen Raum, entzog den Reformkräften zunehmend den Boden.

Dabei ließen Analysen west- wie ostdeutscher Experten keinen Zweifel an den besorgniserregenden, ja katastrophalen Folgen insbesondere für die Industrie, für den Export und die Beschäftigung, falls die D-Mark kurzfristig und mit einer Umtauschrelation von 1:1 bzw. 1:2 zur Mark der DDR ohne Anpassungsfristen und Schutzinstrumente für die bis dahin vom Weltmarkt weitgehend abgeschottete und daher international nicht ad hoc wettbewerbsfähige Wirtschaft eingeführt werden würde.[5]

Der Irrtum bestand darin, die Währungsfrage vornehmlich, sogar ausschließlich aus der Perspektive der Konsumenten zu stellen. Statt einer Abwertung der Währung, wie sie gewiß der IWF empfohlen hätte, um die Öffnung zum Weltmarkt abzufedern und damit dem einheimischen produzierenden Gewerbe Absatz und Erlöse, also Überlebenschancen zu belassen, stand eine extreme Aufwertung in der logischen Sekunde vom 30.6.1990, 24 Uhr und dem 1.7.1990, 0 Uhr ins Haus. Sie würde – so war es absehbar – die Aorta im ostdeutschen Wirtschaftskörper durchtrennen, vor allem die Industrie lebensunfähig machen. Die D-Mark würde Deutschland fortan währungsmäßig einigen, aber die Menschen im Osten in solche teilen, die einen Job haben und solche, die aufs Arbeitsamt angewiesen sind. Das hätten deutliche Warnungen vor einem Crash-Kurs sein müssen. Die Bonner Regierung aber machte Druck aufs Tempo und band daran sogar Finanzhilfen an das Kabinett de Maizière. Dieser wiederum ließ seinen sendungs- und karrierebewußten Parlamentarischen Staatssekretär, Günther Krause, zugleich CDU-Fraktionschef in der Volkskammer und selbsternannter Konstrukteur der Währungsunion, auffällig an der langen Leine laufen. Wolfgang Schäuble, damals Bundesinnenminister, berichtet in seinem Buch „Der Vertrag" ohne Umschweife, wie man bereits zu jener Zeit in Bonn auf diese beiden Männer sah und wer als Favorit galt. „Im Gegensatz zu dem Ministerpräsidenten" – so schreibt er – „ließ Krause nie den Drang verspüren, irgend etwas aus der alten DDR in das neue Deutschland retten zu wollen. Das erleichterte mir die Kooperation mit ihm. Mit de Maizière geriet sie zuweilen zäher. Er wollte erst sein Land in Ordnung bringen, ehe er mit einer sanierten, geläuterten DDR den Beitritt wagte"[6]

Krause war sich der Schmerzen, die die Währungsunion den DDR-Bürgern bereiten würde, durchaus bewußt. Aber er zählte mehr auf Finanztransfers aus der Bundesrepublik denn auf zweckmäßigstes Nutzen vorhandener Ressourcen und Potentiale.

Persönlich siedelte ich das Projekt einer Währungsunion immer im Spannungsfeld zwischen großen Chancen und beträchtlichen Risiken an. Vor allem ging es mir um dessen gesellschaftliche Tragweite. Mir lag daran zu verdeutlichen, daß mit der D-Mark sich mancher langgehegte Konsum- oder Reisewunsch endlich erfüllen ließe, das harte Geld aber nicht zusätzlich in den Alltag der DDR-Bürger treten und ihn bereichern würde, während vieles vom Bisherigen, Gewohnten, auch Liebgewordenen erhalten bliebe. Ich wollte klarmachen, mit der konvertierbaren Währung würde sich das Leben der Menschen grundlegend verändern, das Wertesystem völlig verkehren und für Überkommenes kaum Platz bleiben. Ein Volksentscheid schien mir der weitreichenden Konsequenzen wegen angemessen. Ein solcher Vorschlag galt natürlich als Bremsmanöver und rückwärtsgewandt.

Auch Walter Romberg, Finanzminister der letzten DDR-Regierung, mußte sich Bedenkenträgerei und Schwarzmalerei vorwerfen lassen. Mit ungutem Gefühl hatte er – wie er später bei einer gemeinsamen Fernsehdiskussion im Ostdeutschen Rundfunk Brandenburg bekannte – am 18.

Mai 1990 die Unterschrift neben die seines BRD-Amtskollegen Theo Waigel unter den Vertrag über die Schaffung einer Währungs-, Wirtschafts- und Sozialunion gesetzt. Damit war de facto der Weg frei für die Übertragung des Eigentums- und Rechtssystems der BRD auf die DDR. Romberg ließ jedoch nicht nach, vor allem die finanziellen Folgen der Feuerwehraktion zu benennen, wurde zunehmend attackiert und trat im August 1990 zurück. Unbequeme störten auf der politischen Bühne!

Die Fraktionen PDS und Bündnis 90/Grüne lehnten den Vertrag über die Wirtschafts-, Währungs- und Sozialunion ab. Zwar waren ansehnliche, ja verlockende Ziele aufgenommen worden. Ökonomisch Sachkundige dies- und jenseits der Elbe sahen diese allerdings von Anfang an nur auf dem Papier und sollten sich leider nicht irren.

So heißt es im Kapitel II, Art. 10(2):

... Die Vertragsparteien wählen Umstellungsmodalitäten, die ... die Wettbewerbsfähigkeit der Unternehmen in der Deutschen Demokratischen Republik stärken. Das Ergebnis aber sieht so aus: 70 % der DDR-Industrie sind nach den Umstellungsmodalitäten zusammengebrochen.

Art. 10(6) lautet:

Nach einer Bestandsaufnahme des volkseigenen Vermögens...wird die DDR nach Möglichkeit vorsehen, daß den Sparern zu einem späteren Zeitpunkt für den bei der Umstellung 2:1 reduzierten Betrag ein verbrieftes Anteilsrecht am volkseigenen Vermögen eingeräumt werden kann. Im Ergebnis ist von einem verbrieften Anteilsrecht am Vermögen keine Rede. Vorgehalten werden den Bürgerinnen und Bürgern der untergegangenen DDR deren hinterlassene tatsächliche und vermeintliche Schulden.

Kapitel III, Art. 11(1) besagt:

...Die Maßnahmen werden so getroffen, daß sie im Rahmen der marktwirtschaftlichen Ordnung gleichzeitig zur Stabilität des Preisniveaus, zu einem hohen Beschäftigungsstand und zu außenwirtschaftlichem Gleichgewicht bei stetigem und angemessenem Wirtschaftswachstum beitragen. SPD-Fraktionschef Richard Schröder wird im Protokoll der Volkskammersondertagung vom 21. Mai 1990 sogar mit der kühnen und sprachschöpferischen Annahme wiedergegeben: „Wir rechnen nicht mit Dauerarbeitslosigkeit, sondern mit einer Arbeitslosigkeit der verlängerten Arbeitsplatzsche“[7]

Resultat: Nachdem die Maßnahmen getroffen sind, wurden im Osten 4 Millionen Arbeitsplätze abgebaut, im Westen 2 Millionen geschaffen. Das außenwirtschaftliche Gleichgewicht brach in der DDR zusammen.

Art. 13(2) schließlich bekräftigt:

Die gewachsenen außenwirtschaftlichen Beziehungen der DDR, insbesondere bestehende vertragliche Verpflichtungen gegenüber den Ländern des Rates für Gegenseitige Wirtschaftshilfe, genießen Vertrauensschutz. Sie werden... fortentwickelt sowie unter Beachtung marktwirtschaftlicher Grundsätze ausgebaut. Ergebnis:

Die gewachsenen Handelsumsätze mit den RGW-Ländern sanken – ganz im Schutz des Vertrauens – von jährlich 50 Milliarden auf 5 Milliarden. Im gleichen Zeitraum verdoppelten sich die westdeutschen Ausfuhren in diese Länder. Sie betragen inzwischen das Zehnfache der Exporte aus den neuen Ländern und haben somit den gleichen Umfang wie der einstige DDR-Export.

Die ersehnte D-Mark an sich ist an den Geschehnissen in den neuen Bundesländern nicht schuld. Sie ist unbestritten ein wertvolles Gut, und missen möchte sie längst keiner mehr. Das Problem liegt darin, daß sie – wie auch von mir vorausgesehen – unter den obwaltenden gesellschaftlichen Verhältnissen zum einzigen Wertmaßstab, zum Maß aller Dinge geworden ist. Der blinde Glaube konservativer Regierungspolitiker an die Allmacht des harten Geldes hat Visionen und gestalterischen Konzepten für das Zusammenwachsen beider Teile Deutschlands kaum Raum gelassen.

Im Zuge der Vorbereitung des Vertrages über die Währungs-, Wirtschafts- und Sozialunion entschied sich auch das Schicksal des noch von der Modrow-Regierung am 1. März 1990 gefaßten Beschlusses zur Gründung einer Anstalt zur treuhänderischen Verwaltung des Volkseigentums.[8] Dieser Beschluß bestimmte die „Wahrung des Volkseigentums“, seine „Verwaltung im Interesse der Allgemeinheit“ zum Hauptauftrag genannter Behörde. Bis zur Annahme einer neuen Verfassung sollte sie der Regierung unterstellt und der Volkskammer rechenschaftspflichtig sein. Damit war fürs erste die Rechts- und Fachaufsicht fixiert, möglicher Willkür von Institutionen oder Selbstbedienungsambitionen von Einzelpersonen beim Umgang mit dem Volkseigentum vorgebaut. Gleichzeitig war angezeigt, daß über einen aktualisierten Auftrag und die künftige Unterstellung der Anstalt eine neue Verfassung zu befinden hatte. An deren Entwurf arbeitete der Runde Tisch. Dem neu zu wählenden Parlament hatte er bereits vorgeschlagen, für den 17. Juni 1990 einen Volksentscheid über die Verfassung und ein Gesetz zur Wiedereinrichtung von sechs Ländern anstelle der von der DDR geschaffenen 15 Bezirke auszuschreiben.

Ebenfalls am 1. März 1990 – und parallel zum Treuhandgesetz – hatte das Modrow-Kabinett eine Verordnung zur Umwandlung von volkseigenen Kombinaten, Betrieben und Einrichtungen in marktwirtschaftsgerechte Unternehmensstrukturen – in Kapitalgesellschaften beschlossen. Als deren wichtigste Formen waren GmbH und Aktiengesellschaften nach dem Vorbild des deutschen Handelsrechts vorgesehen. Die Treuhand nahm die Gesellschafterrechte wahr und verfügte über 100 Prozent des Stammkapitals. Mit der organisatorischen Umwandlung der VEB und

Kombinate erfolgte zunächst noch kein Eigentumswandel, das heißt, das Volkseigentum blieb als solches bestehen. Die Möglichkeit der Emittierung von Wertpapieren und der Veräußerung von Anteilsbesitz war vorgesehen, aber an eine noch ausstehende spezielle gesetzliche Regelung gebunden. Die Treuhand war schließlich durch die Verordnung autorisiert, juristische oder natürliche Personen zu beauftragen, als Gesellschafter zu fungieren bzw. die sich aus Beteiligungen ergebenden Rechte und Pflichten wahrzunehmen

Die Arbeit der Treuhandanstalt sollte sich in das Gesamtziel einordnen, die Effektivität und Produktivität der DDR-Wirtschaft schnell zu erhöhen. Dazu gehörten die Schaffung marktwirtschaftlich geeigneter kleinerer Unternehmen und die Suche nach neuen Eigentumsformen, einschließlich des Weges zu einer Privatisierung. Nebst Aufstellen, Prüfen und Bestätigen einer Bilanz waren diese Unternehmen treuhänderisch zu verwalten. Das bedeutete zugleich, diese wirtschaftlichen Einheiten nach Möglichkeit arbeitsfähig zu erhalten. Durch ihre Reorganisation sowie Stillegung derjenigen, die für eine solche Entwicklung ungeeignet waren, sollten Voraussetzungen für eine Sanierung der überwiegenden Zahl der Betriebe geschaffen werden. Ins Auge gefaßt war – angeregt durch Diskussionen am Runden Tisch -, die Bürger durch verschiedene Formen der Beteiligung zu Miteigentümern zu machen.

Eine Treuhandanstalt, wie von der Modrow-Regierung übrigens im Konsens mit dem Runden Tisch begründet, paßte nicht in das Konzept der nach den Märzwahlen ins Amt gekommenen CDU-geführten Regierung und ihres Bonner Pendants. Unter Mitwirkung ihrer Koalitionspartner und assistiert von Bonner Leihbeamten brachte sie sogleich ein neues Treuhandgesetz auf den parlamentarischen Weg. Nach mehrwöchigen Kontroversen zwischen den Regierungs- und Oppositionsfraktionen wurde es am 17. Juni 1990 beschlossen und trat wenig später in Kraft.[9]

Mit ihm wurde die Grundlage für die kompromisslose Anpassung des Wirtschaftssystems der DDR an das der BRD gelegt. Das bezog sich nicht nur auf die vollständige Übernahme der altbundesdeutschen Wirtschaftsverfassung in ihrer Grundqualität. An der Dominanz des Privateigentums und den darauf fußenden Wettbewerbsstrukturen führte in einem künftig einheitlichen Wirtschaftsorganismus selbstverständlich kein Weg vorbei. Nicht darin also bestand das Problem. Leichtfertig, ja sträflich war vielmehr deren vorgegebene Imitation in atemberaubender Frist, im Zeitrafferverfahren. Das Treuhandgesetz kam dem radikalsten und umfassendsten Umwandlungskonzept einer Wirtschaft gleich, das es je in der Geschichte gegeben hatte.

Dieses „Gesetz zur Privatisierung und Reorganisation des volkseigenen Vermögens“ veränderte den ursprünglichen Treuhandauftrag substantiell. Gleichsam über Nacht wurde die Anstalt aus einer Verwalterin des volkseigenen Vermögens im Interesse der Allgemeinheit eine Behörde zur eiligen Privatisierung zugunsten kapitalkräftiger Investoren. Eine staatliche Aufsichtsbehörde, die Volkseigentum vor Zugriffen Unberechtigter schützen, seine Struktur wandeln und es teilweise veräußern sollte, mutierte zu einer staatlichen Verkaufsorganisation mit gigantischer, in der Geschichte bisher nicht da gewesener Aufgabenstellung: Eine komplette Volkswirtschaft sollte binnen kürzester Frist stückweise von Hand verkauft werden. Betriebe öffentlich auf Auktionen oder an der Börse zu veräußern, war nicht vorgesehen. Auch solche Wege zur notwendigen Entstaatlichung der Wirtschaft wie Minderheitsbeteiligungen privater Investoren an den Geschäftsanteilen der Treuhand, Verpachtung von Gemeineigentum, Privatisierung des Managements vor der des Eigentums kamen nicht vor. Auch hätte per Gesetz neben den anderen Formen sofort Kurs auf Mitarbeiterkapitalbeteiligung zu Vorzugsmodalitäten, den Verkauf von Betriebsteilen an das Leitungspersonal, das sogenannte Management-Buyout, oder auch auf den Ausbau des genossenschaftlichen Sektors genommen werden sollen.

Das z.B. forderte die PDS. Sie setzte sich dafür ein, auch dem Gemeineigentum im Gesetz einen Platz einzuräumen, den Bürgerinnen und Bürgern der DDR einen Anteil am von ihnen erarbeiteten Volkseigentum zu sichern und vor Verkaufsbeginn seine exakte Bewertung vorzunehmen. Auch Abgeordnete von Bündnis 90/Grüne übten scharfe Kritik an der Regierungsvorlage und kamen zu einem vernichtenden Urteil. Günther Nooke nannte das Treuhandgesetz einen „Skandal“. Entweder lägen ihm Korruption oder Inkompetenz zugrunde. Er befürchtete soziale Unruhen vor der Haustür.[10] Nooke war es auch, dem aufgefallen war, daß die zu debattierende Fassung des Treuhandgesetzes in Bonner Ministerien eher bekannt gewesen als sie den Oppositionsabgeordneten zugeleitet worden war, – ein Faktum, das über die eigentliche Handschrift Bände spricht.

Ähnlich wie Nooke äußerte sich der Bündnis-Abgeordnete Werner Schulz. Er rief – an die Koalitionsabgeordneten gerichtet aus: Was sie hier tun, ist die Enteignung der Bürger.[11] Er plädierte dafür, nicht die guten Betriebe zuerst und unter Wert zu verkaufen, sondern sanierungsfähige Unternehmen auf dem internationalen Kapitalmarkt anzubieten.

Der neue gesetzliche Treuhandauftrag war ebenso knapp wie ungenau umrissen, offenbar bewußt lückenhaft und dadurch ausdehnungsfähig gehalten. Im Paragraphen 1 hieß es lapidar: „Das volkseigene Vermögen ist zu privatisieren." Damit sollte allen Vorstellungen von Eigentumsvielfalt, verschiedenen Formen des Gemeineigentums oder auch nur von staatlichen Unternehmen mit inländischer bzw. ausländischer privater Beteiligung die Praktikabilität, gar die Legitimität genommen werden.

Offen gelassen wurde, was mit Privatisierung exakt gemeint war und nach welchen Prinzipien sie durchgeführt werden sollte. Die Umwandlung der volkseigenen Betriebe (VEB) in privatrechtliche Gesellschaftsformen wurde als eine Rechtspflicht formuliert und war offenbar als erster Schritt zur Privatisierung zu verstehen. Es gab auch dazu keine weiteren Aussagen.

Der ebenfalls im Paragraph 1 formulierte Grundsatz, „volkseigenes Vermögen kann auch in durch Gesetz bestimmten Fällen Gemeinden, Städten, Kreisen und Ländern sowie der öffentlichen Hand als Eigentum übertragen werden", ging auf das Insistieren der Oppositionsabgeordneten in der Parlamentsdebatte zurück. Ich selbst hatte mich dafür als Vorsitzende des Haushaltsausschusses engagiert. Der seinerzeitige Streit um die Übertragung an Kommunen zieht sich bis in die unmittelbare Gegenwart. Die Überführung in Eigentum der öffentlichen Hand – z.B. in Form von Holdings für Wirtschaftsunternehmen beim Bund oder den Ländern – wurde lange Zeit entgegen der gesetzlich vorgesehenen Möglichkeit prinzipiell verneint und tauchte erst wieder im Zusammenhang mit dem Tätigkeitsende der Treuhandanstalt für die noch nicht privatisierten Großunternehmen auf.

Paragraph 2 formulierte die Aufgabe der Treuhand so: „Sie dient der Privatisierung und Verwertung des volkseigenen Vermögens nach den Prinzipien der sozialen Marktwirtschaft." Was unter „Verwertung" zu verstehen ist, definierte der Gesetzgeber nicht. Die Auslegung blieb der exekutierenden Anstalt überlassen. Mit keinem Wort allerdings schrieb das Gesetz einen raschen oder gar forcierten Verkauf von Berieben vor, wie er in der Folge betrieben wurde.

An anderer Stelle heißt es im Gesetz: „Die Treuhandanstalt hat die Strukturanpassung der Wirtschaft an die Erfordernisse des Marktes zu fördern, indem sie insbesondere auf die Entwicklung sanierungsfähiger Betriebe zu wettbewerbsfähigen Unternehmen und deren Privatisierung Einfluß nimmt." Der Sanierungsauftrag wurde dank der Hartnäckigkeit der Opposition verankert. Dennoch ignorierte die Treuhand diesen Auftrag lange Zeit und unternahm erst zu einem sehr späten Zeitpunkt stärkere Anstrengungen in dieser Richtung..

Aufschlußreich ist es, sich anhand der Volkskammerprotokolle in Erinnerung zu rufen, daß fast alle heute noch kontrovers diskutierten Probleme des Treuhandgesetzes damals bereits die Debatten beherrschten, aber trotz heftigen Schlagabtausches ungelöst blieben, so z.B. das der Bewertung des Treuhandvermögens. Der Abgeordnete Meyer-Bodemann (DBD/DFD) schätzte es auf eine Billion Mark der DDR; nach Nooke handelt es sich um viele hundert Millionen.

Oder die Verwendung von Treuhandeinnahmen aus Vermögensverkäufen. So wie Klaus Steinitz von der PDS schlug Harald Ringsdorff den Bogen zur Verschuldung des Bundes und der Länder der BRD in Höhe von 900 Mrd. D-Mark und beharrte für die SPD darauf, daß auch die DDR „das Recht erhalten (muß), angemessene Schulden in den Gesamtstaat einzubringen, denn sonst bleiben die verbrieften Anteilsrechte in jedem Fall Kosmetik.“[12] Er wandte sich mit dieser Polemik gegen die im ersten Staatsvertrag und im Treuhandgesetz verankerte Absicht der Regierung, Erlöse aus dem Treuhandvermögen auch für die Sanierung des Staatshaushalts zu nutzen. Vehement setzte er sich damals dafür ein, daß wenigstens ein Teil des Volksvermögens für Anteilsrechte der DDR-Bürger zur Verfügung stehen sollte.

Die grundlegende Veränderung, ja die Mutation des Treuhandanliegens hing – wie bereits betont – in erster Linie mit der für den 1. Juli 1990 beschlossenen Währungsunion zwischen der BRD und der DDR zusammen. Das von vielen Ostdeutschen ersehnte konvertible Geld war bei weitem kein Geschenk der Bundesregierung. Es hatte und hat seinen hohen Preis. Der inzwischen zur CDU übergewechselte Günther Nooke brachte damals den Zusammenhang von Privatisierung und Währungsunion für seine Bündnis 90/Grüne-Fraktion zornig wie folgt auf den Punkt: „Wie wir mit dem volkseigenen Vermögen umgehen, entscheidet darüber, was wir uns in naher Zukunft leisten können, wie es uns in den nächsten Jahrzehnten hier gehen wird. Denn eines ist doch hoffentlich inzwischen allen Bürgerinnen und Bürgern dieses Landes klar, dass *wir allein* für die Kosten der deutschen Einheit aufzukommen haben. Der schöne Urlaub für den nächsten Sommer wird hoch bezahlt.“[13]

Vor allem die Banken erwarteten für die von ihnen auszureichenden D-Mark-Kredite sichere, dem Privatrecht unterliegende Beleihungsgrundlagen. Westdeutsche Unternehmer sahen die rasche Privatisierung nicht ungern. Sie witterten – zumal zu Zeiten beginnender Rezession – lukrative Absatzmöglichkeiten und die Chance, sich Konkurrenten vom Halse zu halten.

Mit bemerkenswerter Offenheit hält Treuhandpräsidentin Breuel in dem von ihr herausgegebenen Buch „Treuhand intern“ fest: „Am 10. Mai 1990 findet ein erstes großes Gespräch des Ministerpräsidenten (Lothar de Maizière – C.L.) mit Vertretern westdeutscher Banken statt... Die

Vertreter der Banken machen eine Kreditgewährung an die Treuhandanstalt von einer eindeutigen Ausrichtung ihrer Aufgabenstellung auf ein Privatisieren der Staatsbetriebe, einschließlich Grund und Boden und der Gewährung entsprechender Sicherheiten, für die jederzeitige Zahlungsfähigkeit der Anstalt abhängig.[14]

Am 18. Mai 1990 – notiert Breuel weiter – wurde der Entwurf eines neuen Statuts der Treuhandanstalt „in Frankfurt/Main mit Vertretern westdeutscher Großbanken diskutiert... Die Schaffung einer eindeutigen gesetzlichen Grundlage durch die Volkskammer wird als notwendig erachtet. Die Regierung de Maizière übernimmt die Ausarbeitung eines neuen Treuhand-Gesetzes". (Auslassung C.L.)[15]

Der behutsamere Weg zur Wiedervereinigung beider deutscher Staaten über eine Wirtschaftsgemeinschaft und Konföderation, wie ihn das Modrow-Kabinett favorisiert hatte, war damit unwiderruflich verbaut. Aber auch für die Absicht meines einstigen Ministerkollegen Lothar de Maizière, die Einheit so rasch wie möglich und dennoch so gut wie nötig herbeizuführen, schwanden die Chancen von Woche zu Woche.

Daß mancher westdeutsche Berater der de Maizière-Regierung für den Osten die nachholende Entwicklungsstrategie favorisierte und empfahl, nimmt nicht wunder, ist noch irgendwie verständlich. Aber daß ostdeutschen Politikern in der Regierung und der Parlamentsmehrheit nichts anderes einfiel als in Grad und Tempo der Annäherung der DDR-Wirtschaft und –Gesellschaft an die BRD-Realität das einzige Kriterium für den Erfolg der Umgestaltung zu sehen, das wird als ihre Kapitulation in die Geschichtsbücher eingehen. Hier war von Selbstbestimmung, Kreativität und Innovation – wie noch in der Regierungserklärung von de Maizière eingefordert – keine Rede mehr.

Das Treuhandgesetz vom 17.6. 1990 ist ein beredtes Beispiel dafür, wohin es führt, wenn arithmetische Mehrheiten automatisch für sich Wahrheit und Recht beanspruchen. Mit ihm wurden Prozesse in Gang gesetzt, für die es bisher international nichts Vergleichbares gibt:

– Der Aufprall einer relativ produktivitätsschwachen, weitgehend geschützten Wirtschaft auf offene, wettbewerbsintensive Märkte. Dadurch wurde – voraussehbar! – eine gigantische Entwertung des Produktivitätsvermögens und der menschlichen Qualifikationspotentiale riskiert. Nie zuvor ist in Friedenszeiten derart viel Sach- und Humankapital unsinnigerweise außer Dienst gestellt, gar vernichtet worden. Die gesamte Volkswirtschaft eines Staates wurde kurzfristig zum Verkauf angeboten, obwohl bekannt war, dass die Ostdeutschen über wenig Eigenkapital verfügten, als Käufer also kaum in Betracht kamen.

- Der sich im Umbruch befindenden DDR-Wirtschaft wurde das ebenfalls reformbedürftige Gesetzeswerk der BRD übergestülpt. Ausästen tat längst not. Beispielsweise stand seit langem das vertrackte Besteuerungssystem unter Kritik, dennoch wurde dieser Wirrwarr in den neuen Ländern eingeführt. Allein die elf wichtigsten Steuergesetze umfassten nebst Durchführungsbestimmungen mehr als 2500 Paragraphen. Selbst erfahrene Steuerfachleute sahen sich kaum noch in der Lage, das einschlägige Recht vollständig zu durchschauen!
  Die übertragenen Genehmigungsverfahren waren verkrustet und verzögerten Investitionen.
- Marktwirtschaftliche Transformation wurde weitgehend als rigorose Abwicklung der Zentralverwaltungswirtschaft begriffen. Die Frage nach entwicklungsfähigen Potentialen des Ostens wurde ebenso wenig gestellt wie die nach dem notwendigen Wandel des Westens. Imitation ging vor Innovation. Statt auch eine Stärkenanalyse zu machen, wurden einseitig die offensichtlichen Schwächen der DDR-Ökonomie betont und nicht selten überzogen. Das bereitete selbst manchem Koalitionsabgeordneten Unbehagen. So stammt z.B. von dem mit den ökonomischen Gegebenheiten der DDR gut vertrauten SPD-Parlamentarier Harald Ringsdorff in den Debatten zum Treuhandgesetz die trotzige Bemerkung „Die DDR-Wirtschaft ist doch nicht so marode wie sie teilweise dargestellt wird.“[16]

Wer aber die DDR-Gesellschaft nur mit „Irrtum, Fehler, Versagen, Verbrechen“ übersetzte, ihre Stärken, Potentiale und Erfahrungen leugnete, reduzierte den Osten Deutschlands auf eine finanzielle Bürde für das zu vereinigende Land, statt in ihm auch eine Chance zu sehen.

Bei aller grundsätzlichen Kritik an den Beschlüssen der Mehrheitsfraktionen zu den hier in Rede stehenden Themen habe ich – gemessen an meinen späteren Erfahrungen im Deutschen Bundestag – durchaus nicht nur ungute Erinnerungen an Verlauf und Stil der damaligen parlamentarischen Debatten. Wir waren fast alle Neulinge in diesem Metier und noch nicht in Routine verfangen. Üblich war etwas, das ich nur selten wiedererlebte: Auch Abgeordnete der Koalitionsfraktionen gingen an Regierungsvorlagen nicht durchweg mit Samthandschuhen heran. Parlamentarier der Oppositionsfraktionen konnten nach hartnäckigen Auseinandersetzungen Teilerfolge insofern verbuchen als manche ihrer Vorschläge Aufnahme in die Gesetzestexte fanden. In der Sache waren die Kontroversen zwischen den politischen Kontrahenten hart, persönliche Verletzungen und Diffamierungen hielten sich jedoch in Grenzen. Ein makabrer Vorgang wird mir allerdings immer im Gedächtnis bleiben, die

Herabwürdigung des SPD-Finanzministers Walter Romberg durch den christdemokratischen Parlamentarischen Staatssekretär Günther Krause und das deprimierende hilflose Wegsehen des Ministerpräsidenten Lothar de Maizière in der Volkskammertagung am 10. Mai 1990.

Hervorhebenswert ist schließlich ebenfalls, daß die Fraktionen unabhängig von ihrer Größe bei diesen gesellschaftspolitisch brisanten Themen gleiche Redezeiten erhielten, wenn sie diese auch unterschiedlich ausschöpften.

Die Kritik der PDS an den Regierungsvorlagen verächtlich zu machen, gehörte damals wie heute zu den Ritualen. Angesichts der inzwischen grassierenden Arbeitslosigkeit und der bedrohlichen sozialen Schieflage werden damalige Oppositionsvertreterinnen und -vertreter keine Genugtuung darüber empfingen, daß vieles von dem, was sie als Fehlentwicklung vorausgesagt haben, dann so oder noch arger gekommen ist. Dennoch bleibt es eine wichtige Erfahrung, damals wider den Stachel gelöckt und Alternativen angeboten zu haben.

Anmerkungen

1 Geheime Verschlusssache (ZK 02-47/89-666-) und Geheime Kommandosache b5-1156/89 vom 27. 10. 1989 zur Zahlungsunfähigkeit der DDR, dokumentiert in: Deutschland Archiv, Köln, Heft 10/1992,

2 Zu den fünf Autoren gehörten u. a. Gerhard Beil (seit 1980 Minister für Außenhandel), Alexander Schalck-Kolodkowski (seit 1967 Leiter des neugegründeten Bereichs Kommerzielle Koordinierung – Koko –) sowie Gerhard Schürer (seit 1962 Stellvertretender Vorsitzender der Staatlichen Plankommission

3 Luft, Christa: Die Lust am Eigentum, Zürich 1996, S. 59

4 Die Zahlungsbilanz der ehemaligen DDR 1975 bis 1984, Deutsche Bank August 1999, S. 59

5 Vgl. dazu Report der Arbeitsgruppe Wirtschaftsreform/Wirtschaft vom 28.2.1990, zitiert in Luft, Christa: Treuhandreport, Berlin, S. 150/51 (von BRD-Seite gehörten zu dieser Arbeitsgruppe: Ministerialdirektor Dr. Molitor vom Bundeswirtschaftsministerium, die Ministerialräte Dr. Homann und Schnur aus dem gleichen Hause und Ministerialdirektor Rademacher vom Bundesfinanzministerium)

6 Schäuble, W.: Der Vertrag, Stuttgart 1991, S. 141

7 Protokoll der Volkskammer der DDR, Sondertagung (8. Tagung), 21.5.1990, S. 218

8 Beschluß zur Gründung der Treuhandanstalt, Gesetzblatt der DDR, Teil I, Nr. 14 vom 8.3.1990

9 Treuhandgesetz vom 17.6.1990, Gesetzblatt der DDR, Teil I, Nr. 33 vom 17.6.1990

10 Protokoll der Volkskammer der DDR, 11. Tagung, 7.6.1990, S. 355
11 Ebenda, 14. Tagung, 15.6.1990, S. 485
12 Protokoll der Volkskammer, 11. Tagung, 7.6.1990, S. 360
13 Ebenda, S. 355
14 Breuel, B. (Hrsg.): Treuhand intern, Frankfurt/M., 1993, S. 41/42
15 Ebenda, S. 42
16 Protokoll der Volkskammer der DDR, 11. Tagung, 7.6.1990, S. 360

Beitritt zum heutigen Tage

Das allgegenwärtige Thema des Beitritts der DDR zum Geltungsbereich des Grundgesetzes

Reinhard Höppner

1. Die Vorgeschichte

„Das Wort veraltet uns im Munde." Dieser Satz aus dem Herbst 1989 beschreibt treffend das Tempo der Veränderungen in den zwölf Monaten vom 40. Jahrestag der DDR bis zu ihrem Ende am 2. Oktober 1990. Noch am 4. November 1989, 5 Tage vor dem Fall der Mauer hatte es in Berlin eine der größten Demonstrationen gegeben, die die DDR je gesehen hatte. Vor allem Künstler und Intellektuelle hatten dazu aufgerufen. Es mögen mehr als eine halbe Million Menschen gewesen sein, viele mit selbstgemalten Plakaten. Keines davon verlangte die Deutsche Einheit. Nach dem Fall der Mauer am 9. November wurde dies bald anders. Die Losung „Wir sind das Volk" verwandelte sich in die Losung „Wir sind ein Volk". Die Forderung nach der Einheit Deutschlands stand auf der Tagesordnung.

Die Politiker auf beiden Seiten waren mit diesem Tempo überfordert. Es zeigte sich, daß man das Thema der Wiedervereinigung entgegen den Verlautbarungen in Sonntagsreden schon in den sechziger Jahren von der Tagesordnung gestrichen und auf Vorsorge für einen solchen Fall verzichtet hatte. Das „Volk der DDR" griff zu dem Druckmittel, das es in seiner Geschichte wohl als einziges mit guter Aussicht auf politische Wirksamkeit eingesetzt hatte: Die Abstimmung mit den Füßen. Hatte sie sich am 13. August 1961 schließlich gegen sie gewendet und der DDR-Regierung den Mauerbau als einzigen Ausweg erscheinen lassen, so hatte 1989 diese Bewegung von Ost nach West den Mauerfall provoziert. Was lag also näher, als diese Drohung einer Völkerwanderung von Ost nach West wieder einzusetzen nach dem Motto: „Kommt die D-Mark nicht zu uns, gehen wir zur D-Mark hin." Spätestens bei seinem Besuch vier Wochen nach dem Mauerfall in Dresden begriff auch der Bundeskanzler Kohl: Die Herstellung der Deutschen Einheit steht auf der Tagesordnung.

Am besten sofort. Für lange Konföderationspläne jedenfalls ließ das ungeduldige Volk den Regierungen keine Zeit mehr.

Spätestens im Januar 1990 spielten alle Parteien in der Bundesrepublik die Varianten durch, die nach der Verfassungslage zur Einheit führen könnten. Beitritt nach Artikel 23 oder Herstellung der Einheit nach Artikel 146, also aufgrund einer neuen gemeinsamen Verfassung, das waren die intensiv diskutierten Alternativen. Ich erinnere mich an eine Nacht im Januar 1990, als eine kleine Führungsgruppe der SDP im Köllnischen Park in Berlin sich nach getaner Arbeit gerade trennen wollte, als die Nachricht eintraf, daß die SPD-Fraktion des Deutschen Bundestages in einer Klausurtagung im Reichstag gerade beschlossen hätte, den Weg nach Artikel 23 (schneller Beitritt) zu wählen. Wir waren empört über einen solchen Beschluß über unsere Köpfe hinweg. Als ich noch in jener Nacht die Papiere dazu studierte, kam auch ich zu dem Schluß, daß uns für einen anderen Weg Zeit und Kraft fehlten. Das Tempo der Veränderungen sollte sich aber noch beschleunigen, nachdem kurz darauf die Wahlen zur Volkskammer vom Mai auf den 18. März 1990 vorgezogen wurden. Damit brach praktisch über Nacht der Wahlkampf aus.

Es gab im Wahlkampf eigentlich nur ein Thema: Wer macht die Einheit wie, vor allem wie schnell. Die Positionen lagen weit auseinander. Die DSU, ein Ableger der bayrischen CSU, hätte diese Volkskammer wohl am liebsten nur zusammengerufen, um den Beschluß über den Beitritt zu fassen: „Keine Experimente". Daß dies das größte Experiment der Deutschen Geschichte geworden wäre, scheint damals keinem so recht aufgefallen zu sein. Die Bürgerbewegungen warben mit dem Spruch: „Art. 23: Kein Anschluß unter dieser Nummer." Sie sollten darüber später in ihrer Fraktion tiefgreifende Auseinandersetzungen bekommen. Sehr bald wurde klar, daß die Voraussetzungen für einen Beitritt auch nach Artikel 23 erst allmählich geschaffen werden könnten. Man würde aber mit einer geteilten Währung in einem Land ohne Grenzen nicht so lange leben können. So kam der Wettlauf um den frühestmöglichen Termin der Währungsunion als Wahlkampfthema hinzu. Später würde uns das den Streit darüber bringen, ob die Wahlen zur Volkskammer 1990 nicht schon so etwas wie die Volksabstimmung über die Einheit, womöglich sogar schon über den Beitritt nach Artikel 23 und also den Verzicht auf eine neue gemeinsame Verfassung gewesen sei. Klare Gewinner der Wahl waren jedenfalls all die Parteien, die sich nicht damit aufhielten, irgendwelche Bedingungen für den Beitritt zu formulieren. Da löste selbst Willy Brandts schöner Satz: „Der Zug in Richtung Einheit rollt, jetzt kommt es drauf an, daß keiner unter die Räder kommt." die Frage aus, ob dahinter nicht zu viel Zögerlichkeit zu erkennen sei.

2. *Erste Orientierungen nach der Wahl*

Das Wahlergebnis bescherte den rechten Parteien zusammen mit den Liberalen eine Mehrheit im Parlament. In der SPD wurde heftig die Frage diskutiert, ob man sich an der Regierung beteiligen solle. Das scheint auf den ersten Blick eine ungewöhnliche Frage. Sie war aber keineswegs nur taktischer Natur. Es ging im Kern um die Frage, wie wir mit der noch gültigen Verfassung der DDR umgehen wollten. Selbst diejenigen, die nicht die Absicht hatten, noch eine neue DDR-Verfassung zu schreiben, mußten erkennen, daß die Schritte zur Einheit eine Fülle von Verfassungsänderungen der DDR-Verfassung erforderten, für die eine einfache Mehrheit nicht ausreicht. Zwar sah das Grundgesetz für den Beschluß über den Beitritt keine qualifizierte Mehrheit vor, nach DDR-Verfassung war dieser Beschluß aber zweifelsfrei ein verfassungsändernder Beschluß, bedeutete er doch für das Gebiet der DDR die Außerkraftsetzung dieser Verfassung. Aber auch viele Schritte dahin ließen sich nicht ohne Verfassungsänderung bewerkstelligen. Es machte also Sinn, eine Regierung zu bilden, die im Parlament eine verfassungsändernde Mehrheit besaß. Sonst wäre es nicht möglich gewesen, den Beitritt nach Artikel 23 verbindlich in einen Koalitionsvertrag aufzunehmen. So kam es folgerichtig zur Bildung einer Regierung unter Beteiligung der SPD.

Wieviel Zeit die Volkskammer brauchen würde, um schließlich den Beitritt zu beschließen, war von Anfang an strittig. In der SPD-Fraktion ging man anfangs davon aus, daß mindestens zwei Jahre erforderlich wären. Nur wenige glaubten, daß dies bis zum Ende der Legislaturperiode des Bundestages zum Jahresende zu schaffen sei. Anders ist nicht zu erklären, daß die ersten Verfassungsänderungen noch die Option für die Wahl eines Präsidenten der DDR offen hielten und wir ernsthaft nach Kandidaten dafür suchten. Auch die Erarbeitung einer neuen DDR-Verfassung stand noch auf der Tagesordnung. Wir lebten in der Illusion, wir könnten in der DDR noch Gesetze schaffen, die dann bei der Vereinigung auch zu Änderungen entsprechender Gesetze der Bundesrepublik führen würden. Unterschätzt hatten wir dabei alle das Tempo des ökonomischen Zerfalls der DDR. Vor allem die sozialen Kosten des Umbruchs erforderten massive finanzielle Unterstützung der Bundesrepublik. Das schränkte die Handlungsfähigkeit von Regierung und Parlament der DDR ein und führte zu einer weiteren Verschärfung des Tempos im Einigungsprozeß.

In seiner Regierungserklärung hatte Ministerpräsident de Maizière den Fahrplan noch folgendermaßen beschrieben: Der Ministerpräsident erwähnte den Weg zur Herstellung der deutschen Einheit in seiner Regierungserklärung nur mit wenigen Worten: „Der Wählerauftrag, dem die Regierung verpflichtet ist, fordert die Herstellung der Einheit Deutschlands in einem ungeteilten friedlichen Europa. Diese Forderung enthält die Bedingungen hinsichtlich Tempo und Qualität. Die Einheit muß so schnell wie möglich kommen, aber ihre Rahmenbedingungen müssen so gut, so vernünftig und so zukunftsfähig wie nötig sein.... Beide Anliegen, Tempo und Qualität lassen sich am besten gewährleisten, wenn wir die Einheit über einen vertraglich zu vereinbarenden Weg gemäß Art. 23 des Grundgesetzes verwirklichen.“ Seine ansonsten sehr umfangreiche über zwei Stunden gehende Regierungserklärung enthält demgegenüber so viele einzelne Vorhaben, daß man daraus eher auf eine mehrjährige Tätigkeit der Regierung schließen muß. Offenbar war zu Beginn der Regierungstätigkeit noch keineswegs klar, wann die Einheit wirklich kommen würde.

Die Gefahr zur weiteren Beschleunigung des Beitrittstempos kam noch von einer ganz anderen Seite, nämlich von Kräften außerhalb des Parlamentes. Vor allem im Süden den DDR gab es Stimmen, die einen schnelleren Beitritt forderten. Sie drohten damit, daß ihre Volksvertretungen, die neu gewählten Stadtparlamente, später auch die Vertretungen der Bezirksverwaltungsbehörden von sich aus den Beitritt zum Geltungsbereich des Grundgesetzes beschließen würden. Nach Artikel 23 des Grundgesetzes der Bundesrepublik hätte die Bundesregierung darauf reagieren müssen. Der in Aussicht genommene Weg zur Einheit wäre erheblich durcheinander gekommen. Auch deshalb war es wichtig, die Gültigkeit der Verfassung der DDR nicht in Frage zu stellen, die solche Einzelbeschlüsse nicht zuließ. Die Gefahr von Einzelbeitritten erhöhte erheblich den Druck, möglichst schnell zu einem Zeitplan für die Einheit zu kommen.

Andererseits gab es in den ersten Monaten unserer Regierungszeit große Sorgen im Ausland. Vor allem die Sowjetunion war sehr besorgt, es könne zu einem überstürzten Beitritt kommen. Schließlich hätten dann ohne rechtliche Grundlage gewissermaßen über Nacht Tausende sowjetischer Soldaten auf NATO-Gebiet gestanden. Ich erinnere mich an ein ausführliches Gespräch mit dem sowjetischen Gesandten in Berlin, der mich beschwor, alles zu tun, um das Tempo zu verlangsamen. Ich hatte Mühe, ihm klar zu machen, daß wir das selber gar nicht mehr in der Hand hatten. Anlaß des Gesprächs waren unsere Planungen zu den Feierlichkeiten anlässlich des letzten Tages der Deutschen Einheit, dem 17. Juni 1990, der dann auch der erste Höhepunkt der parlamentarischen Auseinandersetzung über den Zeitpunkt des Beitritts werden sollte.

3. Der letzte Tag der Deutschen Einheit im geteilten Land

Der 17. Juni begann mit einer Feierstunde im Schauspielhaus in Berlin (Ost) in Anwesenheit der Vertreter des Deutschen Bundestages und der Volkskammer.

Die Sondersitzung der Volkskammer am 17. Juni war eigentlich einberufen worden, weil die zweite Lesung des Treuhandgesetzes am Freitag zuvor nicht zu Ende gebracht werden konnte. Das Datum hatte aber offenbar solche Faszination, daß viele Abgeordnete der Versuchung nicht widerstehen konnten, an diesem Tag den entscheidenden Beschluß über den Beitritt zu verlangen. Verschiedene Fraktionen versuchten dies auf unterschiedlichem Wege, durch gesonderte Anträge ebenso wie durch Änderungsanträge zum Verfassungsgrundsätzegesetz, das ebenfalls auf der Tagesordnung stand. Angespornt durch die Anwesenheit von Bundeskanzler und Bundestagspräsidentin ging die DSU-Fraktion am weitesten, indem sie die Aufnahme eines zusätzlichen Punktes beantragte, indem sie mir einen Zettel zuschob, auf dem stand: „Beschluß zum Beitritt der DDR nach Artikel 23 des Grundgesetzes der Bundesrepublik Deutschland mit dem heutigen Tag." Bereits für die Aufnahme auf die Tagesordnung war eine Zweidrittelmehrheit erforderlich, denn der Antrag war nicht fristgemäß eingereicht worden. Zu meiner Überraschung wurde diese Mehrheit mit 267 zu 92 Stimmen deutlich überschritten. Nun hatten Regierung und alle Fraktionen Gelegenheit, ihre Vorstellung über den Beitritt vorzutragen.

Ministerpräsident de Maizière ließ zwar keinen Zweifel daran, daß er zum Beitritt nach Artikel 23 stand, hielt aber vor diesem Beitritt noch drei Schritte für erforderlich: 1. Den Abschluß eines Staatsvertrages über die Rahmenbedingungen – man würde ihn später Einigungsvertrag nennen – 2. Die Länderbildung, für die noch die gesetzlichen Grundlagen geschaffen werden müssten. 3. Die außenpolitische Absicherung der Vereinigung. In der in der Zwischenzeit auch immer wieder intensiv geführten Debatte über Artikel 23 hatte sich freilich auch eine Unklarheit herausgestellt. War mit dem Beschluß über den Beitritt automatisch das Grundgesetz der Bundesrepublik Deutschland auch im Osten in Kraft und damit die Existenz von Volkskammer und DDR-Regierung automatisch am Ende oder bedurfte unser Beschluß zum Beitritt eines zusätzlichen Beschlusses von Bundesregierung und Bundestag über die Inkraftsetzung des Grundgesetzes in der DDR? Könnten diese Termine deutlich auseinander liegen und hätten die DDR-Regierung und die Volkskammer dabei noch ein Mitspracherecht? Der Ministerpräsident wies zu Recht darauf hin, daß diese Rechtsfragen zunächst gründlich geklärt werden müßten, damit die Volkskammer überhaupt wisse, was sie beschließt, falls sie den Antrag der DSU annimmt. Er plädierte für Überweisung des Antrages an den Ausschuß für Recht und Verfassung.

Der Abgeordnete Günther Krause beantwortete diese Fragen allerdings gleich für die CDU-Fraktion, indem er prognostizierte, man könne bis zum Sommer mit den 2+4-Gesprächen fertig sein, dann den Beitritt beschließen und am 23. September die Landtagswahlen durchführen. Das Grundgesetz könne dann im Osten mit den gesamtdeutschen Wahlen wirksam werden, die zwischen dem 2. und 16. Dezember stattfinden sollten. Allein dieser Beitrag zeigte, wie wenig die Positionen der Fraktionen zu diesem überfallartigen Antrag des DSU durchdacht waren. In späteren Diskussionen stellte sich nämlich heraus, daß unbeschadet aller Rechtsfragen gerade für die Zeit zwischen den Landtagswahlen und dem Inkrafttreten des Grundgesetzes noch erheblicher Regelungsbedarf bestanden hätte. Wie z.B. sollte die DDR in dieser Zeit in den Organen des Bundes, in Bundestag und Bundesrat vertreten sein? Hätten Volkskammer und Regierung der DDR noch Funktionen wahrzunehmen? Was wäre mit den Abgeordneten der Volkskammer, die in Länderparlamente und Länderregierungen wechseln würden? Die Formel von Krause „Die Deutsche Einheit so schnell wie möglich aber so gut wie nötig“ war eben interpretationsbedürftig.

Streit über den Weg zur Einheit war inzwischen in der Fraktion Bündnis 90/Grüne ausgebrochen. Ein gemeinsamer Antrag dazu war bereits in der Fraktion gescheitert. Konrad Weiß beklagte die „Hatz in die Einheit, die jegliche politische Vernunft vermissen läßt“ und die „Entmündigung der Volkskammer bei der Aushandlung des Staatsvertrages“. Er bezeichnete diesen „gesetzlosen Zustand“ als das kleinere Übel und plädierte für den sofortigen Beschluß über den Beitritt unter Bedingungen, die dann allerdings denen des Ministerpräsidenten sehr ähnlich waren. Er wurde denn auch prompt gefragt, ob man diesen Umschwung nicht als eine „Trotzreaktion“ (Konrad Ellmer) zu bezeichnen hätte. Jens Reich von der Fraktion Bündnis 90/Grüne hielt denn auch dagegen: „Wir wollen die deutsche Einheit nicht als Kaiserschnitt in Narkose erleben.“ Er plädierte wiederum für einen Beitritt nach Artikel 146 und einen Volksentscheid, weil das Parlament keineswegs durch die Wahlen am 18. März legitimiert wäre, die Einheit ohne einen solchen Volksentscheid zu beschließen. Damit lag er nahe bei der Position der PDS, die Hans Modrow vertrat, der ebenfalls die Entscheidung des Volkes über Einheit und Verfassung für erforderlich hielt.

Am deutlichsten formulierte für die SPD-Fraktion Richard Schröder die Probleme: „Mit dem Beitritt zum Geltungsbereich des Grundgesetzes würden diese Regierung und dieses Parlament ihre Tätigkeit einzustellen haben; denn im Geltungsbereich des Grundgesetzes gibt es einen Bundeskanzler und einen Bundestag, aber nicht außerdem noch einen Ministerpräsidenten und eine Volkskammer daneben." Er verwies ebenfalls auf die nötige außenpolitische Absicherung, betonte aber auch, daß vor dem Vollzug des Beitritts der sogenannte zweite Staatsvertrag (später Einigungsvertrag genannt) unter Dach und Fach sein müsse. „Andernfalls kommen wir nicht zu vernünftigen Übergangsregelungen namentlich in den Rechts- und Eigentumsfragen." Die SPD-Fraktion war offenbar die einzige Fraktion, die zu diesem Zeitpunkt schon sah und offen aussprach, daß gerade die Regelung der Eigentumsfragen zwingend zwei handlungsfähige Partner erforderte, die die unterschiedlichen Interessen ihrer jeweiligen Wähler tatsächlich vertreten können. Einleuchtender mag damals sogar ein weiteres Argument von Richard Schröder gewesen sein, in dem er daran erinnerte, daß „diejenigen, die § 218 nicht in den Ländern der DDR haben wollen, auch darüber verhandeln müssen, bevor sie sich dem Grundgesetz unterstellen." So mangelhaft die Lösung dieser Fragen später auch gewesen sein mag, sicherlich wäre eine Lösung ohne eigenständige Verhandlungspartner Ost noch einseitiger zugunsten der Eigentümer West und der westdeutschen Rechtslage ausgegangen.

Bei aller Ambivalenz dieser Debatte am Tag der deutschen Einheit bleibt doch festzustellen, daß durch diesen unvorbereitet eingebrachten Antrag eine offene, die Positionen der verschiedenen Parteien sehr deutlich beschreibende Debatte in der Volkskammer zustande kam, wie sie sonst in Parlamenten eher selten ist. Die Gefahr einer Sturzgeburt war allerdings nach der Überweisung dieses Antrages der DSU in die Ausschüsse noch nicht gebannt. Die verfassungsändernden Gesetze, die danach zu beschließen waren, konnten durch Änderungsanträge noch mit diesem Thema belastet werden. Daß dies nicht der Fall war und das Verfassungsgrundsätzegesetz schließlich (nach zweimaligem Hammelsprung) eine knappe 2/3-Mehrheit bekam, gehört zu den angenehmen Ergebnissen jenes 17. Juni 1990.

4. Die Eckdaten für den Beitritt

Bereits 7 Wochen nach jenem denkwürdigen 17. Juni, am 8. August 1990, stand der Antrag des DSU nach den Beratungen im Ausschuß

Deutsche Einheit wieder auf der Tagesordnung der Volkskammer. Wiederum war es eine Sondersitzung, die nur diesem Thema gewidmet war. Die PDS-Fraktion hatte versucht, durch mehrere Ergänzungen zur Tagesordnung noch verschiedene Einzelfragen des Einigungsvertrages auf die Tagesordnung zu bekommen, was aber von einer deutlichen Mehrheit des Parlamentes abgelehnt wurde. So blieb es bei den 3 Anträgen, mit denen die unterschiedlichen Strömungen in der Volkskammer ihre Vorstellungen über den Beitrittstermin festlegen wollten. Einerseits sollte aufgrund der Beratungen im Ausschuß Deutsche Einheit das Anliegen der DSU zum sofortigen Beitritt abgelehnt werden. Andererseits wurde der Versuch unternommen, den 14. Oktober, den Tag, für den die Landtagswahlen vorgesehen waren, als Beitrittstermin festgestellt werden. Die SPD-Fraktion schließlich wollte lediglich festlegen, daß bis zum 15. September über den Beitrittstermin ein Beschluß herbeigeführt wird. Es sollte sich aber herausstellen, daß die Volkskammer noch nicht in der Lage war, sich in dieser Frage zu einigen.

Der vom Ausschuß Deutsche Einheit eingebrachte Antrag hatte folgenden Wortlaut:

„Der Beitritt der DDR zum Geltungsbereich des Grundgesetzes der Bundesrepublik gemäß Artikel 23 des Grundgesetzes zum jetzigen Zeitpunkt wird abgelehnt. Vor dem Beitritt sollen folgende Voraussetzungen erfüllt sein:

1. Ratifizierung eines Einigungsvertrages zwischen der DDR und der Bundesrepublik;
2. Klärung der äußeren Aspekte der Einigung in den 2+4-Gesprächen;
3. Bildung der Länder.

Sind diese Voraussetzungen gegeben, so soll der Beitritt zum frühstmöglichen Zeitpunkt, in jedem Fall aber zwischen dem 15.9.1990 und dem 14.10.1990 erfolgen.“

Wer sich heute die dazu folgende Diskussion ansieht, wird kaum mehr nachvollziehen können, worin die feinen Unterschiede etwa zwischen der SPD und der CDU gelegen haben. Bei allem vermischten sich zwei völlig unterschiedliche Interessenlagen. Die eine war bestimmt von den bevorstehenden Wahlen zum Deutschen Bundestag. Die Parteien West versuchten, ihre Startpositionen zu verbessern. Dabei war die SPD im Westen unter Oskar Lafontaine offenbar zu dem Schluß gekommen, daß eine längere Zeit zwischen dem Beitritt und den Wahlen die Chancen der SPD verbessern könnte. Immerhin kommen die Zeremonien zur Deutschen Einheit unmittelbar im Wahlkampf höchstwahrscheinlich dem amtierenden Bundeskanzler zugute. Der CDU dagegen wäre eine solche Nähe zwischen Wahl und Beitritt sicherlich im Wahlkampf willkommen gewesen. Hier wurde also in der Volkskammer bereits eine Stellvertreterdebatte geführt, was auch daran zu erkennen war, daß die SPD ihre Forderung, vor dem Beitritt müssten erst die Länder gebildet sein und also die Länderwahlen stattgefunden haben, fallengelassen hatte.

Die andere Interessenlage war eine Interessenlage Ost, die mir nachträglich fast etwas weltfremd erscheint und zeigt, wie wenig wir Abgeordneten in der Lage waren, die tatsächlichen Machtverhältnisse in Deutschland einzuschätzen. Da war nämlich die Sorge, wir würden durch einen voreiligen Beschluß über den Beitritt jeglichen Verhandlungsspielraum bei den Verhandlungen über den Einigungsvertrag verlieren. Weltfremd erscheint mir diese Argumentation heute, weil wohl die Drohung, wir würden den Beitritt nicht beschließen, wenn das eine oder andere im Einigungsvertrag nicht in unserem Sinn (Ost) geregelt wäre, aus heutiger Sicht kein wirkliches Druckmittel war. Das hätten wir selbst gegenüber unserer eigenen Bevölkerung nicht ausgehalten.

Zudem fand die Debatte über die Eckdaten des Beitritts in einer Zeit statt, in der sich sehr deutlich die ersten Verwerfungen des Vertrages über die Wirtschafts-, Währungs- und Sozialunion zeigten. Richard Schröder sagte dazu: „Wir sind – das ist unser Urteil – jetzt in der Situation eines Patienten nach der Operation. Nur wenn die Nachbehandlung gelingt, hat die Operation Erfolg. Nur wenn wir, die Deutschen (Ost) und die Deutschen (West), unsere Probleme vereinigen und gemeinsam anpacken, kann die Einigung das werden, was wir allerdings erwartet haben: ein Gewinn, etwas Gutes für uns alle. Der Einigungsprozeß steht auf Messers Schneide. Er droht, wenn jetzt nichts geschieht, häßlich zu werden." Man könnte es auch drastischer sagen: Die DDR war pleite. Die im Vertrag über die Währungs- und Sozialunion vorgesehenen Mittel für die Übergangszeit reichten nicht aus. Die Aufgaben allein in der Arbeitsverwaltung waren gewaltig. Die Bundesregierung hatte nicht die Absicht, noch mehr Geld auf den Tisch zu legen, solange sie nicht durch den Beitritt auch die Verfügungsgewalt über diese Mittel hatte. Allen Beitrittsterminen nach dem 14. Oktober wurde darum von westlicher Seite mit finanz- und wirtschaftspolitischen Argumenten entgegengetreten.

Etwas Druck auf die Verhandlungen zum Einigungsvertrag war allerdings nach Ansicht von Richard Schröder noch nötig: „Der Einigungsvertrag muß eine feste und gerechte Regelung der Eigentumsfragen in der DDR bringen. Ohne eine solche Regelung, die auch nötig ist für den inneren Frieden im vereinigten Deutschland, werden wir dem Einigungsvertrag nicht zustimmen können. Es darf der Einigung nicht etwa so etwas wie eine bundesdeutsche Landnahme folgen." Ob solche Argumente die Verhandlungen zum Einigungsvertrag wirklich noch beeinflußt haben, mag bezweifelt werden. Bei der Frage allerdings, welches der angemessene Beitrittstermin wäre und wann man ihn beschließen solle, spielte das für viele Abgeordnete durchaus eine Rolle. Daran änderte auch nichts, daß der Abgeordnete Günther Krause in seinem Beitrag für die CDU-Fraktion vor allem die soziale Marktwirtschaft lobte und auf die Schadensbilanz von 40 Jahren DDR verwies. Das führte vielmehr zu einer ausführlichen Debatte über die wirtschaftliche Situation der DDR 6 Wochen nach der Wirtschafts-, Währungs- und Sozialunion, einer Debatte, die den Grundbaustein (manche würden sagen den Vorwand) für das Zerbrechen der Koalition lieferte. Die Beratungen an jenem 8. August 1990 machten deutlich, daß mit der Frage über die Bedingungen und den genauen Tag des Beitritts die Grundsatzfragen über den Einigungsprozeß aufbrachen, die uns noch lange beschäftigen sollten.

Daß die CDU-Fraktion im Zusammenhang mit dem Beitrittstermin beantragt hatte, die Verfassungsorgane der Bundesrepublik zu bitten, eine Möglichkeit zu finden, den Termin für die gesamtdeutschen Wahlen schon am 14. Oktober zu ermöglichen, ließ Marianne Birthler vermuten: „Wann wird gewählt? Bevor das Ausmaß verfehlter Politik in Ost und West wirksam wird und das dann die CDU Stimmen kostet, oder bis die SPD Gelegenheit hatte, von der Tatsache abzulenken, daß sie diese Politik mit getragen hat?" Ministerpräsident de Maizière bestritt dies energisch mit dem Argument, daß keiner einigermaßen verläßlich sagen könne, ob ein früherer oder späterer Wahltermin für die eine oder andere Partei besonders günstig sei. Er hatte mit diesem Argument wohl recht. Die Diskussion allerdings machte deutlich, daß der Wahlkampf längst begonnen hatte. Die Frage, wie die Volkskammer und die Regierung der DDR die ihr verbleibende Verantwortung tatsächlich noch sachgerecht wahrnehmen könnten, trat dabei fast in den Hintergrund. Die meisten waren bereits mit dem Gedanken beschäftigt, was sie nach dem Beitrittstermin im gemeinsamen Deutschland erwarten würde. Schließlich galt es Landtagswahlen vorzubereiten oder die Weichen für eine Mitgliedschaft im Bundestag zu stellen. Manche plagte noch die Angst, vor dem Ende der Volkskammer als Stasi-Mitarbeiter entdeckt zu werden. Die Vereinigungsparteitage der Parteien Ost/West wurden vorbereitet. Die Volkskammer sah sich am 8. August jedenfalls nicht in der Lage, diese Termine für sich vernünftig zu ordnen.

So kam es dann zur Abstimmung über die vorgelegten Anträge. Den Antrag der DSU zum sofortigen Beitritt, der schon im Ausschuß Deutsche Einheit abgelehnt worden war, wurde auch mit großer Mehrheit von der Volkskammer abgelehnt. Statt dessen wurden die drei Bedingungen für den Beitritt mit nur fünf Gegenstimmen angenommen. Spannend wurde die Abstimmung über das Fenster des Beitritts, das der Ausschuß vorgeschlagen hatte „in jedem Fall zwischen dem 15.9. und dem 14.10.1990." Hier hatten noch während der Abstimmung einige Abgeordnete ihre Meinung geändert, so daß entgegen dem ersten Augenschein die Auszählung schließlich eine Ablehnung mit 133 gegen 119 Stimmen bei 95 Enthaltungen ergab. Die Volkskammer wollte sich offenbar noch nicht einmal auf diesen Zeitraum festlegen. Der Antrag der CDU-Fraktion, die Möglichkeit für die Bundestagswahl schon am 14. Oktober zu schaffen, fand allerdings eine Mehrheit, ein Beschluß ohne Folgen, wie sich später herausstellen sollte.

5. *Der Beitrittsbeschluß*

Manchmal habe ich den Eindruck, daß alle wesentlichen Entscheidungen der Volkskammer in Sondersitzungen gefallen sind, die sehr kurzfristig angesetzt wurden und bei denen keine abgestimmten Regierungsvorlagen auf der Tagesordnung standen. So war es auch am 22. August, 14 Tage nachdem wir den sofortigen Beitritt abgelehnt hatten, uns aber noch nicht einmal auf den Zeitraum des Beitritts zwischen 15. September und 14. Oktober einigen konnten. Wir hatten zunächst an diesem Freitag eine ordentliche Plenarsitzung bis in den Nachmittag hinein. Kurz vor Ende dieser Sitzung trat der Ministerpräsident ans Rednerpult und verlangte die Einberufung einer Sondersitzung zur Festlegung des Beitrittstermins. Das löste Verwunderung aus, zumal die Fraktionsvorsitzenden sich am Vortag in einem Gespräch mit dem Ministerpräsidenten darauf geeinigt hatten, die permanente Termindiskussion zu beenden und am 9. Oktober in einer Sondersitzung der Volkskammer über den endgültigen Beitrittstermin zu entscheiden. De Maizière gab zu seiner überraschenden Forderung keine Erklärung ab und nährte damit die Vermutung, es gäbe eine Anweisung aus Bonn, den Termin noch in dieser Woche festzulegen. Wenn man bedenkt, daß auch einige Zeit zur Vorbereitung der Beitrittszeremonie nötig ist, dann erscheint der Zeitdruck durchaus plausibel.

Die Sitzung wurde unterbrochen, das Präsidium zog sich zur Beratung zurück. Wenn wir nun gedacht hatten, der Ministerpräsident würde eine Vorlage aus der Tasche ziehen, die einen Vorschlag für den Beitrittstermin enthielt, so hatten wir uns geirrt. Auch diesmal würde den Beratungen keine Regierungsvorlage zugrunde liegen. Der Ministerpräsident hatte zwar eine

Sondersitzung verlangt, wie es ihm geschäftsordnungsmäßig zustand, eine Beratungsvorlage aber hatte er nicht einzubringen. Mit normalen Geschäftsordnungsregeln war das Problem nicht zu lösen. Schließlich wurde der immer wiederkehrende Antrag der DSU zum sofortigen Beitritt auf die Tagesordnung gesetzt. Außerdem lag ein Antrag von mehr als 20 Abgeordneten der CDU-Fraktion vor, der allerdings in der Sache eher ein Geschäftsordnungsantrag war, nämlich den Beitrittstermin am 9. Oktober in einer Sondersitzung zu beschließen. Ich schlug schließlich vor, die beiden Anträge auf die Tagesordnung zu setzen.

Die Sondersitzung wurde mit diesen beiden Tagesordnungspunkten für 21.00 Uhr des gleichen Tages einberufen. Auch meine weitere Hoffnung, der Ministerpräsident würde nach Eröffnung der Sondersitzung einen konkreten Beitrittstermin über einen Änderungsantrag vorschlagen, wurde enttäuscht. Bald nach der Eröffnung der Sondersitzung mußte sie wieder unterbrochen werden, weil keiner einen mehrheitsfähigen Vorschlag für einen Beitrittstermin unterbreitete. Die Unterbrechung dauerte an, ohne daß jemand die Initiative zu fraktionsübergreifenden Verhandlungen ergriff. Alle warteten ab. Wie dramatisch die Situation war, kann man nur ermessen, wenn man weiß, daß alle Volkskammersitzungen in voller Länge live im DDR-Fernsehen übertragen wurden. Jede Unterbrechung führte also dazu, daß das Fernsehprogramm für unbestimmte Zeit mit Unterhaltung gefüllt werden mußte. Ich erklärte schließlich jedem, der es hören wollte, daß ich die Volkskammersitzung nicht schließen würde, bevor nicht der Termin festgelegt sei. Schließlich war sie ausschließlich zu diesem Zweck einberufen worden, und wir konnten uns nicht vor der ganzen Weltöffentlichkeit, die jetzt auf den Beschluß über den Beitrittstermin wartete, blamieren.

Der weitere Gang der Dinge läßt sich aus keinen Protokollen mehr rekonstruieren und dürfte nur wenigen noch einigermaßen im Gedächtnis sein. Als nach einer weiteren Wartezeit nichts passiert war, holte ich, ohne ein Mandat von irgend jemandem zu haben, Vertreter aller Regierungsfraktionen einschließlich der damals bereits aus der Koalition ausgeschiedenen SPD zusammen. Wir standen in einer kleinen Gruppe, die eher zufällig zusammengesetzt war, im Flur der Volkskammer und berieten, was nun werden solle. Um uns herum war ein Schwarm von Journalisten, die wir nur abwimmeln konnten, indem wir in einen abgelegenen Flur des Volkskammergebäudes gingen. Dort standen wir dann und sammelten Vorschläge. Wir hörten, daß man in Bonn offenbar den 14. Oktober als Beitrittstermin vorgesehen hatte, den Tag, an dem die Wahlen für die Landesparlamente stattfinden sollten. Sofort bestand in der

Runde Einmütigkeit, daß es dieser Termin nicht werden würde. Wir hatten uns im Einigungsprozeß schon so viel von Bonn vorschreiben lassen müssen, daß wir wenigstens an dieser Stelle eine eigene Entscheidung treffen wollten. Ein inhaltlich sinnvoller Termin wäre der 9. Oktober gewesen, der Tag, an dem trotz aller Ängste vor dem Eingreifen der Kampfgruppen der DDR die Großdemonstration in Leipzig friedlich verlaufen war. Wir waren geneigt, diesen Termin zu wählen. Schließlich stellte ich in der Runde die Frage, wie wir denn den 41. Jahrestag der DDR feiern wollten. Das wäre der 7. Oktober, der Nationalfeiertag der DDR, gewesen. Dazu fiel verständlicherweise niemandem etwas Ordentliches ein. Verwunderlich nur, daß wir bei den vielen Termindiskussionen vorher noch nicht auf dieses Problem gestoßen waren. Wir wurden uns einig: Der Beitrittstermin muß vor dem 7. Oktober liegen. Schließlich berichtete der Vertreter der F.D.P. von einem Gespräch mit Hans Dietrich Genscher, der darauf hingewiesen hatte, daß am 1. und 2. Oktober das Treffen der Außenminister im Zusammenhang mit den 2+4-Gesprächen stattfinden sollte. Es wäre, so hatte er wissen lassen, nicht gut, wenn der Beitritt vor dem 2. Oktober liegen würde. Damit war der Vorschlag der SPD, den Beitritt schon im September stattfinden zu lassen, offenbar nicht realisierbar. So einigten wir uns auf den ersten Tag danach, den 3. Oktober.

Nun galt es einerseits zu prüfen, ob dieser Tag durch die deutsche Geschichte schon irgendwie vorbelastet war und ob die Fraktionen bereit wären, dieses Datum mit zu tragen. Geraume Zeit später sammelte ich die Reaktionen. Der 3. Oktober war unvorbelastet, und die Fraktionen waren bereit, ihn mit zu tragen, sofern ihre anders gearteten Vorschläge vorher durch eine Mehrheit abgelehnt würden. Die letzte Bedingung erwies sich als nahezu undurchführbar. Denn wir konnten eigentlich den 3. Oktober als Beitrittstermin nur in Form eines Änderungsantrages zum Antrag der DSU beschließen. Diese aber bestand darauf, daß ihr Antrag, sofort beizutreten, zunächst abgelehnt werden müsse. Ist ein solcher Antrag aber einmal abgelehnt, kann zu ihm kein Änderungsantrag mehr beschlossen werden. Das Problem ließ sich nur durch Umgehung derartiger Geschäftsordnungsregeln lösen. Gregor Gysi, mit dem ich mir schon oft ähnliche Geschäftsordnungsdebatten geliefert hatte, bemerkte dies sofort. Als die Sitzung ihren Fortgang nahm, kam der Protest. Aber auch Gregor Gysi wußte, daß diese historische Entscheidung nicht durch eine Geschäftsordnungsdebatte aufzuhalten war. Er akzeptierte meine, die Geschäftsordnung verletzende Abstimmungsreihenfolge.

Schwerwiegender war ein anderes Problem, dem viele an diesem Abend durch verschiedene Kompromißformulierungen in Abänderungsanträgen beizukommen versuchten. Jens Reich brachte es auf den Punkt, „daß es zwei Standpunkte gibt. Der eine: Wir wollen heute nicht Ankündigungen wiederholen, sondern zu einem mit Zweidrittelmehrheit beschlossenen Beitrittstermin kommen und die andere Denkschule, daß dieser Beitritt nur dann annehmbar ist, wenn die Vorbedingungen, die nun alle schon hundertmal genannt worden sind, erfüllt sind.“ Ein Beitritt unter Bedingungen sieht Artikel 23 des Grundgesetzes in der Tat nicht vor. So konnte denn auch der entscheidende Abänderungsantrag der Fraktionen CDU/DA, DSU, F.D.P und SPD nur formulieren: „Die Volkskammer erklärt den Beitritt zum Geltungsbereich des Grundgesetzes der Bundesrepublik Deutschland gemäß Artikel 23 des Grundgesetzes mit Wirkung vom 3. Oktober 1990. Sie geht dabei davon aus, daß die Beratungen zum Einigungsvertrag zu diesem Termin abgeschlossen sind, die 2+4-Verhandlungen einen Stand erreicht haben, der die außen- und sicherheitspolitischen Bedingungen der deutschen Einheit regelt, die Länderbildung so weit vorbereitet ist, daß die Wahl in die Länderparlamente am 14. Oktober 1990 durchgeführt werden kann.“ Wolfgang Thierse wies allerdings zu Recht darauf hin: „Wir können nicht damit drohen, nicht beizutreten, und dabei meinen, wir hätten dadurch eine starke Verhandlungsposition. ... Im übrigen sage ich noch einmal: Wir sollten auch nicht die schwarze Illusion erwecken, daß wir unter die Räuber fallen.“

Nun kam ein kompliziertes Abstimmungsverfahren. Zunächst wurde geklärt, ob der Beitrittstermin 22.8. (Antrag der DSU) durch den 15.9. (Antrag der SPD) ersetzt werden könnte. Nachdem dies abgelehnt war, war klar, daß der sofortige Beitritt keine Mehrheit finden würde. Damit war der Weg frei für die Festlegung des Beitrittstermins zum 3. Oktober 1990. Gregor Gysi hielt zu diesem Antrag noch einmal eine Rede, drehte sich nach der Rede zu mir um und sagte: „Übrigens, die DDR ist gar nicht beigetreten, sondern nur die Volkskammer.“ Wir hatten in unserem Text vergessen zu erwähnen, wer dem Geltungsbereich des Grundgesetzes der Bundesrepublik Deutschland beitritt – nämlich die DDR. Ich antwortete: „Das macht nichts, das korrigieren wir im Protokoll.“ Und in der Tat befindet sich im Protokoll der Volkskammer rechtzeitig vor der Endabstimmung der richtige Text: „Die Volkskammer beschließt den Beitritt der DDR zum Geltungsbereich des Grundgesetzes der Bundesrepublik Deutschland zum 3. Oktober 1990.“ Das historische Datum, dem die Deutschen seit dieser Zeit ihren Nationalfeiertag verdanken, ist also das Ergebnis improvisierter Beratungen an jenem 22. August, und der Beschlußtext bedurfte sogar noch einer Korrektur im Protokoll, um rechtlich einwandfrei zu sein. Allerdings war es inzwischen weit nach Mitternacht. Der entscheidende Beschluß wurde also erst am 23. August gefaßt. Die Sitzung endete um 3.00 Uhr.

Es war die wichtigste Aufgabe der frei gewählten Volkskammer der DDR, den Einigungsprozeß demokratisch mitzugestalten. Mit diesem Ziel waren wir angetreten. Die Gestaltungskraft nahm allerdings von Monat zu Monat, am Ende unserer Amtszeit sogar von Woche zu Woche ständig ab. Das allgegenwärtige Thema des Beitritts stellte uns ständig vor die Frage, ob wir uns der Gestaltungsaufgabe weiter stellen wollten, oder ob wir die Gestaltungsaufgabe durch einen abrupten Beschluß über den Beitritt „zum heutigen Tage" einfach an die Verfassungsorgane der Bundesrepublik abgeben wollten. Die Volkskammer hat dieser Versuchung tapfer widerstanden und ihre Aufgabe so gut wie möglich bis zum Ende erfüllt. Die meisten wußten, daß die Gestaltungsaufgabe mit der Ratifizierung des Einigungsvertrages keineswegs zu Ende war. Aber was wir leisten konnten, was wir leisten mußten, um die Interessen der DDR-Bürger angemessen zu vertreten, das haben wir getan. Gerade die spontanen Debatten zu diesem Thema in der Volkskammer haben die Probleme auch für die Menschen im Lande deutlich auf den Tisch gelegt und so den Prozeß für viele wenigstens einigermaßen nachvollziehbar gemacht. Das Interesse war groß. Anders sind die ungewöhnlich hohen Einschaltquoten des Fernsehens der DDR nicht zu erklären. Wir sind, so meine ich, insgesamt unserer Verantwortung gerecht geworden.

Eigentum im geteilten und im geeinten Deutschland

Zur legislativen Arbeit der ersten frei gewählten Volkskammer der DDR

Wolfgang Ullmann

1. Die Aufgabe eines nationalen Lastenausgleichs

Hat es je ein so merkwürdiges Parlament gegeben wie die am 18.3.1990 gewählte Volkskammer der DDR? Man wird schwerlich in der vorangegangenen Geschichte einen angemessenen Vergleich finden, und man kann, ohne Prophet sein zu wollen, voraussagen, daß es in absehbaren Zukünften etwas ihr Ähnliches kaum geben wird.

Wie ihre Vorgänger trug sie den Namen „Volkskammer". Aber erst nach dem 18.3.1990 hatte dieser Name jenen Sinn, den ihr die friedliche Revolution im Oktober und November 1990 eroberte, nämlich Repräsentant eines Volkes zu sein, das in jenen Herbsttagen seine Kompetenz unter Beweis stellte und mit einer Stimme sprechend sich in die Gemeinschaft freier und selbstbestimmter Völker einreihte.

Die zweite und eigentliche Merkwürdigkeit aber bestand darin, daß die gesamte Aktivität dieses Parlamentes unter der Voraussetzung stand, seine Tätigkeit in einem absehbaren Zeitraum zu beenden, weil das von ihr repräsentierte Volk willens war, dem anderen deutschen Staatswesen beizutreten und damit die vierzigjährige Epoche zweier konkurrierender deutscher Staaten zu beenden.

Ein Vorhaben, dem weit mehr als nur eine nationale Bedeutung zukam. War die Deutsche Demokratische Republik doch in gewisser Weise ein Eckpfeiler und Grundstein des von den Siegern des II. Weltkrieges errichteten Systems der beiden Supermächte des Ostens und des Westens. Die von beiden Seiten wechselseitig zugestandene Kompetenz der nur durch die Abkommen von Yalta, Potsdam und die aus ihnen resultierenden Vereinbarungen beschränkte Verfügungsgewalt im jeweiligen Machtbereich hatte in der sowjetisch besetzten Zone, der späteren DDR, dazu geführt, daß in ihr kraft Besatzungsmacht und Besatzungshoheit ein politisches System eingeführt wurde, das die Bevölkerung von den in

Westdeutschland und Westeuropa selbstverständlichen Standards in Politik, Wirtschaft und Kultur ausschloß und ihr überdies – mit der in den Potsdamer Protokollen ausgesprochenen Zustimmung der Westalliierten! – die Hauptlast der Kriegsfolgen, Reparationen, Demontagen und Einschränkungen auferlegte, die eigentlich, wie der Potsdamer Text sich ausdrückte, vom ganzen deutschen Volk zu tragen waren, weil es „eine totale militärische Niederlage erlitten hat und daß es sich nicht der Verantwortung entziehen kann für das, was es selbst dadurch auf sich geladen hat, daß seine eigene mitleidlose Kriegsführung und der fanatische Widerstand der Nazis die deutsche Wirtschaft zerstört und Chaos und Elend unvermeidlich gemacht haben.“ (Potsdamer Protokolle, Politische Grundsätze II).

So muß man sagen, die nur den kleineren Teil des Staatsgebietes des ehemaligen deutschen Reiches umfassende Sowjetzone bzw. DDR bekam ein unverhältnismäßig hohes Ausmaß an Kriegsfolgelasten auferlegt und dies auch noch verbunden mit einem von der Mehrheit der Bevölkerung abgelehnten politischen Herrschaftssystem.

Faßt man diese extraordinären Voraussetzungen ins Auge, dann erklärt es sich ohne weiteres, warum die DDR so etwas wie der gordische Knoten aller Widersprüche der Nachkriegssituation werden mußte. Im geschilderten Sinne von Kriegsfolgen belastet, wurde sie zum Hauptkampfplatz der Ideologien des Kalten Krieges, Ideologien, in denen beide Seiten die Positionen desavouierten, ja demontierten, die sie im gemeinsamen Kampf gegen die Nazibarbarei eingenommen hatten. Im Westen lebte der traditionelle bürgerliche Antikommunismus wieder auf, also genau jene Meinungs- und Stimmungskulisse, in der Hitler Mehrheiten für seine Prätorianerdiktatur gewinnen konnte. Im Osten wurden die Klassenkampfszenarien der Jahrhundertwende mit ihren innenpolitischen Kategorien auf die weltpolitische Situation um 1950 übertragen. Wie soll man eine Lage noch erträglich finden, die einem außerordentliche Lasten auferlegt, wenn diejenigen, die sie einem auferlegen, selbst den einzig plausiblen Grund, die moralische Rechtfertigung, nämlich die Folgelast des Hitlerkrieges, durch die Selbstrechtfertigungsstrategien der Kontrahenten des Kalten Krieges völlig untergruben? Früher oder später mußte dieser innere Widerspruch unerträglich werden und das auf ihm errichtete Machtgefüge so zerbrechen, wie es 1989 dann auch geschah.

Dazu kommt, daß auf beiden Seiten der Front des Kalten Krieges neue Strukturen entstanden, die nur indirekt mit der Ideologie des Systemgegensatzes begründet werden konnten, EWG und NATO im Westen, Rat für Gemeinsame Wirtschaftshilfe und Warschauer Pakt im

Osten. Beides konnte nur dazu führen, den Anachronismus der Ideologeme des Kalten Krieges in ein immer helleres Licht zu setzen.

Die Überlegenheit der EWG zeigte sich schon darin, daß sie über die Zollunion und die Sonderregelungen für Zonenrandgebiete (Art. 87 Abs. 2, EU-Vertrag) im geteilten Deutschland systemübergreifend wirksam werden konnte. Ein Ergebnis des ganz neuen Politikkonzeptes der Vergemeinschaftung von Schlüsselindustrien und Märkten.

Demgegenüber mußte der Rat für gemeinsame Wirtschaftshilfe (COMECON) immer im Hintertreffen bleiben, weil er über die schwerfällige Form zwischenstaatlicher Zusammenarbeit nie hinauskam und der Druck der Hegemonie der Sowjetunion, die durch die Breschnew-Doktrin der eingeschränkten Souveränität der Mitgliedsländer von 1968 auch ausdrücklich zur politischen Maxime erklärt wurde, die Handlungsfähigkeit des ganzen Paktsystems belastete.

Man sieht, in welchem weitreichenden Kontext die friedliche Revolution und die deutsche Vereinigung von Anfang an standen. Es handelte sich eben nicht, wie damals meist angenommen wurde, zuerst um die Frage der Zustimmung der Sowjetunion zum Beitritt der DDR zur Bundesrepublik. Wie man 1990 immer schon bemerken konnte, war diese angesichts der Belastung, zu der die DDR wegen der oben geschilderten Umstände für die SU geworden war, als sicher vorauszusetzen. Aber eben deswegen stellte sich sofort die Doppelfrage: Was sollte aus COMECON und Warschauer Pakt nach dem Wegbrechen des Westpfeilers werden?

Der wehr- und sicherheitspolitische Aspekt ist nicht Gegenstand dieser Darlegungen. Um so wichtiger ist es zu unterstreichen, daß die Tage von COMECON in dem Moment gezählt sein mußten, wo der Übergang vom abgeschlossenen Markt des unkonvertierbaren Rubel zu Weltmarktpreisen im EG-Gebiet und Europäischen Währungssystem entschieden war.

Am 9.1.1990 versammelten sich in Sofia die Regierungschefs der Mitgliedsländer des RGW/COMECON. Obwohl niemand den Antrag seiner Auflösung stellte, zeichnete sich damals schon ab, daß er ans Ende seiner Möglichkeiten gekommen war. Ausgerechnet die Vertreter der Sowjetunion machten sich zu Sprechern der Weltmarktöffnung. Tschechoslowakei, Polen und Ungarn, angeführt vom Prager Ministerpräsidenten Calfa, erklärten, fortan eine eigene Wirtschaftspolitik treiben zu wollen. Wie das gemeint war, konnte ich selbst als Mitglied der Modrow-Regierung Anfang Februar aus Calfas Munde bei einem offiziellen Besuch in Prag hören: Für Weltmarktpreise wolle man selbstverständlich nur noch weltmarktfähige Waren kaufen.

Es trifft also keineswegs zu, niemand habe das sogenannte „Wegbrechen der Ostmärkte“ 1990 voraussehen können. Es stand fest in dem Moment, wo das Rubelgebiet kein abgeschlossener Markt mehr war und darum das ökonomische Geschehen durch die Gesetze des EG-Marktes und damit der DM definiert wurde. Die Ostmärkte waren verloren mit dem Wirksamwerden der deutschen Währungsunion am 1.7.1990.

Auch wenn es während der Volkskammerarbeit im Frühjahr und Sommer 1990 völlig im Hintergrund des deutschen Vereinigungsprozesses stand: Die deutsche Währungsunion von 1990 war eine so noch nie dagewesene Form des Beitritts zur EG, überdies zu einer EG, die kurz davor stand, sich mit dem Maastrichtvertrag in eine Europäische Union zu verwandeln.

Das Besonderes dieses Beitritts war sein Vollzug in der Form der Währungsunion, was hieß: Die Bedingungen des Raumes ohne Binnengrenzen würden vom Beginn der Währungsunion voll durchschlagen. Die vier Freiheiten – freie Bewegung von „Waren, Personen, Kapital und Dienstleistungen“ – würden zwar auch den neuen Bundesbürgern zugutekommen. Aber zur freien Bewegung von Waren, Kapital und Dienstleistungen waren sie nur als Kunden interessant, weil es gewiß nicht ihre Waren, ihr Kapital und ihre Dienstleistungen sein konnten, die sich auf den neu eröffneten Märkten ungehindert bewegen würden.

Derartige Ungleichheiten wurden und werden bei anderen EG- bzw. EU-Beitritten durch Übergangszeiten und Anpassungsstrategien überbrückt.

Aber im deutschen Fall lagen die Dinge insofern anders, als die Angleichung ein innerdeutsches Problem darstellte. Anpassung an EU-Recht und EU-Ökonomie fielen zusammen mit der Anpassung an westdeutsches Recht und westdeutsche Ökonomie.

Angesichts dieser abzusehenden Anpassungszwänge hat der Zentrale Runde Tisch in Berlin gemeint, den krassen Chancennachteil der DDR-Bevölkerung diesen Zwängen gegenüber nur dadurch auffangen zu können, daß der Beitritt zur Bundesrepublik und zur EG über eine Rechtsunion sich vollziehen müsse, die, geleitet durch einen Verfassungsgebungsprozeß, auch dem DDR-Bürger und der DDR-Bürgerin eine Rechtsgleichheit verleiht, die ihre Chancen unter den neuen Wettbewerbsbedingungen so verbessert, daß sie an allen Formen der neuen Freiheiten zu partizipieren in der Lage sind.

Daß die Eigentumsfrage das Kernproblem dieser Rechtsunion darstellt, ergibt sich zwanglos aus den geschilderten Bedingungen. Überdurchschnittliche Kriegsfolgelasten, extraordinäre Freiheitsbeschränkungen durch die staatliche Planwirtschaft und eine Vierteilung des Eigentumsrechts in Volkseigentum, gesellschaftliches Eigentum, persönliches und Staatseigentum schlossen die Bevölkerung auch nach dem Wegfall des Eisernen Vorhanges von den modernen Marktfreiheiten weitgehend aus.

Wir werden anhand des Staatsvertrages über die Währungsunion, des Treuhandgesetzes, des Ländereinführungs- und des Einigungsvertrages zu prüfen haben, wie die DDR-Volkskammer diese Probleme behandelt und zu lösen versucht hat.

Nicht unerwähnt bleiben darf, daß sie diese Arbeit trotz aller Dominanz der deutschen Frage in einen europäischen und historischen Rahmen hat stellen wollen. Ich meine die Erklärung aller Fraktionen vom 12. April 1990, die zu den herausragenden Dokumenten der deutschen Nachkriegsgeschichte gehören dürfte. Hier erklären die Abgeordneten der Volkskammer, daß sie als Sprecher einer Bevölkerung, die „durch ihre friedliche Revolution im Herbst 1989 die trennende Wirkung der menschenverachtenden innerdeutschen Grenze beseitigt" hat, sich dafür einsetzen wollen, daß „dic beiden Teile Deutschlands zusammenwachsen und dabei die Herausbildung einer gesamtdeutschen Friedensordnung im Rahmen des KSZE-Prozesses fördern".

Sie tun das, indem sie in den vorangehenden Abschnitten ihre geschichtliche Verantwortung gegenüber Allen wahrzunehmen versprechen, denen während der Zeit des Nationalsozialismus „unermeßliches Leid zugefügt worden ist, den Juden aus allen europäischen Ländern, den Völkern der Sowjetunion, dem polnischen Volk, dem Volk der Sinti und Roma".

2. *Deutsche Vereinigung als Währungsunion*

Auch wenn die Erinnerungen an die öffentliche Stimmungslage im Frühjahr und Sommer 1990 zu verblassen beginnen – daß die Streitigkeiten um den schnellsten Weg zur deutschen Einheit weithin identisch waren, auch in dem Wahlkampf vor dem 18.3., mit der Debatte um Artikel 23 oder 146 als einzuschlagenden Weg, dessen dürfte man sich auch heute noch recht wohl erinnern.

In der historischen Rückschau in mehrfacher Hinsicht eine bloße Scheindebatte. Das gilt schon in verfassungsrechtlicher Hinsicht. Denn weder kennt das Grundgesetz einen anderen Weg zur deutschen Einheit als das gemeinsame verfassunggebende Handeln der deutschen Bürgerinnen und Bürger in allen Ländern, so wie es die alte Präambel und der Artikel 146 des Grundgesetzes unmißverständlich zum Ausdruck bringen. Ebensowenig stellt der alte Artikel 23, der vom Beitritt einzelner Teile des deutschen Staatsgebietes handelt, eine Konkurrenz zu dem einzig existierenden Weg der Vereinigung in der Form demokratischer Verfassunggebung dar. Denn erstens ist er nach dem Grundsatzurteil des Bundesverfassungsgerichtes von 1973 auch auf die DDR als ganzes anwendbar. Und wenn er verlangt, in dem beitretenden Gebiet sei das Grundgesetz in Kraft zu setzen, dann meint das selbstverständlich das Grundgesetz mit Einschluß seines Artikels 146, wie mittlerweile auch durch mehrere verfassungsrechtliche Untersuchungen erhärtet worden ist (Henning Moelle, Der Verfassungsbeschluß nach Artikel 146 Grundgesetz, Paderborn 1995; Karl-Heinz Merkel, Die verfassungsgebende Gewalt des Volkes, Baden-Baden 1996).

Noch viel klarer aber wird die Wirklichkeitsferne dieser Artikeldebatte verdeutlicht, wenn man sich die im Wahlkampf und dann weiterhin in der Volkskammer geführte Debatte über den zur Vereinigung einzuschlagenden Weg in Erinnerung ruft. Zwar berief man sich in dieser Debatte auch ständig auf die beiden angeblich konkurrierenden Artikel. In Wirklichkeit aber ging es um zwei ganz andere und allerdings deutlich alternative Positionen. Die eine, vom Zentralen Runden Tisch und seiner Mehrheit vertretene, forderte für die Vereinigung einen Verfassungsprozeß, der durch eine neue DDR-Verfassung erst die staatsrechtliche Grundlage für den Beitritt schuf, der vorher von den DDR-Verfassungen unmißverständlich ausgeschlossen war.

Auf dieser Rechtsgrundlage hätte frühzeitig der Beitritt auf der Grundlage von Art. 23 Grundgesetz beschlossen werden können (so Artikel 132 des Verfassungsentwurfes des Runden Tisches). Gleichzeitig wären die Schritte für die Inkraftsetzung des Grundgesetzes festzulegen gewesen.

Da der Zentrale Runde Tisch das Mandat einer verfassunggebenden Versammlung nicht besaß, übergab er seinen Entwurf der frei gewählten Volkskammer. Sie sollte ihn diskutieren, wenn nötig überarbeiten und ändern, um ihn schließlich durch Volksabstimmung – hierfür wurde der 17.6.1990 als Tag der Deutschen Einheit vorgeschlagen – in Kraft setzen zu lassen.

In der Volkskammer aber kam es hierzu nicht. Die Gleichen, die schon im Plenum des Zentralen Runden Tisches gegen den Verfassungsentwurf und das vorgeschlagene Verfahren gestimmt hatten, eine Koalition aus SPD, Demokratischem Aufbruch und CDU, verfügten seit dem 18.3. über die Mehrheit und konnten mit dieser das Verfahren des Verfassungsprozesses ablehnen. In der Volkskammerdebatte am 17.5.1990 habe ich dieses Verfahren nochmals verteidigt. Es war der CDU-Kollege Dr. Bechstein, dessen während meiner Rede gestellte Zwischenfrage die von der Volkskammermehrheit bejahte Alternative zum Verfassungsprozeß aufs Präziseste benannte: Eine schnelle Annahme des Staatsvertrages (cf. Wolfgang Ullmann, Verfassung und Parlament, Berlin 1991, S. 66). Gemeint war damit der Staatsvertrag über die Währungsunion, der in der Tat von der Volkskammer am nächsten Tag, dem 18.6.1990, angenommen wurde.

Das also war die wirkliche Alternative im Gegensatz zu der scheinbaren, der Artikeldebatte: Verfassungsprozeß oder schnellstmögliche Währungsunion. Man muß also den Staatsvertrag über die Währungsunion ins Auge fassen, wenn man sich Inhalt und Methode des deutschen Vereinigungsprozesses möglichst sachgerecht vergegenwärtigen will.

Ein Blick in die Präambel des Währungsunionsvertrages (cf. Verträge und Rechtsakte zur deutschen Einheit, Bd. 1, herausgegeben von Stern u. Schmidt-Bleibtreu, München 1990, S. 79) lehrt, daß wir damit eher zuwenig als zuviel gesagt haben. Der Vertrag versteht sich in der Tat als der entscheidende Schritt zur Herstellung der deutschen Einheit nach Artikel 23 Grundgesetz. Er tut dies genau in jenem Rahmen, der im vorangegangenen Abschnitt zitiert worden ist: Ausgangspunkt ist die friedliche Revolution des Herbstes 1989; die Einheit Deutschlands in Freiheit herzustellen, wird als Schritt auf dem Weg zu einer europäischen Friedensordnung gesehen; diese Herstellung der deutschen Einheit hat einen äußeren Aspekt, der mit den vier Vertretern der Anti-Hitler-Koalition auszuhandeln ist; Kern dieses Schrittes zur Einheit ist die Realisierung einer Währungs-, Wirtschafts- und Sozialunion, die die Übernahme des EG-Rechtes in der DDR vorbereiten soll; daß die deutsche Verfassungsfrage auch in diesem Kontext nicht eliminiert werden kann, zeigt der Hinweis auf die Notwendigkeit der Entwicklung föderativer Strukturen in der DDR.

Worin also bestehen die entscheidenden Regelungen dieses Vertragswerkes? Man könnte meinen, das ließe sich in einem einzigen Satz sagen, dem, daß die Währungshoheit auf die Bundesbank der Bundesrepublik Deutschland übertragen wird. So richtig dieser Satz ist, so wenig sind an ihm die schwerwiegenden Implikationen für den Einigungsvorgang sofort erkennbar.

Eine der allerschwerwiegendsten versteckt sich in dem drittletzten Absatz der Präambel, dem Hinweis auf die Wiederherstellung föderativer Strukturen in der DDR. Bei aller Verschiedenheit der politischen Optionen der DDR-Opposition war neben dem Einsatz für ein neues Wahlrecht und eine neue Verfassung – gerade im Blick auf die letztere – nichts so unumstritten wie das Ziel einer Reföderalisierung der DDR, m.a.W. die Wiedererrichtung des von der SED 1952 auf dem Verwaltungsweg zerstörten Länder. Wie oben gesagt, war diese Absicht im Blick auf den Weg in eine föderale Einheit Gesamtdeutschlands auch in die Präambel des Währungsunionsvertrages eingegangen. Aber eben nur in die Präambel! Die Übernahme der Währungssouveränität durch die Bundesbank vor der Einleitung des Wiedervereinigungsprozesses präjudizierte eine Entscheidung, die für den weiteren Einigungsprozeß schwerwiegendste Folgen haben sollte: Die Antwort auf die Frage, wer die Rechtsnachfolge der auf ihr Ende zugehenden DDR antreten würde. Der Währungsunionsvertrag antwortete auf diese Frage: Der Bund wird dieser Rechtsnachfolger sein. Alle weiteren Regelungen des Währungsunionsvertrages mußten dann von dieser Vorentscheidung geprägt sein.

An der Analogie des Überganges der Währungssouveränität von der Bundesbank auf die Europäische Zentralbank bei der Einführung des EURO kann man sich die Folgen für den deutschen Einigungsprozeß klarmachen, die die Rechtsnachfolge des Bundes für die verschwindende DDR haben mußte, wenn die Währungsunion der Ländererrichtung voranging. Es war die nichtföderale, zentralistische DDR mitsamt ihren Eigentumsstrukturen, in der die Währungsunion wirksam wurde. Mit anderen Worten: Es wiederholte sich, was Schalck-Golodkowski seinem Chef Honecker zum Jahresende 1988 melden konnte: Im Bereich „Kommerzielle Koordinierung“ war die gesamte aktive Devisenreserve auf DM umgestellt. Als die Länder dann ab Spätherbst 1990 errichtet wurden, geschah es in einer Situation, die einerseits durch die Währungsunion vom Juli 1990 festgelegt war, aber ihre eigenen Vermögensverhältnisse und die der Kommunen weitgehend im unklaren ließ. Um den EU-Vergleich noch einmal aufzunehmen: Es war so, als ob man den Versuch unternehmen wollte, nach der Einführung des EURO in seinem Bereich neue Mitgliedsländer zu gründen. Mit dem 18.5.1990 war entschieden, daß die wiedererrichteten östlichen Bundesländer sich in einem dem Föderalismus zutiefst widersprechenden Abhängigkeitsverhältnis vom Bund befinden würden. Ein bis heute nicht beendeter Zustand!

Unmittelbar wirksam wurden im Sommer 1990 nicht nur die Regularien des Geldumtausches mit Abschluß- und Eröffnungsbilanzen, sondern auch die Richtungsentscheidungen im Bereich der Wirtschafts- und Sozialunion. In beiden Bereich konnte es so etwas wie die oben für erforderlich erklärte Rechtsunion, d.h. eine Harmonisierung und Koordinierung der Rechtsordnungen nach der gefällten Grundsatzentscheidung der

Währungspriorität nicht geben. Wirtschaftsunion, das hieß Marktunion trotz aller Ungleichheit der Chancen und Bedingungen. Sozialunion aber konnte nur die Übernahme des westdeutschen Sozialgesetzbuches heißen und damit eine Maximalbelastung aller öffentlichen Haushalte angesichts absehbarer und flächendeckender Massenarbeitslosigkeit.

Denn daß es auf eine solche hinauslaufen würde, war in dem Moment klar, wo der Umrechnungskurs zwischen DM und DM-Ost auf 1:1 und 1:2 festgelegt war. Im Ergebnis eine extreme Aufwertung der Ostmark, die zur Zeit der Währungsunion teilweise bis auf 1:10 im Verhältnis zur DM verfallen war. Diese Aufwertung war unvermeidlich, wenn die mit dem Stichtag 2.7.1990 eintretende schlagartige Geldmengenvermehrung der DM nicht Inflationsgefahren heraufbeschwören sollte. Ebenso unvermeidlich war aber, daß durch diese Aufwertung die gesamte DDR-Produktion wegen ihrer extremen Verteuerung alle Chancen auf den neu eröffneten Märkten verlor, die neue Kaufkraft also fast ausschließlich der westlichen Produktion zugutekam, Firmenzusammenbrüche im Osten flächendeckend Arbeitsplätze vernichteten.

Daß die Verfasser des Staatsvertrages für diese Probleme nicht blind waren, zeigt ein äußerst wichtiges, aber aus noch zu erörternden Gründen unwirksam gebliebener Absatz 6 im Artikel 10 (Stern und Schmidt-Bleibtreu, S. 83), der Regelungen zur Verwendung des volkseigenen Vermögens enthält. Er verlangt von der DDR-Regierung eine Bestandsaufnahme des volkseigenen Vermögens und seiner Ertragsfähigkeit. Seine Nutzung soll folgenden Zwecken dienen: Vorrangig der Strukturanpassung der Wirtschaft, zweitens der Sanierung des Staatshaushaltes und nach Erfüllung dieser Zwecke zur Auszahlung von Anteilen an Bürger und Bürgerinnen für durch die Währungsunion halbierte Sparguthaben.

Man weiß, daß keine dieser Aufgaben auch nur ansatzweise gelöst worden ist. Einer der eklatantesten Schäden der fehlenden bzw. verspäteten Föderalisierung: Wie anders hätten die Dinge laufen können, wenn die in dem zitierten Artikel angestrebte Strukturanpassung und Haushaltssanierung die von weiterexistierenden Ländern gewesen wäre statt die der verschwindenden DDR. Mit ihrem Verschwinden verschwand auch die Realisierungsmöglichkeit dieses für Eigentum und Vermögen ehemaliger DDR-Bürger und -Bürgerinnen so fundamentalen Artikels!

Aber es gab noch einen zweiten Grund für die Nichtrealisierung des Programms von Artikel 10 Abs. 6. Das waren die seit der Öffnung des bis zum Mauerfall abgeschlossenen und eigenen Rechtsregeln gehorchenden Ostmarktes entstehenden Umstrukturierungsaufgaben. Daß die Marktfreiheiten im EG-Rahmen ein Maximum an solchen Aufgaben stellten, wurde von niemandem bezweifelt und konnte von niemandem bezweifelt werden. Völlig unbegründet aber war die Meinung, der im Westen bereits funktionierende Markt werde diese Umstrukturierung von selbst herbeiführen, so als ob er die Aufgaben eines Gesetzgebers und Rechtsstifters übernehmen könne.

Wie es zu diesem Aberglauben kommen konnte, das zeigt in überraschender Deutlichkeit ein Dokument, das als „Anlage IX" das ganze Vertragswerk abschließt und Grundsätze für den Eigentumserwerb privater Investoren aufstellen will. Ein Text, der auch darin merkwürdig ist, daß man seine rechtliche Qualität nur schwer oder gar nicht bestimmen kann. Die vier Absätze dieses Textes sind allesamt im Futur oder (Abs. 4) als Kann-Bestimmung formuliert. Worum eigentlich handelt es sich da? Um Willenserklärungen oder um zwingende Normen?

Die fundamentale Rechtsfrage des Erwerbs von Grund und Boden, die keineswegs allein Interessen von potentiellen Investoren betrifft, sondern fundamentale Rechte aller Bürgerinnen und Bürger, wird allein unter dem Blickwinkel jener Investoren gesehen und mit der pauschalen Forderung verbunden, es seien in ausreichender Zahl und Größe Gewerbegebiete zur Verfügung zu stellen. Kein Wort darüber, aus wessen Besitz und durch wessen Verfügung jene Zurverfügungstellung geschehen soll. Wie verhält sich diese Willenserklärung zur oben geschilderten Verpflichtung einer Bestandsaufnahme des volkseigenen Vermögens und seiner Zweckbestimmungen? Da diese Frage vollkommen offen bleibt, entsteht der Eindruck, daß jeder potentielle Investor sich auf diesen Text berufen und für seine Vorhaben von privaten Eigentümern, Kommunen und Ländern Priorität für seine Optionen beanspruchen kann. Ist diese Deutung aber richtig, dann hätten wir in diesem Text vom Mai 1990 ein erstes Beispiel für jenes Vorhaben, das auf OECD-Ebene eine globale Rechtspriorität für Investoren gegenüber den regionalen oder nationalen Rechten durchsetzen wollte, damit freilich gescheitert ist.

Wenn wir uns jetzt weiteren eigentumsrechtlich relevanten Gesetzgebungsakten der Volkskammer zuwenden, werden wir sehr bald festzustellen haben, daß es dem Programm von Anlage IX nicht viel besser ergangen ist.

3. Das Treuhandgesetz als Ersatz einer Rechtsunion

Auch das am 17.6.1990 von der Volkskammer beschlossene Treuhandgesetz hat eine Vorgeschichte, die bis in die Verhandlungen des Zentralen

Runden Tisches zurückreicht. Am 12.2.1990, in der 12. Sitzung des Zentralen Runden Tisches, unter Tagesordnung Punkt 3, wurde von den Vertretern der Bürgerbewegung Demokratie Jetzt erstmalig die Errichtung einer besonderen Institution zur Sicherung der Rechtsansprüche von Bürgern und Bürgerinnen auf ihre Anteile am Volkseigentum vorgeschlagen.

Es waren zwei sehr einfache Gedanken, die diesen Vorschlag veranlaßt hatten. Das war zum einen die Tatsache, daß die Eigentumsform „Volkseigentum" in der Bundesrepuplik Deutschland nicht existierte, deren Recht auch im Eigentumsbereich nach dem Beitritt der DDR in dieser maßgebend sein würde. In diesem Recht wurde „Volkseigentum" schlicht als Staatseigentum betrachtet. (cf. hierzu Henner Wolter, Vom Volkseigentum zum Privateigentum, Baden-Baden 1998, S. 456, Nr. 17a) Man konnte das mit umso stärkerer Sicherheit tun, als auch die im Ministerrat noch tätigen SED-Funktionäre sich beeilten, ihre westlichen Gesprächspartner in einer Gleichsetzung zu bestärken, die ihnen als Staatsvertretern das volle Verfügungsrecht über dieses als „staatlich" deklarierte Eigentum einräumte. So ergab sich eine bemerkenswerte Einmütigkeit zwischen noch amtierenden SED-Mitgliedern und Vertretern der westlichen Marktwirtschaft darüber, daß die Überführung des Volkseigentums in die Rechtsformen der freien Marktwirtschaft nichts anderes sei als eine besonders umfangreiche und radikale Privatisierungsaktion von Staatsbetrieben, wie sie der konservative Liberalismus des Westens schon seit den 80er Jahren betrieb (sogen. „Thatcherismus").

Aber dabei wurde völlig übersehen, daß das DDR-Recht immer sehr genau zwischen Volkseigentum und Staatseigentum unterschieden hatte (Artikel 10 der DDR-Verfassung von 1968, Ziffer 1). Volkseigentum wird als „gesamtgesellschaftliches Eigentum" definiert und für dessen Verhältnis zum Staat gilt die Verfassungsbestimmung: „Der sozialistische Staat gewährleistet die Nutzung des Volkseigentums mit dem Ziel des höchsten Ergebnisses für die Gesellschaft" (ebenda Artikel 12, Ziffer 2).

Natürlich beanspruchte die SED mit ihrem Führungsanspruch auch die Kompetenz festzulegen, was jeweils das „höchste Ergebnis" sei. Aber unabhängig von derartigen ideologischen Prämissen wurde das Institut „Volkseigentum" für alle Bürger und Bürgerinnen dergestalt wirksam, daß es ihre Rechts- und Eigentumsverhältnisse – und das hieß unter den Bedingungen der Parteidiktatur vor allem deren Einschränkungen! – den Erfordernissen der staatlichen Planwirtschaft unterwarf.

Also ergab sich nach deren absehbarem Ende die Alternative: Sollten die Eigentumsverhältnisse der DDR-Bürger und -Bürgerinnen auf dem von der Partei erzwungenen niedrigen Niveau in die Bedingungen der Marktwirtschaft überführt werden oder erst nach einem Ausgleich, der dem von der Bevölkerung in 40-jähriger Arbeit Geleisteten entsprach. Und hieraus ergab sich der zweite Grund für das Treuhandkonzept: Wer sollte als Sachwalter der Individual-Interessen der DDR-Bevölkerung gegenüber der Bundesrepublik und ihrer Regierung auftreten, wenn die DDR samt ihrer Regierung verschwand und der Bund, aber nicht die wiedererrichteten Länder die Rechtsnachfolge antrat. Darum sah der Vorschlag des Runden Tisches auch nicht etwa eine Übertragung der Eigentumsrechte am Volkseigentum an die Treuhand vor. Vielmehr verlangte er, daß das Eigentumsrecht an die Bevölkerung der DDR übertragen und die Treuhandanstalt allein mit den notwendigen Verfügungsakten bei der Wertermittlung und Aufteilung betraut werde, so wie ein Erblasser einen Treuhänder für ein Erbe bestellt, das wegen Minderjährigkeit des Erben oder anderer Hinderungsgründe nicht unmittelbar ausgehändigt werden kann.

Inzwischen hat alle Welt am Beispiel Rußland lernen können, welche mafiosen Dimensionen der Raubkapitalismus dort annimmt, wo Märkte durch den Zusammenbruch der staatlichen Gewalt vollständig dereguliert werden. Vergessen hat man heute weithin, daß nach der Öffnung der Mauer und dem weitgehenden Wegfall aller Kontrollmöglichkeiten in der DDR von Frühjahr und Sommer 1990 ähnliche Zustände drohten. Wie gut erinnere ich mich an den Anruf eines Dresdner HO-Angestellten, der mich Anfang März 1990 als Minister der Modrow-Regierung erreichte. Er berichtete mir aufgeregt, sein Chef habe soeben mit einer bekannten Handelskette einen Vertrag abgeschlossen, der dieser Handelskette alle HO-Läden des Bezirkes Dresden unter der Bedingung auslieferte, daß das Warenangebot allein von den Zulieferfirmen der Handelskette zu beziehen sei. Ohne das Vorhandensein des ersten Treuhandgesetzes vom 1.3.1990 hätte ich keinerlei Eingriffsmöglichkeiten gegen derartige Geschäftspraktiken gehabt.

Leider aber war der Fortgang der Treuhandgesetzgebung in der Volkskammer auch nicht dazu angetan, hier einen grundsätzlichen Wandel zu normalen Markt- und Wettbewerbsgepflogenheiten herbeizuführen. Noch im Sommer 1990 wurde mir durch DSU-Abgeordnete der Volkskammer ein Konzept zugespielt, das mein Interesse durch einen gigantischen Sozialplan wecken sollte. Umso alarmierender war der Kontext dieses Planes. Durch Gründung einer „Vorteils AG“ genannten Tochter der Treuhand sollten riesige Vermögenswerte aus ihr ausgegliedert werden. Da als einer der Akteure dieses grotesken Handels der aus dem „Neue Heimat"-Skandal berühmte Unternehmer Schießer auftauchte, fiel es mir nicht schwer, jede Teilnahme an dem Projekt zu verweigern.

Daß es überhaupt ins Gespräch gebracht werden konnte, und daß die Geschichte der Treuhand-Skandale Regale füllt, erklärt sich aus mehreren Geburtsfehlern der einschlägigen Gesetzgebung, die durch alle Versuche, sie zu korrigieren, nur verschlimmbessert werden konnten. Die falsche Weichenstellung beginnt bereits mit dem Treuhandgesetz des DDR-Ministerrats vom 1.3.1990. Vergleicht man dieses Gesetz mit den Vorschlägen des Zentralen Runden Tisches, dann springen drei Fehler sofort in die Augen: Das gesamte Volksvermögen wird reduziert auf das Vermögen der volkseigenen Betriebe (VEB); statt der vom Runden Tisch geforderten Aufgliederung in die wiederzuerrichtenden Länder wurde am DDR-Zentralismus festgehalten; die Lösung der Eigentumsfrage bestand lediglich in der Umwandlung der VEB in Aktiengesellschaften bzw. Gesellschaften mit beschränkter Haftung.

Es ist erstaunlich, in welchem Ausmaß das Volkskammergesetz den Vorgaben des Ministerratsgesetzes folgt. Die Zentralisierung bleibt erhalten, genau wie die Identifikation von Privatisierung mit der Gründung von Aktiengesellschaften. Währen der Behandlung des Regierungsentwurfes in der Volkskammer geschah es, daß der mitberatende Verfassungsausschuß den Entwurf aus den obengenannten Gründen ablehnte, was zur Absetzung des Gesetzentwurfes von der Tagesordnung des Plenums am 3.6.1990 führte. Aber der federführende Wirtschaftsausschuß machte sich die vom Verfassungsausschuß erhobenen Bedenken nur soweit zu eigen, daß er die Regionalisierung auf Länderebene als eine künftige Planungsgröße in die Präambel aufnahm. So wurde ein Gesetz verabschiedet, das sich im Unterschied zu dem älteren Gesetz auf das volkseigene Vermögen insgesamt bezog und versprach, den lapidaren Satz des § 1 Abs. 1 zu entfalten: „Das volkseigene Vermögen ist zu privatisieren."

Weder wird klargestellt, wer der Privatisierende ist, noch kraft welcher Kompetenz er handelt. Auch daß irgendeine Beziehung zu Länder-, Kommunal- und Individualvermögen hergestellt werden muß, findet wenig Erwähnung. Man sieht sofort, zu welchen Komplikationen der Begriff der Privatisierung im Blick auf Länder und Kommunen führen muß. Aber was Weg und Methode der Privatisierung anbelangt, so bleibt das Volkskammergesetz ganz auf dem Weg des DDR-Ministerrates, mit der kleinen Variante, daß nicht die VEB in Aktiengesellschaften verwandelt, sondern neue sogenannte Treuhandaktiengesellschaften gegründet werden sollten.

Als der damalige Präsident der Treuhandanstalt, Karsten Detlef Rohwedder, am 13.9.1990 der Volkskammer seinen ersten Bericht über die Arbeit der Treuhandanstalt abstattete – es sollte sein letzter sein! –, erklärte er rundheraus, daß er mit diesem Gesetz nicht arbeiten könne. Die Gründung von Treuhandaktiengesellschaften sei angesichts der unübersteigbaren Hindernisse einer sinnvollen Aktienemission vollkommen undurchführbar. Also lief alles darauf hinaus, daß die Treuhandanstalt die überdimensionale Agentur zum Verkauf des DDR-Vermögens blieb, als die sie mit einem sehr zweifelhaften Ruf in die Geschichte eingegangen ist. Die in der Volkskammeraussprache gestellten Fragen, was aus den sogar im von ihr am 17.6. beschlossenen Gesetz enthaltenen Bürgeranteilen oder aus der so dringend sanierungs- und modernisierungsbedürftigen mitteldeutschen Chemieindustrie werden soll, mußten ohne Antwort bleiben.

Nur zu berechtigt darum die Frage, ob es angesichts dieser Chronik der Mißerfolge Gründe gibt, die das Unternehmen Treuhand überhaupt rechtfertigen. Ich zögere nicht, deren zwei zu benennen. Erstens ist die Treuhand das nicht zu beseitigende Zeugnis dafür, daß es von seiten der DDR-Bevölkerung ein bis heute nicht befriedigtes Anrecht auf ihre Anteile am Volkseigentum gibt. Der zweite ist die Erklärung dafür, daß diese Anrechte nicht befriedigt werden konnten. Denn nicht zuletzt war es der Erlös der Treuhandverkäufe, der zur Deckung der immensen Kosten einer Stichtagswährungsreform ohne Übergangsfristen dienen konnte – freilich auf Kosten der DDR-Bevölkerung.

4. *Das Fazit: Ländereinführungsgesetz und Einigungsvertrag*

Die Aussprache über das Treuhandgesetz im September 1990 hatte in helles Licht gesetzt, wie wenig die diskutierten Gesetze es vermochten, durch die in ihnen enthaltenen Regelungen zu einer wirklichen Klarheit im Eigentumsrecht der beiden deutschen Staaten zu führen. Das hatte freilich nicht nur mit der Unklarheit der Zielsetzung zu tun, sondern war auch der immer wieder aufbrechenden Unsicherheit über Ablauf und Terminierung des Einigungsprozesses geschuldet. Man sehe nur, wie diese Unsicherheit sich in den Terminen für das Inkrafttreten der besprochenen Gesetzt spiegelt. So wird beispielsweise durch den Staatsvertrag über die Währungsunion in Anlage III Ziffer 5 das Treuhandgesetz vom 1.3.1990 außer Kraft gesetzt. § 24 des Treuhandgesetzes der Volkskammer vom 17.6.1990 wiederholt diese Vorschrift des Staatsvertrages, ganz so, als ob jene letztere noch gar nicht in Kraft wäre. Schlägt man aber im

Staatsvertrag nach, um den Termin von dessen Inkrafttreten zu erfahren, so stellt man zu seiner nicht geringen Überraschung fest, daß dessen Artikel 38 über das Inkrafttreten gänzlich unbestimmt ist und nur allgemein festlegt, er trete in Kraft, wenn die vertragschließenden Parteien übereinkamen, daß die für das Inkrafttreten des Vertrages nötigen Bedingungen erfüllt seien. Und dies, obwohl der Vertrag festlegt, daß der Stichtag der Währungsunion der 1.7.90 sei! Am gleichen Tag trat das Treuhandgesetz der Volkskammer in Kraft, und als ich Frau Breuel gelegentlich fragte, ob sie wisse, was eigentlich zwischen dem 1.3. und dem 1.7.90 in der Treuhand vorgegangen sei, antwortete sie, weder sie noch irgend jemand anderes könne darüber Genaueres sagen. Eine Feststellung, die weitgehend den Tatsachen entsprochen haben dürfte.

Als eine Art letztes Wort der Volkskammer in Sachen Eigentum kann man ihr Ländereinrichtungsgesetz und den Einigungsvertrag betrachten. Was das erstere anbetrifft, so gibt es vielleicht kein Volkskammerdokument, in dem das Fehlen einer Verfassungsgrundlage für die Gesetzgebungsakte des Parlamentes krasser zutage tritt als in diesem Gesetz, das eine der Hauptforderungen der Friedlichen Revolution umzusetzen hatte. Der Artikel 129 des Verfassungsgesetzentwurfes des Runden Tisches nennt als Eckpunkte eines solchen Gesetzes: Die Länder werden mit dem Inkrafttreten der Verfassung errichtet. Nach dem am 12.3.90 beschlossenen Vertrag wäre das nach dem 17.6.90 eingetreten, dem ins Auge gefaßten Tag der Volksabstimmung über die Verfassung. Nach Absatz 2 dieses Verfassungsartikels besteht das von der Volkskammer zu beschließende Einrichtungsgesetz dann lediglich aus der Grundsatzentscheidung, der Festlegung der Ländergrenzen, der Einrichtung von Länderverwaltungen und der Einrichtung von deren obersten Staatsorganen.

Das Ländereinrichtungsgesetz der Volkskammer stimmt nur teilweise mit diesen Eckwerten überein. Das gilt schon für das Wirksamwerden der Ländereinrichtung. Sie soll erst am 14.10.90 eintreten. Zum Zeitpunkt der parlamentarischen Abstimmung über den Einigungsvertrag am 30.9.90, der die Existenz der Ostländer in seinem Wortlaut voraussetzt, konnten sie laut Ländereinrichtungsgesetz noch gar nicht bestehen!

Der größere Teil des Ländereinrichtungsgesetzes, die Paragraphen 3-11, behandeln allesamt Fragen des Verhältnisses von Bundes-, Länder- und konkurrierender Gesetzgebung, wie sie in eine Verfassung der DDR gehört hätten, entsprechend den Artikeln 47-50 des Verfassungsentwurfes des Rundes Tisches.

Und in diesem Ländereinrichtungsgesetz ist es dann auch, wo die von uns mehrfach angesprochene Frage der Rechtsnachfolge für die zuendegehende DDR aufgeworfen wird. Es ergeht eine zweiteilige Antwort, in beiden Fällen zuungunsten der Länder. § 12 legt fest, daß Treuhandeigentum jeder Gesetzgebungszuständigkeit der Länder entzogen ist. Umgekehrt wird in § 22 Abs. 1 den Ländern nur eine Rechtsnachfolge für die auf ihrem Territorium liegenden Bezirke zugesprochen. Eine Regelung, die angesichts der unterschiedlichen wirtschaftlichen Situation der Bezirke zu krassen Schieflagen führen mußte. Abs. 2 enthält freilich eine Auflassung, die in Ausnahmefällen eine Übertragung von Bundeseigentum ermöglicht, aber im Ganzen als Kann-Bestimmung vage bleibt.

Hat der Einigungsvertrag schließlich die Rechtsunion bewirkt, die wir suchen? Denn sein Name scheint das ja zu verheißen. In gewissem Sinne trifft das sogar zu. Denn die am 15.6.1990 zwischen den beiden deutschen Regierungen abgeschlossene „Gemeinsame Erklärung der Regierungen des Bundesrepublik Deutschland und der Deutschen Demokratischen Republik zur Regelung offener Vermögensfragen" wurde Bestandteil des Einigungsvertrages und insofern die wahrscheinlich wichtigste Rechtsgrundlage für den Umgang mit Eigentumsfragen im geeinten Deutschland.

Sie enthält eine Entscheidung, in der ein höchst bedeutsamer Schritt zu jener von uns für nötig erachteten Rechtsunion vollzogen wird: Das Festhalten an der zwischen 1945 und 1949 unter der Hoheit und dem Recht der sowjetischen Besatzungsmacht vollzogenen Bodenreform. Unabhängig von ihrer politischen Bewertung sollte sie auf Verlangen der DDR-Regierung als ein in ihr vollzogener Lastenausgleich zwischen traditionellem Grundbesitz und landlosen Ortsvertriebenen nicht rückgängig gemacht werden. Die Bundesregierung beschränkt sich freilich auf bloße Kenntnisnahme der DDR-Position, ohne eine klare Anerkennung auszusprechen und macht nur einen Gesetzesvorbehalt hinsichtlich von gegebenenfalls durchzuführenden Entschädigungen geltend.

Im Gegensatz hierzu aber vollzieht die Gemeinsame Erklärung zwei andere Entscheidungen, die man nicht anders als verhängnisvoll bezeichnen kann. Als Stichjahr der gesamtdeutschen Eigentums- und Vermögensfragen wird das Jahr 1949 angesetzt, so daß die Vermutung allgemeingültig wird, der Eigentümer von 1949 sei der Berechtigte, der Rückgabe verlangen kann. Zusätzlich wird für die jüngste Zeit der 18.10.1989, der Tag von Honeckers Rücktritt, als Stichtag eingeführt, von dem ab Eigentumsübertragungen dem Verdacht der Unredlichkeit unterliegen, so daß der Neueigentümer die Beweislast für den Nachweis seiner Redlichkeit trägt.

Beide Regelungen gingen von der Vorstellung aus, daß die Rückübertragung in den meisten Fällen kein Problem sei, so daß nur in wenigen unlösbaren Fällen Entschädigungen nötig sein würden. 40 Jahre Eigentumsveränderungen wurden genauso bewertet wie die des Zeitraumes von Oktober 1989 bis Juni 1990. Eine grandiose Illusion! Hinzu kam, daß die auf den 18.10.1989 datierte Beweislastumkehr als in höchstem Maße ungerecht empfunden werden mußte, da der 18.10.1989 für das Eigentumsrecht der DDR keinerlei Bedeutung besaß.

Statt aller weiteren Kritiken genügt es, zwei Resümees zu zitieren, die die Eigentumslage nach vollzogenem Beitritt der DDR charakterisieren. In einer Bundestagsdrucksache der SPD-Fraktion vom 13.3.1991 heißt es, daß zu diesem Zeitpunkt über eine Million Anträge auf Rückgabe enteigneter Grundstücke vorlägen, 9000 Anträge auf Rückgabe von Unternehmen. In einer Studie der Körber-Stiftung vom Oktober 1994 heißt es, jeder Ostdeutsche verfüge im Durchschnitt nur über ein Viertel des Geldvermögens, das statistisch jedem Westdeutschen zur Verfügung steht (Klaus von Dohnany, Arbeitslosigkeit in Deutschland, 1994, S. 36).

Ich unterstreiche: Es war eine Regierungsvereinbarung, die hier kritisiert wurde, Aber sie ist von der Volkskammer bei der Abstimmung über den Einigungsvertrag angenommen worden. Eine Situation, die auch für den Staatsvertrag zur Währungsunion gilt. Er ist im wesentlichen seit Februar 1990 von drei Expertenkommissionen erarbeitet worden, ehe ihn die Volkskammer am 18.6.1990 annahm. Und auch eine oberflächliche Lektüre von Wolfgang Schäubles Buch über den Einigungsvertrag (Wolfgang Schäuble, Der Vertrag, Stuttgart 1991) genügt, um über den geringen Anteil der Volkskammer am Zustandekommen des Vertragstextes zu belehren.

Ich denke, es bedeutet keine Schmälerung der Verdienste eines in einer hochturbulenten Übergangszeit tagenden Parlamentes, wenn ich seine eigentliche Leistung nicht im Bereich des Eigentumsrechtes sehe, sondern in jener schon zitierten Übernahme deutscher Verantwortung gegenüber den vom Hitlerkrieg und seinen Barbareien heimgesuchten Völkern, dem Eintreten für eine deutsche Einheit, die andere Völker nicht mehr durch Gebiets- und Eigentumsansprüche beunruhigt; der Durchsetzung der Aktenveröffentlichung und Dekonspiration eines Unterdrückungs-, Bespitzelungs- und Zersetzungsapparates, einer Entscheidung, die neue Maßstäbe für demokratische Transparenz gesetzt und damit den deutschen Vereinigungsprozeß zu einem ermutigenden Paradigma einer neuen Art von Aufklärung hat werden lassen. Der frei gewählten Volkskammer der DDR kommt das Hauptverdienst an dieser Seite der deutschen Vereinigung zu.

Der Sonderausschuß zur Kontrolle der Auflösung des MfS/AfNS, die Schaffung eines Gesetzes über die Stasi-Unterlagen

Joachim Gauck

Als ich am 27. September 1990 in meiner Eigenschaft als Vorsitzender des Sonderausschusses zur Kontrolle der Auflösung des MfS/AfNS auf einer Pressekonferenz ein Fazit der Arbeit des Ausschusses zog, waren seit seiner Konstituierung nicht einmal 100 Tage vergangen. Ist dieser Zeitraum in politisch ruhigeren Zeiten mit eingefahrenen Abläufen eine allgemein anerkannte Schonfrist, in der sich neu in ihr Amt eingeführte Politiker abseits des allgemeinen Tagesgeschäfts mit ihren Aufgaben vertraut machen können, sah der Sommer des Jahres 1990 für uns Parlamentarier und unsere Mitarbeiter ganz anders aus. Er war geprägt von unzähligen Entscheidungen, umfangreichen Recherchen und einer intensiven Gesetzgebungsarbeit. Aufbauend auf der Tätigkeit der Bürgerkomitees, die die Auflösung des Ministeriums für Staatssicherheit seit Dezember 1989 überall in der DDR kontrollierten, hatte der Ausschuß innerhalb dieser kurzen Zeit wichtige Erkenntnisse über die Arbeit der Stasi gewinnen und diese an die Öffentlichkeit weitergeben können. Persönliche Verstrickungen von Entscheidungsträgern in Verwaltung und Wirtschaft konnten aufgedeckt und die Betreffenden aus ihren Ämtern entfernt werden. Von ganz besonderem Gewicht aber war der nachhaltige Einfluß des Sonderausschusses auf die Entwicklung der Aufarbeitung der DDR-Geschichte, insbesondere die der Staatssicherheit.

Der Beginn

Am 31. Mai 1990, mehr als zwei Monate nach der Wahl zur Volkskammer, hatten alle Fraktionen den Antrag gestellt, einen Ausschuß zu bilden, der sich mit der Auflösung des Ministeriums für Staatssicherheit beschäftigen solle. Die Annahme einer Beschlußempfehlung des Innenausschusses durch das Parlament am 7. Juni 1990 führte zur Einsetzung des Sonderausschusses zur Kontrolle der Auflösung des MfS/AfNS. Es war der zweite Ausschuß der Volkskammer, der sich dem Thema Staatssicherheit widmen sollte, nachdem bereits ein Ausschuß zur Überprüfung der Volkskammerabgeordneten auf eine offizielle oder inoffizielle Zusammenarbeit mit dem Ministerium für Staatssicherheit unter Leitung des SPD-Abgeordneten Dankward Brinksmeier die Arbeit aufgenommen hatte.

Drei Abgeordnete der Fraktion CDU/DA, zwei der SPD-Fraktion und zwei von der PDS sowie jeweils einer von Bündnis 90/Grüne, FDP und DSU kamen am 21. Juni 1990 zur konstituierenden Sitzung zusammen, in der ich auch zum Ausschußvorsitzenden gewählt wurde. Den Schwerpunkt unserer Arbeit umriß der Beschluß der Volkskammer. Unsere Aufgabe sollte es sein, „die vollständige Auflösung des MfS/AfNS ... zu kontrollieren". Ein Zusatzantrag der Fraktion der Liberalen, dem die Volkskammer am gleichen Tage ebenfalls zugestimmt hatte, beauftragte uns mit der Untersuchung von drei Themenbereichen, die die Öffentlichkeit in dieser Zeit besonders beschäftigten. Zum einen war dies der Mißbrauch der psychiatrischen Klinik in Waldheim durch die Stasi, zum anderen die Hintergründe von geplanten Internierungslagern des MfS sowie der sowjetischen NKWD-Internierungslager im von der Sowjetunion besetzten Teil Nachkriegsdeutschlands. Hinzu kam am 20. Juni noch ein weiterer Auftrag des Parlaments. Der Sonderausschuß sollte die „Vernetzung des MfS/AfNS mit internationalen und nationalen Terrororganisationen sowie einzelnen Terroristen und ihre Tätigkeit aufdecken". Dieser Antrag war den in den Tagen zuvor erfolgten Verhaftungen ehemaliger RAF-Mitglieder in der DDR geschuldet. Die Fülle der inhaltlichen Fragen, denen sich die Ausschußmitglieder gegenüber sahen, war in so kurzer Zeit, mit einem relativ kleinen Mitarbeiterstamm und angesichts der vielfältigen Aufgaben, die sich allein aus der Kontrolle der Auflösung des Staatssicherheitsdienstes selbst ergaben, nicht zu bewältigen. Für den Komplex Waldheim und den Mißbrauch der Psychiatrie in der DDR durch das MfS setzte das Parlament daher auch bereits Anfang Juli einen weiteren Untersuchungsausschuß ein.

Schon der Beschluß der Volkskammer zur Einsetzung des Sonderausschusses berechtigte den Ausschuß, „sachkundige Vertreter der Bürgerkomitees mit beratender Stimme hinzuzuziehen". Da wir auf die vielfältigen Erfahrungen dieser Aktivisten nicht verzichten wollten und darüber hinaus auf ihre Tätigkeit aufbauen konnten, machten wir von dieser

Ermächtigung regen Gebrauch. Bereits in der ersten Sitzung beschloß der Sonderausschuß, insgesamt 16 Mitglieder von Bürgerkomitees als Mitarbeiter einzustellen sowie einen Sekretär des Ausschusses aus deren Reihen zu gewinnen.

Aktivitäten des Sonderausschusses

Eine der ersten Aufgaben, der sich der Sonderausschuß annahm, war die Herauslösung der Offiziere im besonderen Einsatz (OibE) aus ihren oft herausgehobenen Stellungen in Verwaltung, Regierung und Wirtschaft. OibE waren gewissermaßen inoffizielle und offizielle Mitarbeiter der Staatssicherheit in einem. Sie standen auf den Gehaltslisten des MfS, hatten einen Offiziersrang und unterstanden der Befehlsstruktur der Staatssicherheit, saßen in ihrem zivilen, täglichen Leben aber in Schlüsselpositionen vieler Institutionen, im Parteiapparat der SED, in der Volkspolizei und sogar in einer Kirchenleitung.

Noch vor der Einrichtung des Sonderausschusses hatte das Staatliche Komitee mit der Zusammenstellung von Listen dieser Offiziere begonnen. Daß die gesammelten Daten dort aber jemals zu wirklichen Konsequenzen geführt hätten, darf bezweifelt werden, leitete doch das Büro des Komiteechefs eben einer dieser OibE. Obwohl dies im Juni 1990 noch nicht bekannt war, hegten wir, aufgrund seiner personellen Struktur, an der Ernsthaftigkeit des Komitees und dessen Geeignetheit für eine solche Aufgabe, bereits grundsätzliche, erhebliche Zweifel. Unser Anliegen war es, die Topinformanten und damit Garanten des Stasi-Apparates aus ihren Positionen zu entfernen und ihnen somit den Einfluß auf weitere Entscheidungen in ihrem Bereich zu nehmen. In einer eilends einberufenen Sondersitzung am 27. Juni 1990 zog der Sonderausschuß diese Aufgabe an sich. Noch in der Nacht zum 28. Juni begannen die Abgeordneten persönlich in sämtlichen Archiven der ehemaligen Bezirksverwaltungen des MfS mit Recherchen in den Besoldungsstammkarten, welche die OibE beinhalteten. Durch weitergehende Recherchen waren bis Oktober 1990 ungefähr 3.000 ermittelt. Soweit sie noch in herausgehobenen Stellen tätig waren, führten die Abgeordneten und die Mitarbeiter des Sonderausschusses mit sehr viel persönlichem Einsatz Gespräche mit den Betreffenden und den personalführenden Stellen, um deren Entlassung zu erreichen.

Lähmend, zeitaufwendig, unnötig und kontraproduktiv waren die Auseinandersetzungen mit der Exekutive in Gestalt des Innenministers,

Peter-Michael Diestel, und des ihm nachgeordneten Staatlichen Komitees zur Auflösung des MfS/AfNS. Das Staatliche Komitee zeichnete sich dadurch aus, daß es, noch von der Modrow-Regierung eingerichtet, fast ausschließlich alte Ministerratskader beschäftigte, die ihrerseits durch viele ehemalige Mitarbeiter des MfS unterstützt wurden. Insbesondere im Zusammenhang mit Recherchetätigkeiten von politischer Tragweite, aber auch mit der Verwaltung der Akten selbst, lagen Zweifel an der Zuverlässigkeit und Gutwilligkeit des Komitees nahe. Vorschläge für eine Überprüfung der Leitungsebene des Komitees oder für personelle Veränderungen stießen im Innenministerium aber regelmäßig auf taube Ohren. Die Ignoranz des Innenministeriums war aber nur die eine Seite der Medaille. Viel schwerwiegender war die Behinderung der Arbeit sowohl des Sonderausschusses als auch des Überprüfungsausschusses durch unnötige bürokratische Hürden, vor allem bei der Nutzung der Akten. Die Auseinandersetzungen eskalierten am 10. Juli 1990 in der vom Innenminister verfügten Sperrung der Archive des ehemaligen MfS sowohl für den Sonderausschuß, der die Lohndateien zur Ermittlung der OibE nutzte, als auch für den Überprüfungsausschuß, der die Stasi-Akten über die Volkskammerabgeordneten zentral in Berlin aufbewahren und auswerten wollte. Aus Sicht Diestels maßten sich die Ausschüsse exekutive Befugnisse an und mußten deswegen in die Schranken gewiesen werden. Vordergründig wurde die Behinderung der Arbeit mit der Zuständigkeit des Ministeriums des Innern für Sicherheit, Verwaltung und Transport der Akten zwischen den Archiven begründet. Dies war wenig überzeugend, da es beim Überprüfungsausschuß um rein parlamentsinterne Ermittlungen ging und auch die Ermittlungen des Sonderausschusses ein rein politisches Ziel verfolgten: politische Hygiene durch die Herauslösung ehemaliger MfS-Offiziere aus ihren zum Teil noch entscheidenden Positionen. Offensichtlich verärgert über diese Vorgehensweise, zitierte das Präsidium der Volkskammer am 11. Juli 1990 den Innenminister in seine Sitzung und verlangte von ihm, die ungehinderte Fortsetzung der Arbeit der Ausschüsse zu garantieren. Im Protokoll dieser Sitzung heißt es nach den Festlegungen zur zukünftigen Verfahrensweise des Überprüfungsausschusses: „Das Präsidium nimmt zur Kenntnis, daß damit die Bedenken der Regierung zu diesem Beschluß ausgeräumt wurden, wobei für das Präsidium unverständlich ist, daß die Regierung Volkskammerbeschlüsse in Frage stellt."

Erst im Nachgang zu dieser Sitzung wurde am 8. August 1990 eine Übereinkunft zwischen dem Sonderausschuß und dem Ministerium des Innern erarbeitet. Sie ermöglichte Vertretern des Sonderausschusses die

Teilnahme an Sitzungen des Staatlichen Komitees und der Regierungskommission, einem vom Innenminister als Beratungsinstanz in Fragen der Stasi-Auflösung eingesetzten Gremium. Darüber hinaus enthielt sie endlich auch klare Regelungen beispielsweise über Aktentransporte und die Verpflichtung des Ministeriums des Innern, Akten über die Verbindung des MfS zur RAF an den Sonderausschuß herauszugeben.

Die wichtigste Aktivität des Sonderausschusses war die Vorbereitung eines Gesetzes über die Sicherung und Nutzung der personenbezogenen Daten des MfS/AfNS.

Die erste Vorlage eines derartigen Gesetzes stammte aus dem Innenministerium und war unter Einflußnahme des Beraters aus dem Bonner Bundesinnenministerium entstanden.

So trug sie auch die Handschrift bundesdeutscher Interessen. Ein Zugriff auf personenbezogene Daten war danach nur im Zusammenhang mit Rehabilitierungen und Strafverfolgung zulässig. Darüber hinaus sah sie die zentrale Lagerung der Akten in Berlin vor. Dieser Entwurf war dann als Ministerratsvorlage am 22. Juli 1990 Gegenstand der ersten Lesung im Parlament.

Dort stieß besonders die geplante zentrale Lagerung der Akten auf erbitterten Widerstand. Quer durch die Fraktionen bemängelten die Abgeordneten, daß eine solche Verfahrensweise den gerade erst im Entstehen befindlichen föderalen Strukturen der Länder entgegenlaufe. Auch wurde befürchtet, daß eine Umlagerung den Zugriff auf die Akten noch mehr erschweren, teilweise unmöglich machen würde, da diese bereits jetzt ungeordnet in den ehemaligen Bezirksverwaltungen lagerten, eine spätere Zuordnung und fachgerechte Erschließung aber nur durch den Verbleib der Akten vor Ort möglich sei. Nicht zuletzt waren die Archive und die dort tätigen Bürgerkomitees und parlamentarischen Ausschüsse ein unübersehbares Zeichen des Sieges der friedlichen Revolution über den stalinistischen Unterdrückungsapparat. Eine Verlagerung - noch dazu nach Berlin, das als Synonym für einen überlebten Zentralismus galt - hätte nach Überzeugung vieler Abgeordneter ein falsches Zeichen gesetzt. So wurde der Gesetzentwurf an den Sonderausschuß federführend zur Überarbeitung überwiesen.

Der überarbeitete Entwurf sah ein zentrales Archiv in Berlin und daneben Sonderarchive unter Länderhoheit vor.

Damit begann für den Sonderausschuß die wichtigste Phase seiner Tätigkeit. Die Abgeordneten des Ausschusses sahen in den Stasi-Akten ein Erbe der ostdeutschen Revolution. Zwischen dem 4. Dezember 1989 und dem 15. Januar 1990 hatten die protestierenden Bürger die MfS-

Dienststellen besetzt und so zweierlei verdeutlicht: ihren Willen, die Arbeit der Stasi ein für allemal zu beenden und zum anderen, das Herrschaftswissen der Unterdrücker in die Hände und Köpfe der Unterdrückten zu geben. Um diesem Anliegen auch rechtlich Geltung zu verschaffen, bedurfte es größerer Anstrengungen des Parlaments, als dies im Regierungsentwurf zu erkennen war. Bei der gesetzlichen Regelung dieser komplizierten Materie ging es mir um eine größtmögliche parlamentarische Mehrheit, die in zahlreichen Gesprächen auch hergestellt wurde.

Was wir brauchten, war eine Koalition der Vernunft für die beabsichtigte Aufarbeitung einer langen Periode der staatlich organisierten Gewalt gegen das eigene Volk. So gelang es, dieses Thema aus dem Parteienstreit herauszuhalten und die Fraktionen zusammenzuführen. Das heißt natürlich nicht, daß es ohne interne Debatten abging. Diese gab es allerdings mehr innerhalb einzelner Fraktionen, insbesondere in der PDS.

Mit dieser breiten, für die normale parlamentarische Arbeit eher ungewöhnlichen Mehrheit gingen wir nun in die Gestaltung des Gesetzes. Zuvor hatten uns westliche Datenschutzexperten, insbesondere der Berliner Landesbeauftragte für den Datenschutz, Hansjürgen Garstka, darüber aufgeklärt, daß Datenschutz nicht gleichbedeutend sei mit Täterschutz.

So entstand nun unter dem inzwischen parlamentsüblichen Zeitdruck das Stasi-Unterlagen-Gesetz der Volkskammer. Seine wichtigste Festlegung bestand darin, alle Unterlagen der Stasi in sichere Verwahrung zu nehmen, um sie einer umfangreichen Nutzung zuzuführen. Zu gestalten war, wie es im Gesetzestext hieß, „die politische, historische und juristische Aufarbeitung".

Die wichtigsten Festlegungen besagten: Die Nutzung der personenbezogenen Daten war zulässig zur Aufklärung von Straftaten im Zusammenhang mit der Tätigkeit des MfS, zum Zwecke der Rehabilitierung von Opfern des DDR-Unrechts und für die wissenschaftliche Aufarbeitung. Die persönliche Akteneinsicht von Betroffenen sah der Entwurf nur eingeschränkt vor.

Einer solchen Regelung widersprach der Vertreter der Bundesregierung beim Minister des Innern Eckhard Werthebach, der in einem Fernschreiben nochmals die zentrale Lagerung favorisierte, für die Verwaltung der Akten einen Sonderbeauftragten vorschlug, welches zweckmäßigerweise der Präsident des Bundesarchivs in Personalunion sein sollte und darüber hinaus ein „differenziertere Vernichtungsregelung" anmahnte. Ungeachtet dieser Einwendungen verabschiedete die Volkskammer am 24. August 1990 nahezu einstimmig das Gesetz zur Sicherung und Nutzung der personenbezogenen Daten des ehemaligen Ministeriums für Staatssicherheit/Amtes für Nationale Sicherheit – ein historischer Schritt war getan.

Konterkariert wurde dieser einheitliche Wille des Parlaments durch die Vereinbarungen des Einigungsvertrages, wie sie eine Woche später von Bundesregierung und DDR-Regierung unterzeichnet wurden. Der Vertrag hatte die Entscheidung der Volkskammer nicht berücksichtigt und die Akten der Staatssicherheit der Verwaltung durch das Koblenzer Bundesarchiv zugeordnet. Diese Regelung löste massive Proteste der Parlamentsabgeordneten und der ostdeutschen Öffentlichkeit aus. Flankiert von der Besetzung eines Seitenflügels der Stasizentrale durch Vertreter der DDR-Bürgerbewegung und von Bürgerkomitees, setzten sich verschiedene Abgeordnete des Sonderausschusses bei den Verhandlungsführern des Einigungsvertrages für eine Neufassung der Bestimmungen zu den Stasi-Unterlagen ein. Aufgrund dieser intensiven Bemühungen wurde dann Mitte September eine Neuregelung in Anlage I des Einigungsvertrages aufgenommen. Diese sah nun die Einsetzung eines Sonderbeauftragten vor, der auf Vorschlag der DDR-Regierung, mit Zustimmung der Volkskammer von der Bundesregierung berufen werden sollte. Die Akten waren zunächst grundsätzlich gesperrt, durften aber für Zwecke der Wiedergutmachung und Rehabilitierung, zur Überprüfung von Parlamentariern und Mitarbeitern des Öffentlichen Dienstes auf eine frühere offizielle oder inoffizielle Tätigkeit für das MfS und zur Verfolgung von Straftaten im Zusammenhang mit der Tätigkeit des MfS genutzt werden.

Bereits diese Neufassung im Einigungsvertrag empfahl den gesamtdeutschen gesetzgebenden Körperschaften bei einer umfassenden gesetzlichen Regelung dieser Materie die „Grundsätze zu berücksichtigen, wie sie in dem von der Volkskammer am 24. August 1990 verabschiedeten Gesetz über die Sicherung und Nutzung der personenbezogenen Unterlagen des ehemaligen Ministeriums für Staatssicherheit/Amtes für Nationale Sicherheit zum Ausdruck gekommen sind.“

Es mag das schlechte Gewissen der DDR-Unterhändler, zunächst das Thema Stasi vollkommen falsch behandelt zu haben, gewesen sein, das dazu führte, daß neben dieser Änderung im Einigungsvertrag am 18. September 1990 noch eine Zusatzvereinbarung der beiden Vertragsparteien geschlossen wurde, die u.a. feststellte:

„... 2. Sie (die Vertragsparteien, d.V.) erwarten, daß der gesamtdeutsche Gesetzgeber die Voraussetzungen dafür schafft, daß die politische, historische und juristische Aufarbeitung der Tätigkeit des ehemaligen Ministeriums für Staatssicherheit/Amtes für Nationale Sicherheit gewährleistet bleibt.

... 9. die Regierungen der beiden Vertragsparteien gehen davon aus, daß die Gesetzgebungsarbeit zur endgültigen Regelung dieser Materie unverzüglich nach dem 3. Oktober 1990 aufgenommen wird. Dabei soll das Volkskammergesetz in Verbindung mit dem Einigungsvertrag als Grundlage dienen.“

So geschah es dann auch. In der Nacht zum 3. Oktober 1990 erhielt ich meine Berufungsurkunde zum Sonderbeauftragten der Bundesregierung. Kurz danach legte ich mein Mandat für Bündnis 90/Die Grünen nieder und widmete mich meinen neuen Aufgaben. Allerdings war ich nun häufig Besucher bei den ehemaligen Kollegen. Denn der Deutsche Bundestag hat sich an die Festlegungen des Einigungsvertrages gehalten und alsbald seine Vorarbeiten für ein neues Gesetz begonnen.

In für gesetzgeberische Vorhaben astronomischer Geschwindigkeit verabschiedete der Deutsche Bundestag mit großer Mehrheit Ende 1991 das Stasi-Unterlagengesetz, das nicht nur die Grundsätze des Volkskammergesetzes vom 24. August 1990 berücksichtigte, sondern weit über die zunächst vorgesehenen Nutzungsmöglichkeiten hinausging.

Insbesondere erweiterte der Deutsche Bundestag die Rechte der vom MfS bespitzelten Bevölkerung umfassend. Die Betroffenen erhielten bei ihrem Recht auf Akteneinsicht auch das Recht, die Namen derer zu erfahren, die als IM Informationen über sie gesammelt hatten. Neben der Forschung erhielten die Medien umfangreiche Zugangsrechte. Absicht der Parlamentarier war u.a. die Voraussetzung für eine breite öffentliche Debatte über Verantwortung und Schuld in der Diktatur zu schaffen.

Das 1991 geschaffene Gesetz hat sich bewährt. Bis heute (März 2000) sind beim Bundesbeauftragten rund 4,5 Mio. Anträge von Privatpersonen und öffentlichen Stellen eingegangen.

Mir ist es wichtig, daran zu erinnern, daß es Abgeordnete der ersten frei gewählten Volkskammer waren, die mit ihrer politischen Grundsatzentscheidung und ihrer gesetzgeberischen Vorarbeit eine gesetzgeberische Innovation geschaffen haben. Zum ersten Mal in der Politikgeschichte sind die gesammelten Informationen über Unterdrückung, Rechtsbeugung und Willkür der privaten und öffentlichen Nutzung zugeführt. Deutsche Abgeordnete haben damit in ihrer Gesetzgebung einen Perspektivenwechsel vollzogen. Nicht das Interesse staatlicher Institutionen (etwa der Nachrichtendienste), nicht die Persönlichkeitsrechte der Eliten des ehemaligen Systems, sondern die Interessen der unterdrückten Bürger, ihre Würde, ihre eingeschränkten Menschen- und Bürgerrechte standen im Zentrum dieser Gesetzgebung.

Wurden auf anderen Rechtsgebieten in der Regel schematisch Gesetze, die sich im Westen mehr oder weniger bewährt hatten, übernommen, so wurde bei der Regelung des Umgangs mit den Akten innovativ, bezogen auf die konkrete politische Situation des Übergangs von der Diktatur zur Demokratie, Recht geschaffen. Es hat sich gezeigt, daß der Ansatz der Volkskammer betragen hat und trägt. Nicht nur, daß es bis heute die erwähnte große Koalition der Vernunft in der deutschen Politik gibt. Auch international hat sich die hier entwickelte Gesetzgebung und Praxis einen hohen Ruf erworben und verschiedene Länder haben sich Anregungen aus Deutschland geholt.

Aber nicht diese Tatsache ist für einen ehemaligen Abgeordneten der Volkskammer das Wichtigste; herausragend ist vielmehr die Bedeutung des Gesetzes für das eigene Land. Aufarbeitung statt Verdrängung, politische Aufklärung statt Nostalgie – diesem für Deutsche nicht selbstverständlichen Programm parlamentarisch gedient zu haben – das darf uns mit Freude erfüllen.

Die Fraktionen der 10. Volkskammer im Rückblick

Für einen geordneten Einigungsprozeß – zur Arbeit der CDU/CDA-Fraktion

Paul Krüger

Die innenpolitische Situation der DDR war Anfang 1990 in jeder Hinsicht instabil. Viele Menschen verließen täglich die DDR und der politische Handlungsdruck war enorm groß. Der Bedarf an Gerechtigkeit schien nach 40 Jahren SED-Diktatur schier unendlich zu sein. Mit der Volkskammerwahl vom 18. März hatte die große Mehrheit der DDR-Bürger dem Stalinismus jedweder Form eine klare Absage erteilt und deutlich gemacht, daß sie die Lösung der Probleme in einer schnellen Vereinigung Deutschlands sah. Vor diesem Hintergrund begannen die ersten frei gewählten Abgeordneten der DDR einen Neuanfang.

Der Start der politischen Arbeit in diesen letzten Tagen des März hatte für alle Fraktionen, so auch für die CDU/DA-Fraktion, viele Besonderheiten. Einerseits wird aus heutiger Sicht auf die damaligen politischen Entscheidungsprozesse häufig vergessen, daß wir bezüglich fast aller Gegebenheiten beim Punkt Null anfingen. Andererseits war von vornherein klar, daß wir „nur" ein Parlament auf Zeit sein würden, denn die Vereinigung der beiden deutschen Staaten war bereits deutlich absehbar, wenngleich weder über deren Modalitäten noch deren Zeitpunkt Klarheit bestand.

Besonders bezüglich unserer Erfahrungen in der politischen Arbeit unterschieden wir uns von Parlamentariern etablierter Parlamente. Wie auch der überwiegende Teil der Parlamentarier der anderen Fraktionen, hatte in unserer Fraktion kaum jemand Erfahrungen in der parlamentarischen Arbeit. Wir Neuen kamen unmittelbar aus unserer beruflichen Tätigkeit und ahnten zumeist nicht einmal, daß diese neue Aufgabe uns in den nächsten Monaten weit mehr als eine Vollbeschäftigung in Anspruch nehmen würde. Annähernd 90% der Mitglieder unserer Fraktion hatten eine akademische Ausbildung und allein mehr als ein Drittel waren, wie ich, Ingenieure. Ihnen folgten die pädagogischen Berufe (ca. 14%), die

Ärzte (ca. 8%) und die Ökonomen (ca. 7%). Mit je ca. 4% waren ebenso die Landwirte, Naturwissenschaftler, Theologen, Veterinärmediziner und Juristen relativ häufig vertreten. Der Anteil der Frauen war mit ca. 16% ähnlich wie bei Bündnis 90, aber geringer als bei SPD (ca. 24%) und PDS (ca. 42%). Das Durchschnittsalter unserer Fraktion lag mit ca. 42,5 Jahren nur geringfügig unter dem erstaunlich einheitlichen Durchschnittsalter, welches bei allen größeren Fraktionen rund 43 Jahre betrug.

Ein Großteil der neuen Parlamentarier – wie auch ich selbst – war erst seit kurzer Zeit Mitglied einer Partei und verfügte weder über parteipolitische noch über kommunalpolitische Erfahrungen. Ich sehe uns noch am 27. März, dem Datum der konstituierenden Fraktionssitzung, suchend durch die Gänge des damaligen Finanzministeriums irren. Kaum jemand kannte den anderen. Erst an diesem Tag und bei den späteren Sitzungen im ehemaligen ZK-Gebäude der SED, nachdem wir uns an mehreren Polizeisperren als die neuen Regierenden ausgewiesen hatten, begannen wir zu begreifen, daß nun wir – die ersten 400 demokratisch legitimierten Parlamentarier der Volkskammer – die Geschicke und die Verantwortung für diesen Teil Deutschlands, der sogenannten „ehemaligen DDR" zu tragen hatten. Und zunächst nur wir, denn alle administrativen Strukturen um uns waren noch die alten. Eigentümlich berührt waren viele von uns, als wir ab der 2. Fraktionssitzung im ehemaligen Sitzungssaal des ZK der SED tagten. Wir saßen nun auf den Plätzen, auf denen zuvor Honecker, Stoph oder andere dieser „DDR-Größen" gesessen hatten und manch einer von uns fragte sich, wer wohl vorher auf seinem Platz gesessen haben mochte. Zukünftig nun sollten diese Herren an anderen Orten „sitzen".

Wir hatten zunächst weder Büros noch geregelte Unterkünfte für Übernachtungen und es war nicht ganz unproblematisch, alle organisatorischen Fragen und Probleme in den Griff zu bekommen. Trotz dieser Unzulänglichkeiten wurde die parlamentarische Sacharbeit sehr zügig in Angriff genommen. Ein objektives oder vielmehr ein subjektives Problem bestand darin, daß es notwendig war, sofort die Führungsgremien der Fraktion zu wählen, ohne daß wir uns kannten und richtig einschätzen konnten. Viele dieser Entscheidungen wurden demzufolge sehr spontan, zum Teil sehr emotional und vielleicht auch zufällig getroffen. Trotz einiger Korrekturen, die später notwendig wurden, ist es erstaunlich, daß diese Personalentscheidungen aus heutiger Sicht wohl überwiegend angemessen und richtig getroffen wurden. Dabei fehlte es nicht an Diskussionen. Es ist aus meiner heutigen Sicht erstaunlich, wie sehr die neuen Abgeordneten, die ja in der DDR kaum Möglichkeiten zur offenen politischen Diskussion hatten, nun von der Möglichkeit Gebrauch machten, im

Disput der Fraktion ihre Meinung zu vertreten. Eine Folge davon war, daß einige Fraktionssitzungen eine Zeitdauer von annähernd 10 Stunden in Anspruch nahmen. Dabei war natürlich der Umstand, daß es eine Vielzahl grundlegender Fragestellungen und Probleme zu klären galt, nicht unmaßgeblich. Das Spektrum an Themen war schier unendlich.

Das große Ziel der Deutschen Einheit zog sich bereits von der ersten Sitzung an wie ein roter Faden durch die Arbeit der Fraktion. Da zunächst unklar war, wann dieses Ziel erreicht werden konnte, galt es zuerst, die innenpolitische Situation zu stabilisieren und alle notwendigen Schritte zur komplexen Umstrukturierung, zur Sanierung und zur Vergangenheitsbewältigung einzuleiten.

Eine gewaltige Aufgabe bestand unter anderem darin, das gesamte Rechtssystem, die Wirtschaft, die Sozialversicherungssysteme und die Verteidigungs- und Außenpolitik umzustrukturieren.

Sanierung und Aufbau sollten sich vorrangig auf die desolate Infrastruktur, die Wohnungswirtschaft und nicht zuletzt auf die enormen Umweltprobleme und Altlasten richten. Der Umgang mit Eigentumsproblemen und die Regelung der offenen Vermögensfragen sollte sich zu einem Schwerpunktthema entwickeln.

Ein Sonderproblem stellte die Bewältigung der DDR-Vergangenheit dar, wobei insbesondere die Machenschaften vom Ministerium für Staatssicherheit und vom Amt für Nationale Sicherheit, der Umgang mit Rechtsverstößen in der Vergangenheit und besonders die Regierungskriminalität eine Rolle spielen sollten.

Daneben standen unmittelbar Probleme wie die Arbeitsfähigkeit der Volkskammer, die Regierungsbildung, die eigene Stasi-Überprüfung und der Umgang mit den tausenden (ehemaligen) Mitarbeitern des Staatsapparates auf der Tagesordnung.

Aus dieser unvollständigen Aufzählung wird bereits deutlich, wie komplex die Themen und Probleme waren, denen wir uns zu stellen hatten.

Große Einmütigkeit bestand für uns als Partei der politischen Mitte vor allem darüber, daß wir uns auf dem Weg zur Einheit Deutschlands an den Prinzipien der sozialen Marktwirtschaft orientieren wollten. Dabei ging es nicht nur um die Gestaltung eines Überganges, sondern auch um eine eigenständige Politikgestaltung für unser Land, die, wo immer notwendig, auch nachhaltig wirken sollte, zumindest bis zum Funktionieren eigenständiger föderaler Strukturen. Alle notwendigen Entscheidungen sollten möglichst im Einvernehmen der neuen demokratischen Kräfte erfolgen.

Allerdings gab es bei der Diskussion der einzelnen Themen bereits innerfraktionell erhebliche Kontroversen. Viele der großen Streitthemen der gesamten Volkskammer wurden besonders in den Anfangsmonaten auch mehr oder weniger kontrovers in unserer Fraktion diskutiert. Hierbei denke ich an besonders kontroverse Themen wie: die Arbeitsweise der Treuhandanstalt, die Ausgestaltung der Rentengesetzgebung insbesondere für damalige Stasi-Mitarbeiter und hochrangige Vertreter des DDR-Systems, die Privatisierung der Energiewirtschaft der DDR, der Umgang mit enteigneten und nun volkseigenen Grundstücken und den im Zeitraum von 1945 bis 1949 auf besatzungsrechtlicher Hoheit beruhenden Enteignungen, der Umgang mit der PDS als Nachfolgeorganisation der SED, die Umtausch- und Umschuldungskurse im Rahmen des Staatsvertrages über die Wirtschafts- und Währungsunion, die Verwendung bzw. Verteilung des vermeintlichen Volksvermögens der DDR, die Weiterbeschäftigung von ehemaligen zum Teil hochrangigen Mitarbeitern des Staatsapparates der DDR und nicht zuletzt die Modalitäten der Stasi-Überprüfung der Volkskammerabgeordneten einschließlich der Veröffentlichung der Namen von informellen Mitarbeitern unter den Abgeordneten. Diese Themenpalette, deren ausgiebige Diskussion zum Teil beträchtliche Zeit in Anspruch nahm, ließe sich noch beträchtlich erweitern.

Wenn man bedenkt, daß viele dieser kontroversen Themen bis heute umstritten geblieben sind, ist es erstaunlich, in welch konzentrierten Prozessen entsprechende Entscheidungen getroffen wurden. Noch heute sehen zum Beispiel viele die Entscheidung zum Prinzip „Restitution vor Entschädigung“ als entscheidendes Investitionshemmnis. Dabei wird jedoch außer Acht gelassen, daß alle streitbefaßten Eigentumsfälle – auch bei einer Umkehr des Prinzips – ohnehin hätten entschieden werden müssen. Darüber hinaus kann dem Argument, daß die Abwicklung von Entschädigungen schneller möglich sei, als die Abwicklung von Restitutionen, mit dem Investitionsvorranggesetz nachhaltig entgegnet werden. Aus heutiger Sicht war die damalige Entscheidung rechtssystematisch richtig und investitionspolitisch zumindest nicht falsch.

Im Rahmen vieler Diskussions- und Klärungsprozesse war natürlich die Personalunion unseres Fraktionsvorsitzenden Günther Krause, der gleichzeitig als Staatssekretär für besondere Aufgaben Mitglied der Regierung war und die enge Zusammenarbeit mit Ministerpräsident Lothar de Maiziere sowie weiterer Regierungsmitglieder, die auch Mitglieder unserer Fraktion waren, von erheblichem Vorteil. So konnten nicht nur permanent Informationen ausgetauscht und notwendige Abstimmungsprozesse geführt werden, sondern vor allem auch öffentliche Kontroversen zwischen Fraktionsmitgliedern und Regierung weitgehend vermieden werden. Problematischer gestalteten sich jedoch zunehmend die Kontroversen zwischen der SPD und den anderen Regierungsparteien, die dann ja letztlich – trotz einer bis zum Schluß gut funktionierenden Koalitionsrunde – Mitte August zum Bruch der Koalition durch die SPD führten. Diese Situation war jedoch bereits vom beginnenden Wahlkampf gekennzeichnet und führte zu unserem Bedauern letztlich auch zu entsprechenden personellen Konsequenzen in der Führung der SPD-Fraktion.

Die Zusammenarbeit zwischen den Fraktionen, insbesondere den Koalitionsfraktionen von CDU/DA, SPD, Liberalen und DSU gestaltete sich sehr differenziert. Natürlich war auch in der Volkskammer nicht zu erwarten, daß sich grundsätzliche politische Meinungsunterschiede verdrängen ließen, aber es war von Anfang an erkennbar, daß politische Annäherungen und Kompromisse leichter erzielbar sind, wenn die politischen Akteure einander kennen, sich möglichst sogar schätzen oder zumindest berechenbar sind. Insofern war es nach meinem Eindruck ein glücklicher Umstand, daß der zunächst kurz als Fraktionsvorsitzender und dann als Ministerpräsident agierende Lothar de Maizière einen „guten Draht“ zu einigen Spitzen der SPD-Fraktion hatte. Dies ermöglichte anfangs eine gute Zusammenarbeit, die sich dann später in konkreten politischen Entscheidungsfindungen zunehmend schwieriger gestaltete.

Anders entwickelte sich das Zusammenwirken zwischen den neuen politikunerfahrenen Kollegen aus fast allen Fraktionen. Die ersten überfraktionellen Begegnungen und Sitzungen in den parlamentarischen Gremien waren stark von Unsicherheit und gegenseitigem Mißtrauen geprägt. Jedes Wort wurde geradezu auf die Goldwaage gelegt. Diese wenig fruchtbare Art des Zusammenwirkens legte sich in dem Maße, wie wir uns persönlich kennenlernten. Hierzu trug nicht zuletzt der Umstand bei, daß ein Großteil der Parlamentarier ihre Unterkunft, besser ihr Nachtquartier, in der Ruschestraße im ehemaligen Wohnheim der Staatssicherheit fanden. Im Keller dieses Plattenbaus, den viele kurz „Mutter Rusche“ nannten, befand sich ein Frühstücksraum, der in den Abendstunden auch als Gaststätte genutzt wurde. So wurde es zur Gewohnheit, daß man dort nach der parlamentarischen Arbeit, häufig auch spät abends oder nachts, noch auf einen Imbiß und ein Bier zusammenkam. So konnte man miteinander ins Gespräch kommen und war nach dem Streß und den Problemen des Tages nicht selten fröhlich miteinander.

So kam es nach einiger Zeit nicht selten vor, daß sich durchaus größere interfraktionelle Gruppen bis in die tiefe Nacht bei entsprechender Gitarrenbegleitung mit deutschen Volks- und Studentenliedern entspannten. Nicht wenige fühlten sich an ihre Studentenzeit erinnert. Diese unkonventionelle Art der persönlichen Kontakte beflügelte den interfraktionellen Austausch und die Zusammenarbeit mehr als irgendein anderer Umstand der parlamentarischen Arbeit. Dies war wichtig, denn politische Streitpunkte gab es zur genüge.

Da uns, z.B. im Vergleich zum Bundestag, weder die entsprechende Struktur noch die notwendige Zeit zur Vorabklärung von Streitpunkten zur Verfügung stand, mußten viele Streitpunkte, wie wir es nannten „operativ“ – d.h. während oder am Rande von Plenarsitzungen – geklärt werden. Die Folge war einerseits, daß die Sitzungen sehr spontan und spannungsgeladen waren – was vielen Außenstehenden als besonders demokratisch erschien – und andererseits, daß häufige Sitzungsunterbrechungen für Klärungsprozesse notwendig wurden, was nicht zuletzt unseren Ruf als „Laienparlament“ erhärtete. Ständig fanden deshalb am Rande der Plenarsitzungen außerordentliche Fraktionssitzungen statt. Hierzu wurden den Fraktionen bald gesonderte Fraktionssitzungsräume im Palast der Republik zur Verfügung gestellt, die auch reichlich genutzt wurden.

Die erste dieser außerordentlichen Sitzungen – es ging um die Wahl der Volkskammerpräsidentin – fand, in Ermangelung eines anderen Raumes, zwischen Kulissen und Beleuchtung in der Probebühne des Palastes der Republik statt. Um die notwendige Geheimhaltung unserer taktischen Absprachen sicherzustellen, mußten einige Abgeordnete in den Eingangsbereichen der Probebühne Wache stehen.

Ein Leidtragender dieser Spontanität der Volkskammer war u.a. Bundeskanzler Helmut Kohl, der am Rande der Feierlichkeiten des 17. Juni die Gelegenheit wahrnahm, eine Volkskammersitzung zu besuchen. Im Zusammenhang mit einem Spontanantrag der DSU zum sofortigen Beitritt der DDR zur Bundesrepublik nach Artikel 23 Grundgesetz und der Befürchtung, daß Bündnis 90 einen ähnlichen Antrag stellen wollten,[1] entspann sich an diesem Tage vor der Sitzung, die um 14.00 Uhr beginnen sollte, hinter den Kulissen ein mehrstündiger interfraktioneller Disput darüber, wie man geschäftsordnungsmäßig verfahren solle. Dabei war maßgeblich, daß ein sofortiger Beitritt erhebliche internationale Irritationen ausgelöst und die begonnenen 2 + 4 Gespräche gefährdet hatte. Eine Ablehnung dieses Antrages wäre jedoch in der Bevölkerung schwer zu vermitteln gewesen, da die Erwartungshaltungen bezüglich der baldigen Einheit groß waren und Verunsicherungen die anhaltende Abwanderungsbewegung noch verstärkt hätten. Als wir dann eine einvernehmliche

1 Einige Abgeordnete der Fraktion Bündnis 90/Grüne waren dem Vernehmen nach so verärgert über den Umstand, daß nun keine neue eigenständige DDR-Verfassung mehr verabschiedet werden sollte, daß sie provokatorisch den sofortigen Beitritt fordern wollten.

Lösung zum Umgang mit diesem Antrag gefunden hatten und die Sitzung endlich beginnen konnte, waren viele hochkarätige Gäste und auch der Bundeskanzler bereits nicht mehr anwesend.

Eine der wichtigen Aufgaben der Volkskammer war die Umwandlung bzw. der Neuaufbau administrativer Strukturen nicht nur auf der zentralen, sondern auch auf der regionalen Ebene. Hierzu waren nicht nur die Modalitäten für die zukünftigen Kommunal- und Landtagswahlen festzulegen, sondern auch die Verwaltungsstrukturen schrittweise zu verändern. Die Räte der Bezirke existierten noch und konnten erst schrittweise und nur teilweise durch kommunale Gebietskörperschaften ersetzt werden. Deshalb sollten bis zur Länderbildung sogenannte Bezirksauftragsverwaltungen gebildet werden. Darüber hinaus waren neue Institutionen wie Arbeitsämter und Finanzämter aufzubauen. Wir hatten in einer der ersten Sitzungen allein den Bedarf an Mitarbeitern in Finanzämtern auf ca. 30.000 hochgerechnet. Jedem mußte klar sein, daß eine Lösung dieses Problems nicht ohne erhebliche personelle Übernahmen aus bestehenden staatlichen Verwaltungen möglich war. Äußerst kritisch wurde jedoch in unserer Fraktion diskutiert, daß der Aufbau von Arbeits- und Finanzverwaltungen damals direkt durch die noch existierenden „alten" Räte der Bezirke abgewickelt wurde. Dies war im Auftrag der zuständigen Sozialministerin Hildebrand und des Finanzministers Homberg so angeordnet worden und erregte später auch öffentlichen Unwillen.

Der Aufbau der Treuhandanstalt war auch in unserer Fraktion ein wahrhafter Dauerbrenner. Nachdem bereits unter der Modrow-Regierung im März ein erstes Treuhandgesetz verabschiedet wurde, dauerte die Diskussion um ein neues Treuhandgesetz bis in den Juni. In den zum Teil theoretischen Diskussionen ging es unter anderem um die Frage des Vorrangs von Privatisierung oder Sanierung, aber auch um den Wert des gesamten wirtschaftlichen Volksvermögens und dessen Verteilung im Zuge der anstehenden Privatisierung. Praktisch bestand das größte Dilemma jedoch darin, für die tausenden von Unternehmen sehr schnell einen hinreichend großen Stab an möglichst qualifiziertem Management aufzubauen, welches sich in dem Maße wie es gute Arbeit leistete, selbst schnell überflüssig machen würde. Dieses systemimmanente Dilemma konnte eigentlich praktisch nicht aufgelöst werden. Zu der Notwendigkeit, in einem absehbaren Zeitraum die Strukturen der Zentralverwaltungswirtschaft in wettbewerbsfähige Strukturen mit mehr Eigenverantwortung und Eigeninitiative umzuwandeln, gab es keine echte Alternative. Allein die umstrittene Frage, ob sich längere Privatisierungszeiträume und eine größere Sanierungsbereitschaft durch die Treuhandanstalt günstiger auf den wirtschaftlichen – insbesondere den industriellen – Strukturwandel ausgewirkt hätten, ist, auch aus heutiger Sicht, nicht eindeutig zu beantworten. Die Erfahrungen der vergangenen Jahre zeigt, daß vermeintliche unternehmerische Sicherheit sehr häufig zu teuren, wenig nachhaltigen und letztlich unsicheren Umstrukturierungsergebnissen geführt haben. Ein hoher Veränderungsdruck hat dagegen in vielen Unternehmen mehr Eigeninitiative, innovative Strukturlösungen und nicht zuletzt nachhaltig positive Ergebnisse induziert. Dabei waren die Einzelergebnisse zumeist von einem komplizierten Bedingungsgeflecht und besonders von den handelnden Personen abhängig. Das Treuhandgesetz bot letztlich einen weitgehend flexiblen ordnungspolitischen Rahmen mit ausreichenden Spielräumen für einen erfolgreichen Strukturwandel, was durch viele Beispiele belegbar ist. Daß letztlich trotz eines insgesamt erfolgreichen Strukturwandels auch viele Fehler und Probleme auftraten, lag aus heutiger Sicht weniger am rechtlichen Rahmen des Gesetzes, als vielmehr an dessen subjektiver Umsetzung unter den gegebenen Bedingungen.

Ein entscheidender Schritt zur Stabilisierung der wirtschaftlichen Situation zur Abwehr inflationärer Tendenzen und zur Schaffung von mehr Vertrauen in der Bevölkerung sollte die Wirtschafts- und Währungsunion werden. Die Diskussion in der Fraktion und vor allem in den Ausschüssen zu diesem 1. Staatsvertrag verliefen nicht annähernd so kontrovers wie die spätere Diskussion zum Einigungsvertrag. Sie drehte sich unter anderem um die Festlegung der Umtauschkurse für die nach langen Debatten die bekannte Kompromißlösung gefunden wurde. Kaum jemand hatte die Konsequenzen erwartet, mit der sich die Wirtschaft und besonders Handel und Landwirtschaft auf die neuen Bedingungen einzustellen hatten. Letztlich wurde jedoch durch diesen harten Schnitt eine erhebliche Beschleunigung des Strukturwandels induziert.

Die wohl intensivsten und längsten Debatten unserer Fraktion richteten sich auf die Mitgestaltung des Einigungsvertrages. Bereits mit der Konzeption dieses Vertrages wurden endlich die Konturen des Weges zur Einheit Deutschlands deutlich. Nach allen strittigen Diskussionen um das Ob und Wann und Wie der Vereinigung wurde uns klar, daß ein Beitritt nach Artikel 23 GG in geordneten Bahnen möglich war und daß die angestrebte Angleichung der Lebensverhältnisse und die dazu notwendigen enormen Veränderungen sich für alle Beteiligten, besonders für die Menschen in der DDR, in einem erträglichen Prozeß vollziehen konnten. Wenn man bedenkt, daß von der konzeptionellen Entstehung bis zur Unterzeichnung dieses Vertrages nur wenige Monate vergingen, kann man ermessen, welche enorme Leistung von allen Beteiligten, insbesondere den verantwortlichen

Delegationsleitern beider Seiten, Bundesminister Wolfgang Schäuble und Staatssekretär Günther Krause, abverlangt wurde. Da Krause gleichzeitig unser Fraktionsvorsitzender war, wurden wir nicht nur über den Stand der Dinge gut und aktuell informiert, sondern hatten auch Gelegenheit, die Fraktion unmittelbar in die Gestaltung des Vertrages einzubeziehen.

Dabei ging es ja nicht nur um die Überleitung von Bundesrecht oder die Rechtsangleichung zwischen beiden Staaten, sondern auch um die Gestaltung von Sonderrechten und die Weitergeltung von DDR-Recht für einen Übergangszeitraum. Von der gemeinsamen Problemfindung bis zur Lösungsfindung beschäftigten uns die wichtigsten Fragen des Einigungsprozesses bezüglich der unterschiedlichsten Themenbereiche in den Gremien der Fraktion und der gesamten Volkskammer. Ein Thema, welches uns dabei in unserer Fraktion besonders beschäftigte, war der Umgang mit den 1945 bis 49 auf besatzungsrechtlicher Hoheit beruhenden Enteignungen. Es war wohl eine der schwersten Entscheidungen, bei der wir uns unter Abwägung aller Umstände nicht in der Lage sahen, das Unrecht, welches die Opfer der damaligen Willkürakte erlitten haben, durch Restitution wieder gutzumachen. Dabei spielten eine ganze Reihe von Erwägungen eine Rolle. Die für mich wichtigste Erwägung war, daß wir die schwerwiegenden Folgen der Vergangenheit, insbesondere die des 40-jährigen SED-Regimes, die ja nicht nur vielfältige Eingriffe in Eigentum und Vermögen, sondern vor allem schwerwiegende Eingriffe in die persönliche Entwicklung – von der Benachteiligung bei Bildungs- und beruflichen Aufstiegsmöglichkeiten bis hin zur regelrechten „Zersetzung" persönlicher Lebensläufe – bedeuteten und damit letztlich zur Enteignung von persönlichen Lebenschancen führten, auch nicht annähernd wieder gutmachen konnten. Eine einseitig auf materielle Wiedergutmachung hinauslaufende Rückgabe des Alteigentums wäre nicht nur ungerecht gegenüber den vielen um ihre Lebenschancen Enteigneten, sondern hätte letztlich auch in vielen Fällen dazu geführt, daß die Lebenschancen von vielen in der Landwirtschaft Tätigen heute ein zweites Mal enteignet oder zumindest erheblich eingegrenzt worden wären. Dann wäre altes Unrecht mit neuem Unrecht rückgängig gemacht worden. Das war wohl auch insgesamt eine der bedeutsamsten Erwägungen in diesem Entscheidungszusammenhang. Die diesbezüglichen Regelungen des Einigungsvertrages und spätere damit im Zusammenhang stehende Entscheidungen sind bis heute umstritten. Die Entscheidungen der Volkskammer hierzu wurden jedoch letztlich mit großer Mehrheit getroffen.

Neben den vielfältigen Problemen der Rechtsangleichung standen auch Sonderprobleme wie: der Umgang mit den Akten der Staatssicherheit der DDR, die Regelungen zum Schwangerschaftsabbruch, die Hauptstadtfrage und nicht zuletzt die Regelung offener Vermögensfragen im Vordergrund der Auseinandersetzungen. Nicht alle Probleme und Kontroversen konnten gelöst werden, viele Kompromisse waren notwendig aber letztlich wurde mit dem Einigungsvertrag die wichtigste Grundlage für einen geordneten Einigungsprozeß geschaffen. Darüber hinaus war die Fortgeltung von DDR-Recht und vieler Gesetze der Volkskammer durch den Einigungsvertrag für viele Jahre eine wichtige Grundlage beim Aufbau der neuen Bundesländer. Selbst, wenn gelegentlich einzelne Festlegungen des Einigungsvertrages kritisch hinterfragt, kritisiert oder angefochten wurden, kann seine Bedeutung für den Prozeß der Wiedervereinigung kaum überschätzt werden.

Die Frage nach dem konkreten Beitrittstermin war mit dem Entstehen des Einigungsvertrages und der erfolgsversprechenden Entwicklung der 2 + 4 Gespräche eigentlich nur noch eine Formalie. Letztendlich konnten wir in der Nacht des 22. August, unter Bezug auf den Abschluß der 2 + 4 Gespräche, den 3. Oktober als Tag der Deutschen Einheit und damit gleichzeitig auch den Termin für das Ende unserer Arbeit beschließen.

Die frei gewählte Volkskammer war nicht nur ein reales Symbol für den Aufbau demokratischer Strukturen in der DDR, sondern das Kernelement der politischen Umgestaltung auf dem Weg zur Einheit Deutschlands. Ihre Leistung bestand nicht nur in der innenpolitischen Stabilisierung und Neugestaltung föderaler Strukturen, sondern in der aktiven Mitgestaltung des Einigungsprozesses. Daß diese historische Aufgabe unter sehr schwierigen Bedingungen mit Menschen ohne politische Erfahrung in extrem kurzer Zeit möglich war, wertet diese Leistung besonders auf. Es spricht aber auch für die enorme Arbeitsbelastung der Parlamentarier. Die CDU/DA-Fraktion war daran sowohl als stärkste Fraktion der Volkskammer als auch durch ihre unmittelbare Arbeit im Rahmen der Regierung weit überproportional beteiligt. Ich habe mir später oft die Frage gestellt, ob ein solcher Prozeß, der ja auch die konsequente Auflösung der eigenen Arbeitsstruktur zum Inhalt hatte, unter anderen Gesamtbedingungen möglich gewesen wäre.

Mit dem Beitritt der DDR zur Bundesrepublik Deutschland war die Einheit zwar formal vollzogen, für den Prozeß der Vereinigung war damit jedoch nur ein erster Schritt getan. Wir hatten als Volkskammer den Grundstein gelegt, daß aus einem Volk ein Staat wurde, aber auch eine Grundlage dafür geschaffen, daß sich die Menschen beider Seiten auf gleicher Augenhöhe begegnen konnten.

Die SPD-Fraktion in der Volkskammer

Richard Schröder

Die Gründung der Sozialdemokratischen Partei in der DDR (SDP) am 7. Oktober 1989 war unter den oppositionellen Neugründungen des Herbstes ein Unicum. Hervorgegangen war sie, wie die anderen auch, aus den Gruppen, die sich seit Mitte der achtziger Jahre mit politischen Themen befaßten und unter dem Dach oder am Rande der Evangelischen Kirche einen gewissen Schutz vor dem allzu brutalen Zugriff des Staates genossen und mit einander vernetzt waren. Aus diesem oppositionellen Milieu stammten auch die meisten der SDP-Gründer. Aber Martin Gutzeit und Markus Meckel, auf die die Gründung der SDP zurückgeht, unterschieden sich darin vom „Geist" dieser Gruppen, daß sie von Anfang an eine *Partei* gründen wollten. Das „Neue Forum" zum Beispiel wollte dagegen bewußt keine Partei sein, sondern eine Bürgerbewegung, tatsächlich ein Forum, ein Marktplatz gewissermaßen für eine endlich freie Diskussion der brennenden politischen Fragen und offenkundigen Mißstände in der DDR. Alle Interessierten sollten mitwirken können, unabhängig von ihrer Parteizugehörigkeit.

Daß Martin Gutzeit und Markus Meckel keine Bürgerbewegung, sondern *eine Partei gründen wollten*, hatte folgende Gründe. Sie wollten, nach ihren mißlichen Erfahrungen mit Friedensseminaren, keinen unverbindlichen Diskutierklub gründen, den die Stasi allzu leicht unterwandern konnte, sondern die Verbindlichkeit einer Partei mit Programm und Statut. Während nämlich die oppositionellen Kreise das Informelle und Spontane liebten und die phantastische Hoffnung hatten, damit eine neue Form von Politik erfinden zu können, hatten Martin Gutzeit und Markus Meckel bei Hegel die Bedeutung des Institutionellen schätzen gelernt.

Und sie wollten bewußt an die sozialdemokratische Tradition anknüpfen, die sich für sie vor allem mit den Namen Willy Brandt und

Helmut Schmidt verband, vor allem mit ihrer „Ostpolitik". Andere haben viel von den Brüdern und Schwestern im Osten geredet, Willy Brandt hat etwas für uns getan, kleine Schritte nämlich. Und sie wollten dem Machtanspruch der SED direkt entgegentreten. Das war gewollt und unvermeidlich verbunden mit dem Anspruch, eine Partei zu sein – den Namen Partei hatte die SED ja für sich und ihre Blockparteien reserviert – und verschärft durch den Anspruch eine sozialdemokratische Partei zu sein – die Kommunisten hatten sich ja die SPD in der Sowjetischen Besatzungszone einverleibt, um von da ab den „Sozialdemokratismus" innerhalb und außerhalb der SED zu bekämpfen. Die Gründer haben gewußt, worauf sie sich einlassen, und die Gründung konspirativ vorbereitet. Das hat nicht unbedingt gut gehen müssen und hätte durchaus im Gefängnis enden können.

Trotz knapper Personaldecke, trotz des zeitraubenden Engagements am Runden Tisch hat die SDP in den ersten beiden Monaten des Jahres 1990 ein *Grundsatzprogramm* erarbeitet. Typisch SPD, sagt da vielleicht mancher, die machen Programm statt Politik. So war es nicht. Diese Arbeit diente nicht nur der Verständigung untereinander, sondern erwies sich als gute Vorbereitung für die Koalitionsverhandlungen. Markus Meckel hat diese Arbeit organisiert, Jörg Milbradt war der unermüdliche Redakteur, Rolf Schmachtenberg vor allem ein unermüdlicher Berater. Jedenfalls haben wir uns sehr gründlich Gedanken gemacht, wie die Umgestaltung der DDR und der Weg zur deutschen Einheit aussehen sollte. Unser Ziel war ein parlamentarische Demokratie mit einem föderalen Staatsaufbau und eine ökologisch orientierte soziale Marktwirtschaft, durchaus am Grundgesetz der Bundesrepublik orientiert.

Die Wahl am 18. März bracht der Ost-SPD zwei Schocks, das Wahlergebnis fiel für uns sehr viel schlechter aus, als viele erwartet hatten. Und kurz danach, am 23.3., ließ Ibraim Böhme, der Parteivorsitzende, Spitzenkandidat und nun auch Fraktionsvorsitzende, seine Ämter ruhen wegen der Stasi-Vorwürfe, die der SPIEGEL veröffentlicht hatte. Der unaufhaltsame Aufstieg von Ibrahim Böhme (so nannte er sich damals, er hieß Manfred), der viele und vor allem die westlichen Medien faszinierte, war von den Gründern nicht vorgesehen, als sie ihn in das Gründungsprojekt einweihten. Gegen alle Verabredungen hatte er sich vom ersten Parteitag der SDP in Leipzig (22.-25.2.90) sowohl zum Parteivorsitzenden als auch zum Spitzenkandidaten wählen lassen. Wir wußten, daß er keiner der beiden Aufgaben gewachsen war. Wir hatten ihn zuvor nicht für einen Stasi-Spitzel gehalten, eine Reihe Merkwürdigkeiten seines Verhaltens konnte man auch anders erklären. Aber wie wir ihn kennengelernt hatten, mußten wir die SPIEGEL-Vorwürfe sehr ernst nehmen, sie erklärten uns manches. Beweise jedoch hatten wir nicht. Die Teilnehmer an der Akteneinsicht haben uns nämlich verschwiegen, daß sie Beweise für seine Stasi-Mitarbeit gesehen hatten. Sie wollten es wohl selbst nicht glauben. Es hat einige Mühe gekostet, den östlichen Parteivorstand von einer voreiligen Ehrenerklärung für Ibrahim Böhme abzuhalten und das hat uns, im besonderen Markus Meckel und mir, wiederum den Verdacht der Manipulation eingebracht. Bis zum Ende der Volkskammerzeit hat eine relevante Minderheit in der Fraktion und wohl sogar eine Mehrheit im Parteivorstand zu Ibrahim Böhme gehalten.

Gleichzeitig begannen die Koalitionsverhandlungen. Lothar de Maizière, der designierte Ministerpräsident, hatte zwar mit seiner „Allianz für Deutschland" (CDU, DA, DSU) und den Liberalen eine Mehrheit in der Volkskammer, er wünschte sich aber trotzdem eine Einbeziehung der SDP in seine Koalition, um von den Oppositionellen wenigstens die mit ins Boot zu nehmen, die sich für die deutsche Einheit als Nahziel ausgesprochen hatten. Bündnis 90/Grüne hatten ja ihren Wahlkampf unter das Motte gestellt: „Art. 23: Kein Anschluß unter dieser Nummer". Nach den Wunden des Wahlkampfes war aber auch innerhalb der SPD die Koalitionsfrage umstritten. Die Fraktion hat sich schließlich für die Koalition entschieden vor allem aus drei Gründen. Diese Regierung konnte eine 2/3-Mehrheit deshalb gut gebrauchen, weil der Weg zur deutschen Einheit über 2/3-Entscheidungen gehen mußte. Außerdem wollten wir den Weg zur Einheit nicht der CDU überlassen. Und in der SPD-Fraktion war die Zahl derer hinreichend groß, denen die Übernahme von Verantwortung wichtiger war als die Fortsetzung eines Oppositionsgestus, der seinen Gegner verloren hatte. Wer heute die Koalitionsvereinbarung liest, kann nicht bestreiten, daß sie sozialdemokratische Züge trägt.

Eine Episode aus den ersten Tagen der Volkskammer. Man mußte sich ja auch über die Sitzordnung verständigen, diesmal nicht nach rund oder oval, sondern nach rechts und links. Die PDS wollte unbedingt links von der SPD sitzen. Martin Gutzeit hat im Präsidium kategorisch erklärt: das kommt überhaupt nicht in Frage. Setzt ihr euch mal zu den Parteien, die ihr von früher her schon kennt. Also kam folgende Reihenfolge zustande: CDU, DA, Liberale, Bauernpartei (DBD) plus Demokratischer Frauenverband (DFD), PDS, Bündnis 90/Grüne, SPD und links außen der einzige Abgeordnete der „Vereinigten Linken" (es gab bei dieser Wahl keine Sperrklausel). Gregor Gysi hat zwar protestiert und etwas von Geschichtsfälschung gesagt, Martin Gutzeit hat aber wohl eher eine Geschichtsfälschung verhindert.

Was hat die Ost-SPD zur Arbeit der Volkskammer beigetragen? An erster Stelle nenne ich Reinhard Höppner. Lothar de Maizière wollte ihn unabhängig von der Koalitionsfrage zum Volkskammerpräsidenten machen, weil er wußte, daß er sich als Präses der Synode, des Kirchenparlaments der Magdeburger Evangelischen Kirche, auf das Geschäft der Tagungsleitung versteht, aber die CDU-Fraktion hat sich gesperrt. Trotzdem war er der heimliche Volkskammerpräsident, der von der Präsidentin immer dann das Ruder in die Hand gedrückt bekam, wenn es schwierig wurde. Erfahrungen mit demokratischer Praxis, im besonderen Sitzungsleitung nach Geschäftsordnung, konnte man in der DDR tatsächlich nur noch in den kirchlichen Parlamenten lernen. Davon hat die Volkskammer profitiert.

Am schwierigsten wurde es am 17. Juni 1990, als die DSU den sofortigen Beitritt zur Bundesrepublik beantragte, obwohl die 2+4-Verhandlungen längst nicht zuende geführt waren. In dieser Situation war die SPD-Fraktion für den Ministerpräsidenten der verläßlichere Partner als seine eigene, die CDU-Fraktion. Daß der Unfug nicht zustande kam, ist vor allem Reinhard Höppners Geschick zu verdanken. Und ein Glück, daß er nicht zustande kam. Denn wir wollten die deutsche Einigung nur unter der Bedingung des Konsens mit den Siegermächten und namentlich der Wahrung der sowjetischen Interessen sowie in gesamteuropäischer Abstimmung, als Krönung von Willy Brandts Ost- und Entspannungspolitik. Einigung aus Eigensinn wäre eine schwere Hypothek für das vereinigte Deutschland geworden.

In ihrer zweiten Sitzung hat die Volkskammer Erklärungen verabschiedet, in denen sie sich zur deutschen Schuld an den Juden, den Völkern der Sowjetunion und an den Polen bekannte, für die Teilnahme der DDR an der Niederschlagung des Prager Frühlings um Entschuldigung bat. Das geschah auf Veranlassung der SPD-Fraktion. Besonders Hans Misselwitz hatte vorgearbeitet. Und es war wichtig, daß sich das frei gewählte Parlament auf diese Weise der Öffentlichkeit vorstellte. Es mußte eindeutig sein, daß der Weg zur Deutschen Einheit nichts verdrängen oder verwischen sollte.

Am 19. August ist die SPD-Fraktion aus der Regierungskoalition ausgetreten. Anlaß war die Entlassung des sozialdemokratischen Finanzministers Walter Romberg durch den Ministerpräsidenten. Der Parteivorstand der SPD hatte die Fraktion allerdings schon am 24. Juli 1990 zum Austritt aus der Koalition aufgefordert. Ich will das nicht ausführlich kommentieren, weil ich in dieser Frage wohl befangen bin. Jedenfalls habe ich nach meiner Abstimmungsniederlage den Fraktionsvorsitz niedergelegt. Wolfgang Thierse, seit dem 9. Juni Parteivorsitzender, übernahm den Fraktionsvorsitz.

Trotz ihres Austritts aus der Koalition hat die SPD mit ihrer weit überwiegenden Mehrheit sowohl den Beitrittsbeschluß als auch den Einigungsvertrag mitgetragen. Über die Fehler und Schwächen des Einigungsvertrages ist seitdem viel geredet worden. Daß wir mit der Eile recht hatten, hat der Putsch in der Sowjetunion und ihr Zerfall gezeigt. Und ein Beitritt ohne Einigungsvertrag, also mithilfe eines vom Bundestag allein zu beschließenden Überleitungsgesetzes hätte zweifellos nicht weniger sondern mehr Probleme erzeugt. Denn was am Einigungsvertrag zu kritisieren ist, bezieht sich auf unzureichende Berücksichtigung der spezifischen DDR-Verhältnisse. Von denen wußten Parlament und Regierung der DDR immerhin ein bißchen mehr als die Bonner Ministerialbürokratie. Die besaß die Fachkenntnis, nicht aber die Feldkenntnis.

Nun muß ich noch von unserem Verhältnis zur West-SPD sprechen. Am 7. Oktober 1989 wurde ja in der DDR nicht etwa eine Tochterpartei, sondern eine *Schwesterpartei* der West-SPD gegründet. Von der Geburt einer Schwester wird man in der Regel *mehr* überrascht als von der Geburt einer Tochter. Und eine neue Schwester ist für das Einzelkind nicht nur die reine Freude. Man muß die Aufmerksamkeit mit ihr teilen. So war es denn auch hier. Die West-SPD hat über die unerwartete Schwester gestutzt, manche hielten sie gar für eine verfehlte Geburt. Für uns waren Willy Brandt und Helmut Schmidt der Inbegriff für sozialdemokratische Politik. Deshalb war es ein kleiner Schock, als wir mitbekamen, daß manche Altersgenossen in der SPD Willy Brandt bloß als Denkmal akzeptierten und Helmut Schmidt geradezu ablehnten. „Jetzt wächst zusammen, was zusammengehört“, durch diesen glücklichen Satz fühlten wir uns verstanden und ermuntert, das von der SED auferlegte Tabu in Sachen deutsche Vereinigung zu durchbrechen. Irgendwann tauchte das Wort „Lebensgefühl“ auf. Es sollte heißen: die DDR, die da drüben, das paßt nicht zu meinem Lebensgefühl. Ich fühle europäisch. Merkwürdig, daß diejenigen, die sich für besonders weltoffen hielten, von dem bißchen Fremdheit der Ostdeutschen schon überfordert waren. Dem bin ich allerdings erst im Juni begegnet. Denn die ersten und überwiegenden Erfahrungen waren doch die der selbstlosen Unterstützung und Solidarität, durch Hans Jochen Vogel und viele andere in Bonn, in Berlin aber vor allem durch Dietrich Stobbe, der uns buchstäblich Tag und Nacht zur Verfügung stand, und, als treuen Ekkehart, Walter Zöller. Schließlich die vielen Mitarbeiter, die uns die Bundestagsfraktion ausgeliehen hat.

Journalisten haben uns immer wieder bestätigt: die SPD-Fraktion war für sie die interessanteste, mit sehr vielen originellen Köpfen, was allerdings manchmal auch anstrengend ist, und einer großen Energie, sich in die völlig neuen Materien einzuarbeiten.

Für uns alle war die Volkskammer ein Schnellkurs in Sachen parlamentarische Demokratie, aber ganz und gar ohne Studienurlaub, ein halbes Jahr ständig bis an die Grenze der Erschöpfung eingespannt. Trotzdem war das für viele, auch für mich, die intensivste Zeit unseres Lebens. Der Schnellkurs war nicht vergeblich. Nicht wenige Volkskammerabgeordnete der SPD haben ihre Erfahrungen in die Landtage der neuen Länder eingebracht.

Ich finde es nach wie vor richtig, daß wir, die Ost-SPD, die deutsche Einigung nicht der Ost-CDU überlassen haben. Das würde schlecht in die sozialdemokratische Tradition passen.

Fraktion Bündnis 90/Grüne Partei: Positionen und Bilanz

Jens Reich

Bündnis 90 war eine Listenverbindung von Bürgerinitiativen des Herbstes 1989: Neues Forum, Demokratie Jetzt und Initiative Frieden und Menschenrechte. Dieses Bündnis hatte sich Anfang 1990 gebildet, um gemeinsam als Vertreter der Herbstbewegung bessere Wahlchancen zu haben. Es gaben sich allerdings nur wenige der Illusion hin, daß dieser Liste ein großer Wahlsieg bevorstünde. Dazu hatte sich die Stimmung in der Bevölkerung seit der Öffnung der Berliner Mauer zu sehr in die Richtung: „Beitritt um jeden Preis und so schnell wie möglich – alles andere können wir später regeln" gewendet. Zudem hatten sich die Fronten der politischen Auseinandersetzung ungünstig geändert. Bis Ende 1989 war ein festes Bündnis aller neuen politischen Gruppierungen verabredet, deren Impetus die Herbstrevolte getragen hatte. Dazu hatte sich auch die wiedergegründete Sozialdemokratische Partei (SDP) bekannt. Diese hatte aber nach dem Berliner Parteitag der SPD (West) im Dezember 1989 dieses geplante Wahlbündnis aufgekündigt und war ihrer eigenen Wege gegangen. Nach meiner Meinung war das ein Fehler, den man aber zu einem Zeitpunkt, als alle Umfragen der SDP ein großes Potential bestätigten, noch nicht abschätzen konnte. Der Fehler bestand darin, daß anstatt der Konstellation „Neue gegen Alte", also SDP und Bürgergruppen gegen SED und Blockparteien, die neue Konstellation „SDP gegen Allianz für Deutschland und Liberale", also einen westdeutschen Wahlkampf, eingetauscht wurde. Hätte man die Blockparteien dort gelassen, wo sie Ende 1989 hingehörten und wo sie auch noch tätig waren (De Maizière etwa als „Vizekanzler" in der Regierung Modrow), dann wäre der Wahlausgang für das Bündnis der neuen Kräfte ohne Zweifel besser gewesen, und die CDU-West hätte kaum den Wahlkampf für die CDU Ost führen können. Der Wahlausgang, der auch die SDP auf 21.9% zurückwarf, hat bestätigt, daß deren Frontwechsel ein Fehler war.

Selbst bescheidene Resthoffnungen wurden am Wahlabend enttäuscht. Bündnis 90 hatte 2,9% aller Stimmen und damit nur 12 Sitze. Um überhaupt eine Fraktion bilden zu können (5% der Sitze), wurde ein gemeinsames Vorgehen mit der Grünen Partei (Ost) vereinbart, die in einer Listenverbindung mit dem unabhängigen Frauenverband (UFV) noch weniger Plätze, nämlich 8 erhalten hatte. Mit den Grünen zusammenzugehen war im Frühjahr 1990 noch kein politisch-ideologisches Problem. Die politischen Spannungen zwischen Bündnis 90, Bürgergruppen und Grünen traten erst später auf, als ihre Vereinigung als Partei ein gesamtdeutsches Problem wurde. Die Fraktion hat ohne Spannungen loyal in der Volkskammer zusammengearbeitet. Schließlich gab es auch starke Überschneidungen der politischen Programme (Ökologie, Menschenrechte, Demokratie). In den wichtigen Abstimmungen gab es bei uns keinerlei Fraktionszwang, was dazu führte, daß wir fast regelmäßig gespalten abstimmten. Man kann das als Politikunfähigkeit kritisieren, aber auch als tapferen Beitrag dazu loben, daß Abgeordnete nach unseren Vorstellungen einer bürgernahen Demokratie zwar in Fraktionen arbeiten, aber fraktionsfrei abstimmen sollten.

Die 20 Abgeordneten stellten ohnehin nur eine geringfügige politische Macht dar. Aber die Situation wurde noch ungünstiger, da es keine Möglichkeit zu politischen Bündnissen gab. De Maizière arbeitete auf eine große Koalition hin, die CDU, DSU, den Demokratischen Aufbruch (der auch in der Wahl trotz klarer Aussage für die Vereinigung kläglich abgestürzt war und damit als Beweis dafür dient, daß es nicht die Vereinigungsskepsis war, die den Bürgergruppen die Wahlniederlage brachte), die Liberalen und womöglich noch die SDP umfassen sollte. Die SDP zierte sich eine Weile und verlangte, daß de Maizière die DSU ausschalten solle, weil die durch brutale Attacken gegen die SDP aufgefallen war. Als Ibrahim Böhme als Wortführer der SDP gestürzt wurde (wegen seiner Stasiverbindung), war der Weg frei zur großen Koalition, so daß die verbliebene Opposition nicht einmal mehr eine Drittel-Sperrminorität hatte. Zudem war es für die Fraktion Bündnis/Grüne ohnehin nicht möglich, ausgerechnet mit der PDS gemeinsame Opposition zu machen, gegen deren Vorgängerpartei sich doch der Hauptstoß der Herbstrevolte gerichtet hatte. So waren wir also als demokratische Restopposition marginalisiert.

Diese marginale Rolle war in den ersten Wochen noch nicht fühlbar. De Mazière hatte in seiner Regierungserklärung eine Reihe von Programmpunkten angesprochen, denen sich auch die 20 Abgeordneten anschließen konnten. Dazu gehörten zunächst die außenpolitischen Erklärungen. Das freigewählte Parlament und die Regierung erklärten die Übernahme von Verantwortung und Haftung für die Ermordung von Juden und Slawen während des Nationalsozialismus, für das Leiden der sowjetischen und anderen Völker durch den Hitlerkrieg, für die Niederwerfung des Prager Frühlings durch den Ostblock. Es zog die Zustimmung der DDR zur „Zionismus ist Rassismus"-Deklaration der Uno zurück. Unverzüglich wurde auch die Unantastbarkeit der polnischen Westgrenze erklärt, ein Schritt, zu dem sich die Regierung Kohl erst nach Monaten und nach Zerschlagung kostbaren politischen Porzellans durchringen konnte.

Aber auch das innenpolitische Programm de Maizières hätte durchaus zumindest in Teilen mitgestaltet und mitgetragen werden können. Der Ministerpräsident legte eine Agenda für einen mehrjährigen Reformprozeß vor: „Die Einheit muß so schnell wie möglich kommen, aber ihre Rahmenbedingungen müssen so gut und so zukunftsfähig sein wie nötig". Die Länder sollten wiederhergestellt, die Justiz erneuert, die Stasi aufgelöst und die stalinistische Vergangenheit bewältigt werden. Arbeitseinkommen, Mieten und Renten sollten geschützt werden und den Übergang in eine sozial und ökologisch orientierte Marktwirtschaft „abfedern" (wie das Modewort hieß). Bei der Überführung des Staatseigentums in Privateigentum sollten die Interessen der Bevölkerung gewahrt und kein Ausverkauf zugelassen werden. Bodenreform und Enteignungen der Sowjetischen Besatzung in den 40er Jahren sollten nicht rückgängig gemacht werden, weil das vielen Tausenden Haus und Hof wegnehmen würde.

Die Bündnis/Grüne-Fraktion meinte zu diesem Zeitpunkt (April/Mai 1990) noch, den politischen Prozeß kritisch konstruktiv begleiten zu können. Sie hoffte darauf, daß in den Ausschüssen des Parlaments sachliche Argumente auch ohne Stimmenmehrheit ihr Gewicht haben könnten. Diese Erwartungen wurden allerdings bald frustriert. Zunächst wurde der Verfassungsentwurf des Runden Tisches, dessen Vermächtnis, der unter starker Beteiligung von Bürgergruppen (aber auch der Blockparteien, die jetzt regierten) entstanden war, von einer Mehrheit des Parlaments in einen Ausschuß verwiesen, mit dem Ziel seiner „Beerdigung", das auch erreicht wurde. De Maizière argumentierte, daß die Zeit nicht reiche und präsentierte statt dessen einige ziemlich klägliche „Verfassungsgrundsätze", die zusammen mit der ersten DDR-Verfassung von 1949 gelten sollten. So fiel die Verfassungsdiskussion der Beschleunigung der deutschen Vereinigung zum Opfer.

Auch bei einem weiteren Programmpunkt wich die neue Regierung entscheidend von den Aspirationen der Volksbewegung von 1989 ab: bei der Auflösung der geheimdienstlichen Strukturen. Der Innenminister Diestel umgab sich mit Mitarbeitern und Beratern aus der MfS-Szene, drängte die Bürgerkomitees aus der Auflösungsarbeit und bereitete die Verbunkerung der Stasihinterlassenschaft beim Bundesarchiv in Koblenz vor. Es kam sehr schnell zu heftigen Konflikten mit der Regierung, die die marginale Rolle unserer Fraktion klarlegten, da die PDS in solchen Fragen nicht als Opposition wirken wollte. Erst die Hungerstreikbewegung und Besetzung der Stasi-Zentrale im September 1990 erzeugte im letzten Augenblick den notwendigen politischen Druck, daß wenigstens die Bildung der Strukturen erreicht wurde, die später in die Stasiunterlagen-Behörde einmündeten. Joachim Gauck, Mitglied der Bündnisfraktion für das Neue Forum, war der einzige unserer Politiker, der wirklichen Einfluß auf einen wichtigen politischen Prozeß dieser Übergangszeit gewinnen konnte. Das war nur möglich, weil in dieser Frage eine starke politische Unterstützung aus der Bevölkerung kam.

Solche Unterstützung fehlte uns ganz offensichtlich bei fast allen anderen Fragen. Der fundamentale Unterschied zwischen Beitritt nach Artikel 23 und nach Artikel 146 war der Mehrzahl der Sympathisanten nicht klar zu machen, ebensowenig daß der schnelle Übergang zur D-Mark (bereits ab 1. Juli) zu den auf den ersten Blick günstigen Umtauschraten zum sofortigen Kollaps der DDR-Wirtschaft führen würde. Im Gegenteil, dieser wurde herbeigewünscht, um schneller in die Bundesrepublik zu kommen – die Mehrheit meinte offenbar, daß sie von den damit verbundenen Verwerfungen keinen Schaden nehmen würde. Die weiteren Konfliktfelder, z.B. der genaue Auftrag an die Treuhandanstalt, die Wiederherstellung des Kommunaleigentums, die Übernahme der gesamten Energieversorgung durch die großen Stromkonzerne, die Gestaltung der Privatisierungs- und Eigentumsfrage (die Fraktion war durchaus nicht gegen jegliche Restitution von durch Sowjetische Administration und DDR-Verwaltung ausgesprochenen Enteignungen) – überall war die Stimmung zwar nicht starr gegen uns, aber immerhin wurden wir teils für Laienspieler im kommenden Rechtssystem, teils für Federfuchser gehalten, die jetzt nicht den schnellen Einigungsprozeß stoppen sollten. Letzten Endes kann man nur die Regelung der Stasi-Akten, die zeitweilige Übernahme der DDR-Regeln für den Schwangerschaftsabbruch und die Herstellung einer Reihe von Naturschutzparks als Teilerfolg buchen, zu dem die Fraktion beigetragen hat.

Es gab drei große Abstimmungen, auf die sich die Arbeit der letzten DDR-Volkskammer fokussieren läßt. Sie hatten alle mit dem Beitritt nach Art. 23 des Grundgesetzes zu tun. Zunächst wurde der Vertrag über die Wirtschafts- und Währungsunion ausgearbeitet, der die DM als Währung und eine Reihe von Übergaben staatlicher Wirtschaftskompetenz an bundesrepublikanische Institutionen umfaßte. Er stand am 21. Juni zur endgültigen Abstimmung und wurde gegen die Stimmen von PDS und Bündnis 90/Grüne mit großer Mehrheit (75%) angenommen. Zwar demonstrierten in Berlin Hunderttausende gegen den Vertrag; aber das waren überwiegend die Anhänger der PDS, denen die Mehrheit der Bevölkerung (vor allem in der Provinz) das Bestreben um Sicherung von Pfründen unterstellte. Wirkliche Aufregung gab es im Vorfeld nur um die Umstellungsrate DDR-Mark zu D-Mark. Helmut Kohl beruhigte die aufgeregte Bevölkerung, indem er gegen den Rat der Wirtschaftsspezialisten (u.a. des Bundesbankpräsidenten, der bald darauf zurücktrat) ein gespaltenes Verhältnis durchsetzte, das den Löhnen und Gehältern sowie kleinen Sparbüchern einen 1:1-Umtausch sicherte. Im übrigen wurde 1:2 bis 1:3 umgetauscht – nach Urteil der Kenner sämtlich zu günstige Raten, um dem kalten Wind der massiv einsetzenden bundesrepublikanischen und Weltkmarktkonkurrenz gewachsen zu sein. Die Fraktion sah die Folgen sehr genau und protestierte gegen den Vertrag, konnte sich aber gegen den Meinungsdruck, daß die DDR-Wirtschaft ohnehin zusammenbrechen würde, nicht durchsetzen. Der Streit, ob der „Kaltstart" (W. Sinn) der ostdeutschen Wirtschaft hätte vermieden werden können, dauert bis heute an. Wir stimmten dagegen, hatten aber dem Argument, wir seien mit der PDS auf dem Bremspedal der deutschen Einheit, wenig Durchschlagendes entgegenzusetzen. Die Kommunalwahlen vom 6. Mai bestätigten, daß die Mehrheit der Bevölkerung den Kurs der CDU unterstützte. Daß wir in der Folge in vielem Recht behielten, insbesondere bei der einsetzenden Massenarbeitslosigkeit, die viele Menschen, die auf ihren guten Kopf und ihre geschickten Hände setzten, als Schock erwischte – das ändert nichts daran, daß unser Konzept im Juni nicht zustimmungsfähig war.

Bei der zweiten namentlichen Hauptabstimmung ging es am 23. August um den Termin der Selbstauflösung der DDR und des Beitritts zur BRD. Dieses Ereignis fand als parlamentarische Posse statt, indem Dutzende verschiedener Termine und Verfahren in verwirrenden Abstimmungen zur Auswahl standen, bis schließlich die Regierung den 3. Oktober zur Abstimmung stellte. Wiederum stimmten fast 300 der 400 Abgeordneten zu, und wiederum war das Bündnis gespalten, aber mehrheitlich dagegen. Ich habe auch mit „Nein" gestimmt, was mir den Vorwurf des Einigungsgegners eingetragen hat, der ich im Prinzip gar nicht war. Mein Motiv und das zahlreicher Gleichgesinnter war, daß man nicht einen

Vertrag quasi unterzeichnen kann, bevor er vorliegt. Der zweite, endgültige, Einigungsvertrag lag noch nicht einmal als Entwurf vor, und wir sollten bereits seinen Inhalt, die Selbstauflösung des einen Vertragspartners, als Parlament ratifizieren. Für ein so unsinniges Vorgehen gibt es in der gesamten Geschichte des Parlamentarismus kein vergleichbares Beispiel!

Bei der letzten großen Abstimmung ging es um den Einigungsvertrag. Er ist das eigentliche Dokument der staatlichen Vereinigung und der damit verbundenen Selbstauflösung der DDR. Seine Ausarbeitung stand unter unglaublichem Zeitdruck, da, wie gesagt, der vorgezogene Termin 3. Oktober bereits beschlossen war. Seit den Juliverhandlungen zwischen Kohl und Gorbatschow stand die sowjetische Zustimmung bereits im Umriß fest. Den 2+4-Vertrag bekam Kohl durch massive Angebote an die Sowjetunion zum 12. September unter Dach und Fach. Der Einigungsvertrag selbst war in hektischen Verhandlungen im Juli/August ausgehandelt und am 31. August von Wolfgang Schäuble und Günter Krause paraphiert worden. Die Vorverhandlungen waren nahezu ausschließlich Sache von Verhandlungskommissionen der Exekutive beider Staaten und mit den Ländervertretungen der Bundesrepublik. Beide Parlamente waren mit einem gemeinsamen Ausschuß formal beteiligt, der aber in der Hektik auch nur unzureichend informiert war. Die „normalen" Parlamentarier unserer Fraktion erfuhren nur durch Zeitungsgerüchte von dem, was hinter den Kulissen vor sich ging. Kurz nach der Unterzeichnung wurde der Vertrag zur Ratifizierung vorgelegt. Für uns bedeutete das, ein tausendseitiges Vertragswerk in wenigen Tagen in all seinen Details und Verflechtungen zur Kenntnis zu nehmen und darüber abzustimmen. Das war schlechterdings unmöglich und hat erneut die Ablehnung durch einen größeren Teil unserer Fraktion, mich eingeschlossen, hervorgerufen. Es gelang allerdings in den letzten Tagen vor der Abstimmung, in turbulenten Verhandlungen noch einige Veränderungen herauszuholen (unter anderem in der Frage des Stasi-Erbes). Mein Gesamturteil ist, daß hier ein einmaliger historischer Vertrag faktisch zu einem Beamtendeal im Stil von Geheimverhandlungen gemacht wurde. Wolfgang Schäuble, der Manager des Ganzen, hat die endlosen Verhandlungen und internen Krisen in seinem Buch „Der Vertrag" dargestellt. Er hält den Vertrag für eine große Leistung, und ich will ihm nicht bestreiten, daß er ein bürokratisch-athletisches Schwergewicht gestemmt hat. Aber eine Großtat in Sachen demokratischer Transparenz war es mitnichten.

Auf solche Ausführungen begegne ich in der Regel dem Gegenargument, daß das „window of opportunity" nur ein paar Wochen offen war und die Einigung Deutschlands im allgemeinen innerdeutschen und internationalen Palaver hätte untergehen können, wenn das Eisen nicht heiß geschmiedet worden wäre. Ich verkenne dieses Argument nicht. Eile war vonnöten. Aber Eile rechtfertigt nicht die Ausschaltung der demokratischen Mitbestimmung zu einem Jahrhundertvorgang wie die deutsche Vereinigung. Und es rechtfertigt schon gar nicht, daß auch später, als niemand mehr den Vorgang rückgängig machen konnte, die Versäumnisse nicht nachgeholt wurden. Der abortive Prozeß der Verfassungsgestaltung, die in den hektischen Sommertagen 1990 auf den gesamtdeutschen Souverän übertragen wurde, ist Zeugnis dafür, daß hinter der Eile auch der Wille stand, es zu keinen substantiellen Reformen kommen zu lassen. Daß das Volk auf Eile drängte und im übrigen Anderes als langwierige Verfassungsdiskussionen im Kopfe hatte, kann keine Entschuldigung dafür sein, einen verfassungsgebenden Prozeß abzublasen. Es ist dabei geblieben, daß der Beitritt Ostdeutschlands nur mit kosmetischen Änderungen des Grundgesetzes einherging. „Dieses Grundgesetz", so hieß es am 23. Mai 1949, „verliert seine Gültigkeit an dem Tage, an dem eine Verfassung in Kraft tritt, die von dem deutschen Volke in freier Entscheidung beschlossen worden ist". Der Text trägt die Unterschrift von Dr. Adenauer, Präsident des Parlamentarischen Rates. Auf den damit angekündigten Tag warten wir bis heute. In der Mißachtung dieses Auftrages bündeln sich die Schwierigkeiten, die Deutschland in seiner gespaltenen Mentalität nach der friedlichen Überwindung der Generationen dauernden unnatürlichen Spaltung mit deren gesellschaftspolitischen Folgen und mit dem schmerzhaften Prozeß der inneren Vereinigung und Demokratisierung hatte und noch hat. In der Tilgung dieses Auftrages bekräftigt sich auch das letztendliche Scheitern, trotz einiger Erfolge im Einzelnen, der Volkskammerfraktion der Grünen Partei und der Bürgerbewegungen des Herbstes 1989.

Das Profil meiner Fraktion – Positionen und Bilanz

Gregor Gysi

Die X. Legislaturperiode der Volkskammer der DDR war nicht nur die kürzeste, sondern zugleich die aufregendste in deren Geschichte. Viel ist darüber gesprochen, wenig bisher geschrieben worden. Der Abschied von ihr war nicht gerade tränenreich, manche Namen von Abgeordneten aller Fraktionen sind entschwunden, nicht nur aus der Erinnerung von Historikern, sondern auch unserem Gedächtnis als Zeitzeugen.

Satiriker und Zyniker verloren mit der Volkskammer über Nacht einen gewichtigen Gegenstand. Das Urteil der Zeitzeugen und der Historiker aber war zumindest in einer Frage übereinstimmend: Es war das erste und zugleich letzte frei, demokratisch und geheim gewählte Parlament in der Geschichte der DDR.

Die Voraussetzungen für die parlamentarische Arbeit waren vielversprechend: Ein durch viele Parteien und Bewegungen breit gefächerter parlamentarischer und politischer Pluralismus, viele unverbrauchte Seiteneinsteiger, ausgewählte Fachleute, darunter viele Juristen und Theologen, in allen Fraktionen war ein breites Berufsspektrum vorhanden, das ausreichende Sach- und Fachkompetenz erwarten ließ, eine beachtliche Zahl promovierter Spezialisten, die etwas akademischen Atem dem Parlament hätten vermitteln können, frischer Wind und parlamentarische Unbekümmertheit waren zu erwarten.

Auch die Fraktion der PDS mußte dazu beitragen. Die Partei befand sich in einer tiefen Krise, eine Austrittswelle folgte der anderen, viele Parteimitglieder forderten die Auflösung der Partei und eine Neugründung, die Strukturen funktionierten schon lange nicht mehr – und so war eine Fraktion zusammengekommen, die so ganz anders war als alle bisherigen SED–Fraktionen. Das einende Band aller Abgeordneten war der gemeinsame Wille, es anders, besser zu machen, zu zeigen, daß die PDS als Nachfolgepartei der SED zur Demokratie fähig und in der Lage war, sich in jeder Hinsicht zu erneuern.

Die Mehrheit der Fraktion – 66 Abgeordnete der PDS – kam von der Basis, kannte sich gegenseitig nicht einmal vom Namen, tat den ersten Schritt in der Berufspolitik. Das Standardwerk „Wer war wer – DDR“ (Berlin: Ch. Links Verlag 1991), das 1515 DDR–Biographien erfaßt hatte, registrierte von den 66 Mitgliedern der Fraktion 17. Davon wegen ihrem Wirken vor der Wende neun, das waren die Abgeordneten Bisky, Fuchs, Groß, Höpcke, Heuer, Keller, Modrow, Schur und Willerding; wegen ihres Wirkens während der Wende acht, das waren die Abgeordneten Börner, Deneke, Gysi, Hegewald, Luft, Pohl, Seifert und Steinitz. In der Fraktion arbeiteten 27 Frauen – das war der höchste Frauenanteil aller Fraktionen – und 39 Männer. Fünf Abgeordnete waren jünger als 30 Jahre, 22 waren unter 40 Jahre. Unter den Abgeordneten – und das verdeutlicht die Krise der PDS sehr markant – waren kein Arbeiter und kein Bauer, 63 Abgeordnete waren diplomiert, 35 hatten promoviert. Zur Fraktion gehörten zwölf Lehrer, neun Professoren und acht Ärzte. Was aber das Wichtigste war: Zur Fraktion gehörten mit Höpcke, Keller, Modrow und Willerding nur vier ehemalige Partei- und Staatsfunktionäre der DDR, die allerdings ihrem guten Ruf vor der Wende auch während der Wende treu geblieben waren. Einig waren sich alle Abgeordneten schon auf ihrer konstituierenden Sitzung in den Grundprinzipien künftiger Arbeit: Konsequente Abkehr vom unsäglichen Prinzip des „demokratischen“ Zentralismus, jeder Abgeordnete sollte nur seinem Gewissen und seinen Wählern verpflichtet sein, jeder Abgeordnete sollte die gleichen Rechte und Pflichten haben, die Arbeit der Fraktion sollte transparent, Antworten auf die täglichen Fragen der parlamentarischen Arbeit sollten nicht vorgegeben sein, sondern gemeinsam erstritten werden, dort wo keine Einigung möglich ist, sollte jeder seinen Standpunkt selbst vertreten. Auch für die Mitglieder der PDS wurde die Arbeit in der X. Legislaturperiode der Volkskammer zu einer Schule des parlamentarischen Lernens.

Die Fraktion formulierte ihr politisches Selbstverständnis im März 1990 wie folgt: „Die Abgeordneten der PDS wirken in der Volkskammer der DDR als Vertreter einer linken, sozialistischen Kraft, die in kritisch-konstruktiver Opposition zur Regierung steht. Die Fraktion versteht sich als Sachwalter aller Kräfte der DDR, die sich für eine Gesellschaft der sozialen Gerechtigkeit und solidarischer menschlicher Beziehungen einsetzen. Sie orientiert sich an den Interessen aller Werktätigen, besonders der Arbeiterinnen und Arbeiter. Im Sinne des Wahlprogramms der PDS setzt sich die

Fraktion dafür ein, den Prozeß der deutschen Einigung mit der Überwindung der Spaltung Europas zu verbinden und auf die Schaffung eines fortschrittlichen, sozial gerechten und demokratischen Deutschlands auszurichten. Bedingung dafür ist, daß sich beide deutsche Staaten wandeln und Eigenständiges einbringen können. Das politische Agieren der Fraktion ist geprägt durch politische Fairneß, kritisches Herangehen und bündnispolitische Flexibilität. Der Meinungsbildungsprozeß in der Fraktion erfolgt auf gleichberechtigter und demokratischer Grundlage. Die Fraktion praktiziert kein für jedes ihrer Mitglieder verbindliches Abstimmungsverhalten." War die Sprache durch die Vergangenheit geprägt auch noch etwas holprig, so waren der Inhalt und das Anliegen zweifellos neu.

Heute, ein Jahrzehnt später, bin ich mehr denn je der Auffassung, daß das formulierte Selbstverständnis sich in der Bilanz der Arbeit der Fraktion widerspiegelt. Ende August 1990 hieß es in einem Bericht der Fraktion resümierend: „Entscheidend war das Bemühen, eine konstruktive Opposition zu sein. Es sei daran erinnert, daß unsere Fraktion der Regierungserklärung in wesentlichen inhaltlichen Fragen zustimmte, weil sie in ihr wesentliche Elemente fand, die auf die Vertretung von wesentlichen Interessen der Bürger der DDR orientierte. Konstruktive Opposition zu leisten, das schließt ein, prinzipieller Kritiker der Regierung, Interessenvertreter der Bürger der DDR im Einigungsprozeß, vor allem der Lohnabhängigen, aber auch konstruktiver Partner, der mit durchdachten, alternativen, sach- und fachgerechten Vorschlägen Verbesserungen für die Menschen einfordert und aufzeigt, zu sein. Entsprechend der politischen Gesamtentwicklung, als auch der Politik der Regierung waren die Akzente dabei unterschiedlich zu setzen. Zu Beginn der Amtszeit der Regierung de Maizières, vor allem nach dessen in der Regierungserklärung deutlich erkennbaren Absicht, eine souveräne Regierung der DDR sein zu wollen, überwog ein Auftreten der PDS-Fraktion, daß mittels Sach- und Fachkompetenz Vorschläge und Angebote zur Lösung der Probleme des Landes unterbreitete und so den demokratischen Charakter unserer Partei herausstellte. Das war auch wichtig in einer Situation, in der zunächst in scharfer Form alle Regierungsparteien und einige Oppositionskräfte sich an der oder gegen die PDS profilieren wollten und sich in Schuldzuweisungen übten. Wir traten sozusagen als DDR-tragende Opposition auf, weil wir die selbständige Existenz der DDR als Voraussetzung für ein gleichberechtigtes Zusammenwachsen der beiden deutschen Staaten erhalten wollten.

In dem Maße, wie der Kurs auf die rücksichts- und konzeptionslose, auf die sogenannten Selbstheilungskräfte des Marktes vertrauende Einführung der kapitalistischen Marktwirtschaft betrieben wurde und für die DDR-Bürger wichtige Positionen der Regierungserklärung in der praktizierten Politik der Regierungskoalition verlassen wurden, rückte auch stärker eine prinzipielle und schärfere Kritik an der Regierung, an der Mißachtung der Interessen der Menschen in den Vordergrund der Tätigkeit der Fraktion. Zu keiner Zeit hat die Fraktion einen Zweifel daran gelassen, daß sie ohne Wenn und Aber gegen einen Anschluß der DDR an die BRD, gegen den Artikel 23 des BRD-Grundgesetzes und gegen eine NATO-Mitgliedschaft Gesamtdeutschlands eintritt. Sie hat sich aber auch klar für einen Prozeß der gleichberechtigten Vereinigung der beiden deutschen Staaten ausgesprochen.

Unter Berücksichtigung der wachsenden Widersprüche zwischen den Parteien der Regierungskoalition und dem sich unter dem Druck aus Bonn und des sich unter der prekären Wirtschafts- und Finanzlage vollziehenden Zerfalls der Koalition ringt die Fraktion darum, alle Möglichkeiten auszunutzen, um noch vor dem Beitritt vertraglich fixierte und unverzichtbare Sicherungen für die DDR-Bürger zu erreichen. Das liegt voll auf der Linie ihres bisherigen Wirkens. So waren von den von uns ergriffenen Gesetzesinitiativen über die Hälfte sozialen Sicherungen bzw. Verbesserungen verpflichtet. Dazu gehört unser Kampf für einen wirksamen Kündigungsschutz ebenso wie auch der Kampf für die Garantierung der demokratischen Bodenreform."

Ich habe bewußt aus zwei Originaldokumenten zitiert, weil sie nicht der Gefahr einer zeitbedingten Verklärung unterliegen. Die Fraktion der PDS hatte ohne Zweifel genug mit sich zu kämpfen, mußte den schwierigen Part einer Opposition erlernen und sich zugleich aus den lähmenden Fesseln ihrer Vergangenheit befreien. Das war schon schwer genug. Zugleich war sie der Prügelknabe der Mehrheit des Parlaments. Bühnenreife Auftritte gegen sie vor und hinter dem Rednerpult, verbale Entgleisungen und politische Verdächtigungen, wortreiche Beschimpfungen und ungenügende Gewährleistung von Rechtsstaatlichkeit waren noch das Erträglichere, was die Fraktion wegstecken mußte. Und das alles in permanenter Anwesenheit der Medien. Vielleicht gehörte das alles nur zu den normalen Kinderkrankheiten einer entstehenden parlamentarischen Demokratie. Auf jeden Fall war es eine blendende Vorbereitung auf die parlamentarische Tätigkeit der PDS im Deutschen Bundestag.

Über vieles in der Arbeit der letzten Volkskammer hat sich inzwischen schon Staub gelegt. Nicht nur die Redebeiträge der Abgeordneten meiner Fraktion in den Debatten zum Vertrag über die Schaffung einer Währungs-, Wirtschafts- und Sozialunion sind heute noch mit Respekt zu lesen. Im übrigen stimmte damals die gesamte Fraktion Bündnis 90/Grüne von Marianne Birthler bis Vera Wollenberger wie die PDS gegen das Gesetz. Den Debattenbeiträgen der PDS zum Beitritt der DDR zum Geltungsbereich des Grundgesetzes der Bundesrepublik kann auch heute, ein Jahrzehnt später, nüchterne Analyse und vorausschauende Sicht nicht abgesprochen werden. Wofür wir damals fast in der Luft zerrissen worden wären, gehört heute zu den interessantesten Dokumenten der damaligen Zeit. Stoff nicht nur für Historiker.

Fast in Vergessenheit geraten ist, daß die Abgeordneten Birthler, Poppe, Reich, Schulz, Tschiche und Wollenberger – wie die PDS-Abgeordneten – damals dem Beitritt ihre Zustimmung versagten. Kaum in Erinnerung ist, daß der Abgeordnete Günter Nooke am 7. Mai den Staatsvertrag als „ Einleitung eines Jahrhundertdeals, dessen ganzer Skandal sich noch zeigen wird", titulierte.

So ließe sich vieles ergänzen, daß das Mühen des Hohen Hauses um parlamentarische Demokratie durchaus Referenz erweisen könnten. Besonderheiten bleiben. Zum Beispiel fragten sich Fraktionsvertreter gegensätzlicher Parteien um Rat, konnten während der Debatte Mitglieder anderer Fraktionen überzeugt werden, geschah es sogar, daß eine Regierungsfraktion nach einem Einwand von mir einen Antrag zurückzog. All dies wäre im Bundestag undenkbar; eigentlich bedauerlich.

Die X. Legislaturperiode der Volkskammer der DDR war die kürzeste, aber bestimmt nicht die schlechteste, sie hat anerkanntermaßen einen bedeutenden Beitrag in der deutschen Demokratiegeschichte geleistet. Dazu hat auch die Fraktion der PDS ihren eigenen Beitrag erbracht.

Das Profil meiner Fraktion, Positionen und Bilanz

Hansjoachim Walther (DSU)

Betrachtet man das politische Wirken der Deutschen Sozialen Union, so fällt diese im wesentlichen in das Jahr 1990 und da in die Zeit der 10. Volkskammer.

Die Deutsche Soziale Union (DSU) wurde am 20. Januar 1990 in Leipzig durch den Zusammenschluß von 11 im Herbst 1989 gegründeten CSU-nahen Gruppierungen aus allen Teilen Mitteldeutschlands gegründet. Ihr erster Vorsitzender war Pfarrer Hans-Wilhelm Ebeling aus Leipzig, Herr Hubertus Nowack und ich waren seine Stellvertreter, und Herr Dr. Peter Michael Diestel wurde Generalsekretär. Die einzelnen Gruppierungen hatten unterschiedliche Vorstellungen von der weiteren Entwicklung in Mitteldeutschland, einigten sich in mehreren Gesprächen auf ein konservatives, liberales, christlich begründetes und auf die Einheit Deutschlands orientiertes Grundsatzprogramm, welches auf dem ersten Parteitag im Februar 1990 in Leipzig verabschiedet wurde.

Das erste Werbeplakat der DSU (vollständig) vom 21. Januar 1989 lautete:

UNSERE ZIELE:

Soziale Marktwirtschaft
keine sozialistischen Experimente mehr
weg von Marxismus/Leninismus
freie Entfaltung der Persönlichkeit
Unantastbarkeit von privatem Eigentum
Wahrung christlich-moralischer Werte
materielle Absicherung und Integration Behinderter, Rentner und sozial Schwacher

Baldige Vereinigung Deutschlands
Rechtsreform – Rechtsstaatlichkeit

> *Verwaltungsreform*
> Herstellung von Ländern in den Grenzen von 1952 wie Thüringen, Sachsen usw. mit eigenen Hauptstädten
>
> *Finanzreform*
> Neufassung der Steuergesetzgebung

und enthielt alle wesentlichen Forderungen und Ziele der DSU im Januar 1990.

Ein fundamentaler Nachteil gegenüber allen bereits existierenden Blockparteien war, daß sich die verantwortlichen Personen und Gruppen nicht kannten. So war nicht auszuschließen, daß sich auch im Gründungsvorstand Spitzel der Staatssicherheit befanden, wenngleich konkret keine Person als solcher entdeckt wurde. Möglicherweise hatten sich die Kampfreserven des Staatssicherheitsdienstes bei der Infiltration der Bürgerbewegungen und der Sozialdemokratischen Partei erschöpft. Ich vermute, die selbsternannte führende Partei SED konnte sich bis 1989 überhaupt nicht vorstellen, daß es im Osten Deutschlands eine große Anzahl von Bürgern gab, die jede Form von Sozialismus ablehnten. Die SED rechnete nicht mit einer bürgerlichen Partei auf den Gebiet der DDR.

So war es nicht verwunderlich, daß die DSU u.a. Zulauf von allen denen bekam, die unter dem real existierenden Sozialismus politisch benachteiligt, geschädigt, verfolgt und eingekerkert waren sowie von Heimatvertriebenen und Flüchtlingen aus Ostpreußen, Pommern, Schlesien, Ostbrandenburg und dem Sudetenland. Da wir praktisch vom ersten Tag an Wahlkampf für die auf den 18. März 1990 vorgezogene (urspr. sollte an diesem Tag die Betrugs-Kommunalwahl vom Sommer 1989 wiederholt werden) Volkskammerwahlen führen mußten und ebenso wie die SPD und die Gruppierungen des Bündnis 90/Grüne auf keinerlei Infrastruktur zurückgreifen konnten, hatten wir gegenüber den Blockparteien (einschl. SED-PDS) einen unerhörten Nachteil, der sich dann auch in den erzielten Prozentzahlen ausdrückte. Schnitt die SPD dank der Identität mit ihren westdeutschen Freunden mit 88 von 400 Abgeordneten noch erwähnenswert gut ab, kamen die anderen Neugründungen, nämlich DSU mit 25, Bündnis 90/Grüne mit 20 und Demokratischer Aufbruch (DA) mit 4 Abgeordneten, doch wesentlich schlechter in der Wählergunst weg als von vielen erwartet.

Lag bei einer repräsentativen Umfrage von Ende Dezember 1989 die CDU (Ost) noch deutlich unter 10% der Wählergunst, erzielte sie zu den Volkskammerwahlen mit 163 Mandaten mehr als 40% der Stimmen. Ich glaube, daß sowohl die Person Helmut Kohl mit der Aussicht auf baldige deutsche Einheit und damit der Sicherheit einer gediegenen Währung als auch die Weißwaschung der CDU (Ost) innerhalb der „Allianz für Deutschland“ durch die unbelasteten Parteien DSU und DA vieles von der Blockpolitik der CDU (Ost) verwischte.

An der Gründung der im Februar 1990 geschmiedeten „Allianz für Deutschland“, bestehend aus CDU (Ost), DA und DSU, nahmen von DSU-Seite nur die Herren Ebeling und Dr. Diestel teil. Und genau diese beiden Herren Ebeling und Dr. Diestel wurden Minister im Kabinett de Maizière. Weder das Präsidium noch der Vorstand der DSU, ja nicht einmal die beiden Stellvertreter waren informiert von Verhandlungen geschweige denn in diese involviert. Die Mitglieder und die Vorstände der DSU waren vor vollendete Tatsachen gestellt und konnten nur noch gute Miene machen. Es war gewiß nicht Herzenswunsch der DSU mit der CDU (Ost) zu paktieren und oft genug standen wir vor Entscheidungen in der Volkskammer, die wir nur um des Zieles der schnellen Einheit Deutschlands willen mittrugen.

Nachdem die Ergebnisse der Volkskammerwahlen am Abend des 18. März vorlagen, stand die DSU-Führung vor einer schwierigen Situation. Wir hatten geglaubt, daß DA und DSU mit der CDU (Ost) vergleichbare Resultate erreichen würden und waren schwer geschockt. Der DA mit nur 4 Abgeordneten und weniger als 1% der Stimmen (ein Resultat auch der IM-Enttarnung ihres Vorsitzenden Schnur wenige Tage vor der Wahl geschuldet) nahm bald das Angebot der CDU (Ost und West?) an, eine gemeinsame Fraktion in der Volkskammer zu bilden. Die DSU lehnte das (m. W. nur mündliche) entsprechende Angebot ab, dabei folgte sie sowohl dem Rat ihrer Schwesterpartei CSU als auch ihrer eigenen Selbstüberschätzung. Aus meiner Sicht war diese Entscheidung ein Fehler nicht nur aus Sicht der Mitglieder, Sympathisanten und Führungskräfte der DSU, sondern auch im Hinblick auf eine Erneuerung der CDU (Ost). 10 Jahre nach diesen Ereignissen und 7 Jahre nach meinem Austritt aus der DSU und dem Eintritt in die CDU (Deutschland) darf ich konstatieren, daß das Führungspersonal der CDU auch heute gut noch einige Kräfte vertragen könnte, die bis 1989 keiner Partei angehörten.

Welche Ziele verfolgte die DSU-Volkskammer-Fraktion?

Alle anderen wichtigen Ziele der DSU-Fraktion waren dem schnellstmöglichen Beitritt der noch existierenden DDR zum Geltungsbereich des Grundgesetzes gemäß damaligem Artikel 23 untergeordnet.

Höhepunkt für die DSU war sicherlich der Antrag auf sofortigen Beitritt der DDR zum Geltungsbereich des Grundgesetzes der Bundesrepublik

Deutschland am 17. Juni 1990. Dieses Ziel wurde von uns von Anfang an und mit der Zeit mit immer größerer Resonanz, auch in anderen Fraktionen, verfolgt. Zum Zeitpunkt des 17. Juni 1990 gab es noch in fast allen anderen Fraktionen (nicht nur PDS und Bündnis 90/Grüne) Abgeordnete, die nach einem sog. 3. Weg zwischen Sozialismus und westlicher Demokratie suchten. Unser Antrag wurde in die Ausschüsse verwiesen. Daraufhin erzwang die DSU in einer Präsidiumssitzung eine erneute Abstimmung. In der für alle Beteiligten unvergeßlichen Nachtsitzung vom 22. zum 23. August hatten wir dieses Ziel erreicht, als der Tag des Beitritts für den 3. Oktober 1990 beschlossen wurde. Möglicherweise war in diesem Moment die politische und historische Mission der DSU bereits erfüllt.

Wie sehr wir für das Ziel der deutschen Einheit arbeiteten, bewies die DSU durch Festhalten an der Regierungskoalition, nachdem die Minister Ebeling und Dr. Diestel aus der DSU ausgetreten waren, jedoch ihre Ministerämter nicht niederlegten (auch in der erst wenige Monate jungen DDR-Demokratie klebten wie auch heute Minister an ihren Ämtern).

Ein weiteres unabdingbares Ziel war für uns, die Voraussetzungen zu schaffen, daß die Aufarbeitung der DDR-SED-STASI-Vergangenheit auch für die Zeit nach dem Beitritt zum Geltungsbereich des Grundgesetzes gesichert wurde. Auch dieses Ziel wurde erreicht, wenngleich einige Fraktionen der Volkskammer Befürchtungen hatten, daß diese unsere von der übergroßen Mehrheit der Abgeordneten getragene Forderung in einem geeinten Deutschland ähnlich lasch gehandhabt werden könnte wie die Auf- und Nacharbeitung der NS-Vergangenheit in beiden deutschen Teilen nach dem 2. Weltkrieg. Ein in diesem Zusammenhang wichtiger, von der DSU mitinitiierter, und von allen Fraktionen getragener Beschluß war, einen Sonderausschuß zur Kontrolle und Auflösung des MfS zu bilden. Ein weiterer Beschluß der Volkskammer wurde auf der 14. Tagung (15. Juni) gefaßt, der die Rentenobergrenze für MfS-Angestellte auf 1.200,00 DM festschrieb.

Die Forderung, daß das Territorium unseres Teils Deutschlands ebenfalls zur NATO gehören sollte, stellten wir im Januar 1990 noch nicht laut. Im April 1990 sagte der damalige DDR-Außenminister, Markus Meckel (SPD), vor der Volkskammer, daß eine NATO-Mitgliedschaft nicht *sein* Ziel sei.

Am 5. Juli, kurz nach der Wirtschafts-, Währungs- und Sozialunion sagte ich dann namens der DSU: „NATO ist auch heute unverzichtbar für Deutschland.“

Das bekannte Ergebnis der 4+2-Verhandlungen wurde von der DSU uneingeschränkt begrüßt.

Die Wiederherstellung der Länderstruktur wurde von allen Fraktionen getragen und bedarf deshalb keiner besonderen Erwähnung.

Wie ein roter Faden zog sich eine Verfassungsdiskussion durch die Arbeit der Volkskammer. Für die DSU war das völlig verlorene Zeit, denn bereits mit der Bildung der Regierungskoalition aus den Parteien der Allianz für Deutschland, der SPD und den Liberalen war für die DSU klar, daß das Grundgesetz der Bundesrepublik über den Beitritt gemäß Artikel 23 auch für die Bürger unseres Landeteiles zur Verfassung werden sollte. Die sich nach der Vereinigung aus der Diskussion zum Grundgesetz ergebenden Änderungen desselben haben leider nicht oder doch nur unwesentlich die Erfahrungen der Bürger unseres Teils Deutschlands widerspiegelt. Eine intensivere Diskussion über erforderliche Veränderungen des Grundgesetzes und entsprechendes Einfordern im Zusammenhang mit dem Einigungsvertrag hätten evtl. mehr Erfolg gezeigt, als die Kräfte auf Veränderung der sog. DDR-Verfassung (von 1949 oder 1968 oder 1974 oder ...) verschwenden.

Einen letzten und für die Vergangenheitsaufarbeitung wichtigen Erfolg erzielte die DSU-Fraktion zusammen mit den Fraktionen Bündnis 90/Grüne und SPD auf der 37. und letzten Arbeitssitzung der Volkskammer. Wenngleich unter Ausschluß der Öffentlichkeit, wurde die Nennung der Namen aller Abgeordneten erzwungen, die mit der Staatssicherheit verstrickt waren.

In einem Punkt aber muß ich eingestehen, daß unser Ziel nicht ereicht wurde:

Für uns und unsere Anhänger war eigentlich klar und zwingend für das Gedeihen Deutschlands erforderlich, daß eine Partei wie die SED, die für die Verbrechen in unserem Teil verantwortlich war (selbsternannte „führende Rolle im Staat“) sowie ihre Fortsetzungspartei keinen Platz in einem demokratischen Deutschland finden dürfte. Schließlich heißt es in Artikel 21 (2) des Grundgesetzes der Bundesrepublik Deutschland:

> Parteien, die nach ihren Zielen oder nach dem Verhalten ihrer Anhänger darauf ausgehen, die freiheitlich demokratische Grundordnung zu beeinträchtigen oder zu beseitigen oder den Bestand der Bundesrepublik Deutschland zu gefährden, sind verfassungswidrig. Über die Verfassungswidrigkeit entscheidet das Bundesverfassungsgericht.

Und war es nicht alleroberstes Ziel der SED, die Bundesrepublik Deutschland ebenfalls den Segnungen des Kommunismus zuzuführen? Und die Wandlung der SED (Saulus) zur PDS (Paulus) hat keineswegs bei allen Mitgliedern der PDS zum Ende des Kommunismustraumes geführt.

Künftige Historiker werden evtl. die Gründe für ein Nichtverbieten dieser Partei herausfinden, vielleicht war es aber auch *ein* Preis für die Einheit Deutschlands in Freiheit, den wir für die friedliche Revolution zu zahlen hatten. Ja, es gelang nicht einmal eine Mehrheit für den DSU-Gesetzesantrag in der Volkskammer zu finden, das Vermögen von Altparteien und den ihnen nahestehenden sog. Massenorganisationen zu enteignen.

Einen *anderen* Preis, den wir zu zahlen hatten (auch wenn das heute vehement von einigen Politikern und Nichtpolitikern bestritten wird), war die auch von der DSU mehrheitlich akzeptierte Oder/Neiße-Grenze gegen Polen sowie die für die DSU nicht nachvollziehbare Ungleichbehandlung von Enteignungen vor und nach 1949.

Die DSU wollte Gleichbehandlung (d.h. das Jahr 1949 als Schnitt sollte keine Bedeutung haben), mußte sich dann aber beugen, da von Vertretern der DDR-Regierung die Andersbehandlung der Enteignungen vor 1949 als unverzichtbare Forderung der Sowjetunion dargestellt wurde. In seiner Regierungserklärung vom 19. April sagte der Ministerpräsident Lothar de Maizière:

> „Die Ergebnisse der Bodenreform auf dem Territorium der DDR stehen nicht zur Disposition"

Herr Staatssekretär Dr. Günter Krause (15. Tagung, 17. Juni) sagte:

> „Natürlich wird das Eigentum, welches sich bis zum 7. Oktober 1949 gebildet hat, bestätigt."

Auch heute ist diese immer wiederkehrende Diskussion für mich schwer verständlich: Niemand, der aus den ehemaligen deutschen Ostgebieten vertrieben oder umgesiedelt wurde und in Mitteldeutschland den Sozialismus ertragen mußte, konnte irgendwelche Restitutions- oder Entschädigungsforderungen geltend machen. Mit 4.000,00 DM wurde jeder noch lebende Vertriebene – unabhängig von vorangehenden Besitzverhältnissen – pauschal ruhiggestellt. Eine ähnliche Entschädigung von 4.000,00 DM für die Enteignungen auf dem Gebiet der neuen Bundesländer wäre zumindest aus Sicht der Vertriebenen ja auch denkbar gewesen.

Zusammenfassung

Die Volkskammer hat Kärrnerarbeit geleistet, allein 37 Sitzungen zwischen dem 5. April und 28. September, also in weniger als 6 Monaten (mit einer Protokollseitenzahl von 1862 Seiten) fanden statt, manche Sitzungen über 10 Stunden zeugen zumindest vom Fleiß und Durchstehvermögen aller. Das war aber auch nur in dieser Ausnahmesituation zu leisten, da die übergroße Mehrheit der Abgeordneten der Volkskammer das Ziel der Einheit Deutschlands nie aus dem Auge verlor.

Daß nach den Herbstwahlen zum Deutschen Bundestag und zu den Landtagen in den neuen Bundesländern die DSU von der politischen Bühne verschwand, ist für alle Mitglieder, Sympathisanten und Volkskammer-Abgeordneten sehr schmerzlich gewesen. Das ganze Jahr 1990 hatten wir noch gehofft, CSU zu werden, was von Seiten der CSU-Führung leider strikt abgelehnt wurde. Ein anderer Sargnagel für die DSU war die ständige Diskussion einer beträchtlichen Anzahl von Mitgliedern im Bundesvorstand, die DSU auf ganz Deutschland auszudehnen. Das war ein Irrwitz angesichts des extrem schwachen Organisationsgrades der DSU in den neuen Bundesländern. Die beiden etablierten Unionsparteien, insbesondere die CDU (West), hatten kein Interesse an der Existenz einer weiteren Unionspartei. Die Herbstwahlen 1990 zu den Landtagen und zum Deutschen Bundestag zeigten, daß die DSU in Deutschland nicht mehr wirksam an der politischen Willensbildung teilnehmen konnte. Mit der Abwahl von Reinhard Keller als DSU-Vorsitzender 1993 sowie einer völligen Neubesetzung des DSU-Bundesvorstandes (nunmehr war die CSU nicht mehr unsere Schwesterpartei) war quasi die DSU nicht mehr existent. Einige Gemeinde-, Kreis- und Stadträte vor allem in Sachsen (dort gibt es keine 5%-Hürde im Kommunalbereich) halten die Fahne der DSU noch heute hoch.

Viele DSU-Mitglieder haben in der CDU eine neue Heimat gefunden, leider haben die meisten DSU-Mitglieder die politische Bühne verlassen. Ähnlich den vielen SPD-Mitgliedern, die in der Nachkriegszeit im östlichen Teil Deutschlands in die SED übernommen wurden, sich aber stets als SPD-Mitglieder fühlten, ging der Verstand der meisten konvertierten DSU-Mitglieder zur CDU (Deutschland). Das Herz aber schlägt noch im DSU-Takt, und die Affinität zur Bayrischen CSU ist ungebrochen. Wahrscheinlich wäre es für die politische Hygiene in Deutschland besser gewesen, sämtliche in der DDR bestehenden Parteien wären aufgelöst worden und es hätten sich in neuen Parteien die Demokraten eingefunden, die die besonderen Interessen der neuen Bundesbürger gewiß glaubwürdiger vertreten hätten als die selbsternannte Interessenvertretung genannt PDS.

Angesichts des Niedergangs der altehrwürdigen FDP sowie des Bündnis 90/Grüne im Osten könnte man geradezu dankbar sein, daß der DSU (dank des Gesetzes zur Wahl des Bundestages im Dezember 1990) ein solch qualvolles Sterben erspart blieb. Ob sich angesichts des gegenwärtigen Spendenskandals der CDU das Verschwinden einer unbelasteten DSU nicht zukünftig als verderblich für das konservative Lager in Deutschland erweist, wird die Zukunft zeigen.

Deutschland ist geeint in Freiheit. Allein dieses ersehnte Ziel erreicht zu haben, rechtfertigt unser Tun in der Volkskammer 1990. Daß nicht alle Blütenträume reiften, war wohl zu erwarten, zu groß waren die Hoffnungen und Erwartungen vieler. Trotz berechtigter Sorgen eines Teils der Deutschen sollte jeder – ob in Ost oder in West – dankbar für das Glück eines geeinten Vaterlandes sein.

Die verbreitete Sinnlosigkeit, den sogenannten OSSI-WESSI-Streit zu führen, lenkt nur davon ab, wie gut wir im Osten, wenngleich 45 Jahre zu spät, noch davongekommen sind. Jedem, der über die gegenwärtigen Verhältnisse lautstark klagt, sei empfohlen, wenigstens einmal im Jahr in ein anderes östliches europäisches Land zu fahren. Dort kann er sehen, wie schwierig der wirtschaftliche, politische und finanzielle Aufbauprozeß ist, wenn kein Westpolen, keine Westslowakei, ... zum Helfen bereitsteht.

Dank möchte ich an dieser Stelle allen denen sagen, die sich für Deutschland und seine Wiedervereinigung eingesetzt haben, allen voran und stellvertretend für alle den Herren Gorbatschow und Bush sowie den Herren Kohl, Waigel, Genscher und de Maizière.

Die Fraktion DBD/DFD

Günther Maleuda

Widersprüchliches vor der Wahl

Über die Position der Fraktion DBD/DFD in der frei gewählten Volkskammer der DDR kann ich nicht schreiben, ohne einleitend auf einige Zusammenhänge einzugehen, die in jenen Wochen 1989/1990 und unmittelbar in den Wahlkämpfen einen dominierenden Charakter trugen.

Wer über den 18. März 1990 schreibt oder redet, muß auch aus objektiver Sicht denen Respekt erweisen und deren Anteil am Zustandekommen der ersten freien Volkskammerwahlen anerkennen, die trotz aller Unterschiede in Bewertung und Zielsetzung der Politik alles getan haben, die Wahlen zum Erfolg zu führen. Gerade in dieser Hinsicht wurde in den zurückliegenden Jahren einseitig und tendenziös gewertet. Das betrifft das Wirken des Runden Tisches, der Regierung und der Volkskammer. Damit wird die Tatsache negiert, daß in dieser Zeit ein alle Seiten des gesellschaftlichen Lebens betreffender Demokratisierungsprozeß eingeleitet wurde. Diese Gremien haben kontrovers, konstruktiv und ergebnisorientiert zusammengearbeitet.

Sie nahmen die Forderungen und Erwartungen der Bürger aus den Demonstrationen und Versammlungen auf und leisteten eine umfassende Arbeit zur Durchführung von Reformen des politischen Systems in der DDR, so der Wirtschaft, der Bildung, der Verwaltung, des Militärwesens und der Justiz.

Hervorzuheben ist das neue Wahlgesetz vom 20. Februar 1990, die Sozialcharta und der Entwurf einer neuen Verfassung, die ein Beitrag auf dem Weg in die deutsche Einheit waren. Die Verfassungsdiskussion war zeitgemäß. Hatte doch selbst Bundeskanzler Kohl im Februar 1990 erklärt „Wir werden eine neue Verfassung zu schaffen haben...Ich bin dafür, daß das, was sich bewährt hat, und zwar auf beiden Seiten, von uns übernommen werden soll. Es gibt auch Entwicklungen in der DDR in diesen vierzig Jahren, die es sich sehr lohnt anzusehen. Ich bin ganz und gar dagegen, eine Position einzunehmen, die auf Anschluß hinausgeht"[1]. Es ist eine der Aussagen des Bundeskanzlers im Vorfeld der Wahlen, die bei den Bürgern in der DDR auf Zustimmung stieß, nach den Wahlen aber nicht mehr auf der Tagesordnung stand.

Wer über die Volkskammerwahl am 18. März redet oder schreibt, sollte auch nachweisen, welch großen Einfluß bundesdeutsche Politiker ausgeübt haben.

Der Druck auf das gesellschaftliche Leben in der DDR durch Vertreter der westdeutschen Parteien nahm Anfang 1990 stark zu. Von breiten Kreisen der Bevölkerung wurde dies als eine Einmischung in die inneren Angelegenheiten der noch souveränen, völkerrechtlich anerkannten DDR angesehen.

Die Führung des Wahlkampfes durch Politiker der Bundesrepublik kam einer Verletzung des Vertrages über die Grundlagen der Beziehungen zwischen der Bundesrepublik Deutschland und der Deutschen Demokratischen Republik – Grundlagenvertrag – vom 21.12.1972, gleich. Darin heißt es im Artikel 6: „Die Bundesrepublik Deutschland und die Deutsche Demokratische Republik gehen von dem Grundsatz aus, daß die Hoheitsgewalt jedes der beiden Staaten sich auf sein Staatsgebiet beschränkt. Sie respektieren die Unabhängigkeit und Selbständigkeit jedes der beiden Staaten in seinen inneren und äußeren Angelegenheiten."[2]

Die Wahlen in der DDR waren eine innere Angelegenheit der DDR!

Unter Mißachtung der mehrheitlichen Meinung des Runden Tisches, der Regierung und der Volkskammer vollzog sich eine groß angelegte Wahlinvasion führender Politiker der Bundesrepublik in der DDR. Sie traten zwar formal als Wahlhelfer auf, setzten jedoch ureigene Interessen durch.

Dieser Umstand veranlaßte mich im Namen des Präsidiums der Volkskammer am 7. März 1990 vor dem Hohen Haus zu erklären: „Von den Repräsentanten der Bundesrepublik Deutschland erwarte ich, daß sie, die mehrheitliche Auffassung der Teilnehmer des Runden Tisches achtend, nunmehr auf ihren eigenen Wahlkampf in der DDR verzichten. Überlassen sie die Wahlkampftribünen für die ersten freien, gleichen und geheimen Wahlen zur Volkskammer den Kandidaten unseres Landes."[3] Die Erwartungen wurden nicht erfüllt. Im Gegenteil! Am 16.3.1990 konnte man in der BZ lesen: „Laut dpa hat das Bundesministerium für innerdeutsche Beziehungen für die Stimmenwerbungen 7,5 Millionen

1 Der Spiegel, Nr. 11/90, v. 12.3.1990, S. 27.
2 „ Deutschland seit 1945", Moos u. Partner, 1990, S. 243.
3 Protokoll der Volkskammer, 9. Wahlperiode, 18. Tagung, 6.u. 7. März 1990.

DM über parteinahe Stiftungen aufgebracht. Dies geht aus einer Veröffentlichung der Antwort des Staatssekretärs im Ministerium, Walter Priesnitz, auf eine parlamentarische Anfrage hervor. Die größte Unterstützung erhielt die Union mit 4,5 Millionen DM. Die Grünen gingen leer aus. Knapp zehn Prozent der DDR-Bevölkerung (1,6 Millionen Menschen) so dpa, waren nach Schätzungen in der CDU bei Veranstaltungen mit Kohl und anderen prominenten Christdemokraten aus der Bundesrepublik mobilisiert. Die Bonner CDU sparte nicht mit ihrem Einsatz: 20 Millionen Flugblätter, fünf Millionen Exemplare „Zeitungen zur Wahl" zwei Millionen Aufkleber, 500000 Plakate, 2,5 Millionen Kalender, über 2000 Rednereinsätze sowie 50 in die DDR entsandte hauptamtliche Helfer. Im SPD-Wahlkampf war Brandt das unbestrittene SPD-Zugpferd. Bei mehr als einem Dutzend Wahlkampfauftritten zwischen Rostock und Dresden brachte der Parteipatriarch Hunderttausende auf die Beine. Bei Veranstaltungen des Bundes Freier Demokraten traten Lambsdorf und Genscher auf.[4]

Objektiv betrachtet muß klar sein, daß die Bildung der „Allianz für Deutschland" am 5.2.1990 und der „Bund Freier Demokraten" am 12. Februar 1990 gleichfalls an den Tischen der Spitzenpolitiker von CDU und FDP in Westberlin Wahl entscheidend war.

Nicht die SPD wie allgemein erwartet siegte am 18. März, sondern die „Allianz für Deutschland". Der zweifellos wirksamste „Wahlhelfer" war die D-Mark. Deshalb wird die Volkskammerwahl auch das Attribut „DM-Wahl" behalten. Unbestritten ist, die Bürger der DDR wollten die D-Mark.

Die bekannte FDP-Politikerin Frau Hamm-Brücher schrieb im Zusammenhang mit dem Prozeß der Aufarbeitung und Selbstreinigung über diese Zeit „Auch in dieser Hinsicht dienten die freien Wahlen am 18. März 1990 – ebenso wie die Bundestagswahl im Dezember 1990 – nicht der Besinnung und Orientierung, sondern der Manipulation. Alle Mittel an Versprechungen und Schönmalerei wurden eingesetzt. Das rächt sich nun besonders bitter, führt zu wachsender Politikverdrossenheit, zu Enttäuschung und Radikalisierung"[5]

---

4 Neue Chronik der DDR, 4./5. Folge, S. 241.
5 „Wider die Selbstgerechtigkeit", Serie Piper, 1991, S. 129.

Das Programm der Demokratischen Bauernpartei Deutschlands (DBD) zur Wahl

Ende Januar 1990 hatte die DBD auf einem Außerordentlichen Parteitag über ihren Beitrag im Prozeß der gesellschaftlichen Erneuerung in der DDR beraten, mit der Vergangenheit kritisch abgerechnet und die etwa 117.000 Mitglieder auf die bevorstehenden Wahlen eingestimmt.

Die DBD warb vor allem mit folgenden Zielsetzungen um Wählerstimmen:

Mit der DBD

für eine demokratische und humanistische Gesellschaft,
für Volkssouveränität und Rechtsstaatlichkeit,
für die Sicherung des Eigentums,
für eine gesunde Umwelt, für uns und kommende Generationen,
für Marktwirtschaft- sozial- und ökologieorientiert,
für eine ökologieorientierte, effektive Agrarproduktion,
für Bildung und Wissenschaft- der Jugend Toleranz und Vertrauen,
für mehr Lebensqualität durch Kultur und Sport,
für soziale Sicherheit und Gerechtigkeit.

Die DBD hob hervor, sie sei eine Partei Deutschlands, weil sie die Einheit Deutschlands in einem friedlichen und demokratischen Europa anstrebt.

Obwohl die DBD einen zielstrebigen Wahlkampf führte, war das Wahlergebnis mit 2,19% für sie enttäuschend. Sie erhielt 251.226 Stimmen und damit 9 Mandate in der Volkskammer.

Im Stimmanteil für die DBD bestand ein starkes Nord-Süd-Gefälle. In Neubrandenburg erhielt die Bauernpartei 6,25%, in Rostock 4,42% und in Schwerin 4,04%. Demgegenüber in den südlichen Bezirken der DDR zwischen 1 und 2%.

Eine wesentliche Ursache, so urteilen Zeitzeugen, ist vor allem im stabsmäßig geführten massiven Wahlkampf seitens westdeutscher „Wahlkämpfer“ zu sehen.

Die Fraktion der DBD/DFD

Durch ein Zusammengehen der Abgeordneten der DBD mit der einzigen Abgeordneten des Demokratischen Frauenbundes Deutschlands (DFD) wurde die zahlenmäßige Anforderung an eine Fraktion erfüllt. Drei Abgeordnete waren bereits Mitglied der Volkskammer vor dem 18. März. Die Volkskammer wählte Dieter Helm in das Präsidium und damit als Stellvertreter der Präsidentin. Dr. Günther Maleuda, der während der Wende Präsident der Volkskammer war, wurde Fraktionsvorsitzender und Karin Bence Stellvertreter. Dr. Hans Watzek, Landwirtschaftsminister in der Regierung Modrow, leitete den Landwirtschaftsausschuß. Der jüngste Abgeordnete der Fraktion Peer-Rene Seeger erhielt das Vertrauen als Parlamentarischer Geschäftsführer.

Die Wahl in die Volkskammer änderte die Arbeits- und Lebensbedingungen der Abgeordneten, die bisher in ihren Arbeitsverhältnissen Verantwortung trugen, grundlegend. Leiteten einige Landwirtschaftliche Produktionsgenossenschaften und Volkseigene Güter, hatten sie nun den Status eines Berufspolitikers. In der zahlenmäßig kleinsten Fraktion waren die persönlichen Belastungen besonders hoch. Jeder hatte seinen Ausschuß und sein Wirkungsfeld. Im Gegensatz zu den großen Fraktionen war eine Vertretung nur in Einzelfällen möglich.

Von Anbeginn lag den Abgeordneten an einer konstruktiven Mitarbeit im Plenum, den Ausschüssen und ihren Wahlkreisen. Auf ihre Bereitschaft auch in einer großen Koalition mitzuarbeiten, erfolgte keine Reaktion. Damit war klar, die Fraktion DBD/DFD war in der Opposition. Dessen ungeachtet unterstützte sie wesentliche Zielsetzungen des Regierungsprogramms des Ministerpräsidenten der DDR Lothar de Maizière.

Die Fraktion erklärte, sie werde alle Maßnahmen der Regierung unterstützen, die unter Beachtung der Lebensinteressen der Menschen unseres Landes ergriffen werden. Sie trete dafür ein, daß das Volk der DDR erhobenen Hauptes in die Einheit Deutschlands geht.

Im Namen der Fraktion hob deren Vorsitzender in seiner Rede zur Regierungserklärung hervor:

„Wir stimmen der Absicht der Regierung zu, mit klaren Positionen, die den Erfordernissen und Bedingungen der DDR entsprechen, in die bevorstehenden Verhandlungen mit der Bundesregierung zu gehen. Das ist auch deshalb notwendig, weil am 18. März Zehntausende Bürger auf Kundgebungen und Demonstrationen ihre Vorstellungen und Forderungen dazu deutlich zum Ausdruck gebracht haben.

Wir heben aber folgendes hervor:

1. die untrennbare Verbindung von Währungs- und Wirtschaftsunion mit einer Sozialunion, die das Abdrängen von Teilen der Bevölkerung, insbesondere der Rentner, der Behinderten, der Alleinstehenden, der Alleinerziehenden mit Kindern und anderer, in das soziale Abseits verhindert,

2. die unbedingte Umstellung der Löhne, der Renten und Sparkonten im Verhältnis von 1 : 1 zum frühestmöglichen Zeitpunkt,
3. den Schutz unserer Wirtschaft, vor allem auch der Land-, Forst- und Nahrungsgüterwirtschaft, vor unlauterem Verdrängungswettbewerb durch westliche Unternehmen,
4. die kurzfristige Erarbeitung von Lösungen zur Umbewertung der Fonds, Kredite und Guthaben der Betriebe, die ihre Rentabilität und Wettbewerbsfähigkeit unter den neuen Bedingungen sichern,
5. die Sicherung der Eigentums- und Nutzungsrechte der Bürger, der Betriebe und Genossenschaften entsprechend den seit 1945 in unserem Lande entstandenen Eigentumsverhältnissen,
6. die Unantastbarkeit der Ergebnisse der demokratischen Bodenreform,
7. die Klärung von Eigentumswechseln und die Haftung des Staates für Wiedergutmachung, damit altes Unrecht nicht durch neues Unrecht beglichen wird und
8. die schrittweise Angleichung der Rechtsnormen der DDR und der Bundesrepublik, was eine generelle und kritiklose Übernahme bundesdeutscher Gesetze und Rechtsvorschriften für das Gebiet der DDR ausschließt.“[6]

Bereits die ersten Tagungen der Volkskammer machten deutlich, daß das Tempo auf dem Weg in die Deutsche Einheit forciert und die Souveränität der DDR der Interessenlage der Bundesrepublik untergeordnet wurde.

Die Fraktion hat sich zu den jeweils zur Beratung anstehenden Fragen grundsätzlich zu Wort gemeldet. So forderte sie, daß der Verfassungsentwurf des Runden Tisches an dem bis zuletzt auch Vertreter der Koalitionsregierung mitgearbeitet hatten, nicht beiseite gelegt wird. So erklärte die Fraktion auf der 3. Tagung am 19.4.1990:

„Wir sehen eine neue Verfassung als eine dringende Notwendigkeit und zeitgemäße Aufgabe an, weil die noch immer gültige Verfassung der DDR nicht mehr den aktuellen Anforderungen gerecht werden kann. Unser Land braucht eine neue Verfassung und kein Stückwerk, das für jede gesetzliche Initiative verändert werden muß. Es geht uns darum, damit auch einen Beitrag zu leisten für eine zukünftige gemeinsame Verfassung eines deutschen Landes.“[7]

Mit Befriedigung nahmen die Mitglieder der Fraktion die Ergebnisse der Kommunalwahlen am 6. Mai 1990 zur Kenntnis. Während alle großen Parteien Stimmverluste hinnehmen mußten, erreichte die DBD mit einem Zuwachs von 3,5% gegenüber den Volkskammerwahlen am 18. März den höchsten Zuwachs. Die CDU verlor 6,4% und die DSU 2,9%. In den nördlichen Bezirken waren die Wahlergebnisse für die DBD erneut am höchsten. Im Bezirk Neubrandenburg mit 8,25%, Schwerin 6,37% und Rostock 5,18%. In 30 Kreisen betrugen sie über 10%. In Stralsund

6 Protokoll der Volkskammer, 10. Wahlperiode, 4. Tagung, 20.4.1990, S. 67/68.
7 Protokoll der Volkskammer, 10. Wahlperiode, 3. Tagung, v. 19.4.1990, S. 56.

21,13%, Görlitz 19,89% und Gadebusch 17,15%. Für viele auch außerhalb der DBD war nicht nachvollziehbar, daß sich die DBD mit diesem Wahlergebnis einige Wochen später durch eine Fusion mit der CDU von der politischen Parteienbühne verabschiedete.

In dieser Zeit überschlugen sich die parlamentarischen Ereignisse. Nun ging es nicht mehr „Schritt für Schritt" in die Deutsche Einheit, sondern im „Dreisprung".

Markant dafür Sonntag, der 17. Juni 1990, 15. Tagung (Sondertagung) der Volkskammer.

Zu Beginn der Tagung stellt der Abgeordnete der DSU, Schwarz, den Antrag zur Erweiterung der Tagesordnung. Er formulierte den Antrag „Beschluß zum Beitritt der DDR nach Artikel 23 des Grundgesetzes der Bundesrepublik Deutschland" mit dem heutigen Tag. Lt. Protokoll: „Pfui-Rufe-Zuruf: Annexion wollen Sie!" Diese Ablehnung war auch die Position der Fraktion der DBD/DFD. Dieses Szenarium, (ob bestellt oder nicht, ändert nichts an diesem Vorgang) fand vor den Augen und Ohren des Bundeskanzlers, Dr. Kohl, der Bundestagspräsidentin Frau Prof. Dr. Rita Süssmuth, des Vorsitzenden der SPD-Fraktion im Bundestag, Dr. Vogel und Frau Kelly, MdB (im „Asbest verseuchten" Palast der Republik) statt.

Ende Juni 1990 zeichneten sich für die Fraktion DBD/DFD Veränderungen ab. Am 25. Juni legte der Fraktionsvorsitzende im Ergebnis der Entscheidung des Parteivorstandes der DBD, mit der CDU zu fusionieren, den Parteivorsitz nieder, da er die Entscheidung nicht mit tragen konnte. Die Fraktion entschied, die Zusammenarbeit zunächst in gleicher Weise fortzusetzen.

Bei aller Unterschiedlichkeit der politischen Zielsetzungen muß hervorgehoben werden, daß in einer Reihe grundsätzlicher Fragen parteiübergreifend Übereinstimmung erreicht wurde. Das betraf auch die Auffassung der Fraktion und des Landwirtschaftsausschusses zur Frage der Bodenreform.

Zwar wurde der Antrag der DBD-Fraktion, die Rechtssicherheit zur Bodenreform gesetzlich im Einigungsvertrag zu sanktionieren, abgelehnt, doch konnte ein Teilergebnis erreicht werden. In den Anlagen zum Einigungsvertrag fand die inhaltliche Zielstellung des Landwirtschaftsausschusses und des Parlaments Berücksichtigung in Gestalt der Erklärung beider Regierungen. Im Verlauf des Einigungsprozesses erwies sich diese in vielen Auseinandersetzungen erzielte Festlegung von großer Bedeutung.

Um den Umstrukturierungsprozeß in der Landwirtschaft erfolgreich gestalten zu können, stellte die Fraktion den Antrag für die Landwirtschaft eine eigene Treuhandanstalt zu gründen. Obwohl der Landwirtschaftsausschuß diesem Anliegen entsprach und der Ministerpräsident sowie der Präsident der Treuhandanstalt Rohwedder gegenüber dem Ausschußvorsitzenden ihre Unterstützung zusagten, wurde kein Gesetzgebungsverfahren eingeleitet.

Ende August 1990 beschloß die Fraktion der DBD/DFD ihre Auflösung. Sie ging in ihrer Entscheidung davon aus, daß durch den unmittelbaren Zusammenschluß der DBD mit der CDU ein Weiterbestehen der Fraktion nicht möglich sei.

Auf der Grundlage der Rechtsverhältnisse der Abgeordneten der Volkskammer der DDR blieben die Mandate der Abgeordneten bestehen. 4 Abgeordnete entschieden sich, in der Fraktion der CDU/DA, 3 in der Fraktion der SPD und einer in der Fraktion der FDP mitzuarbeiten. Die Abgeordnete des DFD wurde Gast der FDP-Fraktion. Der Fraktionsvorsitzende blieb fraktionslos und nach der Fusion DBD/CDU parteilos. Die frei gewählte Volkskammer überlebte das Ende der Fraktion der DBD/DFD nur um einige Wochen. Nach 181 Tagen, am 2.10.1990 endete die 10. Wahlperiode der Volkskammer.

Es spricht für die menschliche und politische Qualität der ehemaligen Mitglieder der Fraktion, daß sie sich bis heute unabhängig von Parteizugehörigkeiten jährlich zu einem freundschaftlichen Treffen vereinen.

Anhang

Biographische Notizen

Dr. med. Sabine Bergmann-Pohl

geboren am 20. April 1946 in Eisenach
evangelisch, verheiratet, zwei Kinder
1964 Abitur
1964-1966 Praktikum im Institut für Gerichtsmedizin der Humboldt-Universität Berlin
1966-1972 Studium der Humanmedizin an der Humboldt-Universität zu Berlin
1972-1979 Facharztausbildung am Klinikum Berlin-Buch, Fachärztin für Lungenkrankheiten
1981 Promotion zum Dr. med.
1980 bis 1985 Ärztliche Leiterin der Poliklinischen Abteilung für Lungenkrankheiten und Tuberkulose Berlin-Friedrichshain
1985 bis 1990 Ärztliche Direktorin in der Bezirksstelle für Lungenkrankheiten und Tuberkulose in Ost-Berlin
Mitglied der Volkskammer vom 18. März bis 1. Oktober 1990, am 5. April 1990 Wahl zur Präsidentin der Volkskammer, in dieser Eigenschaft auch Staatsoberhaupt der DDR
Mitglied des Bundestages seit 3. Oktober 1990
3. Oktober 1990 bis 18. Januar 1991 Bundesministerin für besondere Aufgaben
25. Januar 1991 bis 26. Oktober 1998 Parlamentarische Staatssekretärin beim Bundesminister für Gesundheit
Mitglied der CDU seit 1981
Mitglied des Marburger Bundes, des Hartmannbundes, der Deutschen Gesellschaft für Pneumologie und des Stiftungsrates der Körber-Stiftung, Kuratoriumsmitglied der Freiberger-Stiftung, Schirmherrin des Allgemeinen Behindertenverbandes in Deutschland e.V.

Joachim Gauck

Bundesbeauftragter für die Unterlagen des Staatssicherheitsdienstes der ehemaligen Deutschen Demokratischen Republik.

Joachim Gauck wurde 1940 in Rostock als Sohn eines Kapitäns geboren. Nach dem Abitur studierte J. Gauck Theologie. Als Pfarrer in Lüssow bei Güstrow und später im Neubaugebiet Rostock-Evershagen wurde Gauck durch seine offenen und kritischen Worte bekannt. 1989 gehörte J. Gauck zu den Mitbegründern des ‚Neuen Forum' in seiner Heimatstadt. Dort war er Mitinitiator des kirchlichen und öffentlichen Widerstandes gegen die SED-Diktatur. Im März 1990 zog er als Abgeordneter der Bürgerbewegung in die Volkskammer ein und wurde zum Vorsitzenden des Parlamentarischen Sonderausschusses zur Kontrolle der Auflösung des MfS gewählt.

Nach Wahl durch die Volkskammer zum 3. Oktober 1990 vom Bundespräsidenten und Bundeskanzler zum ‚Sonderbeauftragten der Bundesregierung für die personenbezogenen Unterlagen des ehemaligen Staatssicherheitsdienstes' berufen. Seit Verabschiedung des Stasi-Unterlagen-Gesetzes des Deutschen Bundestages Ende 1991 ‚Bundesbeauftragter für die Unterlagen des Staatssicherheitsdienstes der ehemaligen Deutschen Demokratischen Republik' mit Dienstsitz in Berlin.

Am 21. September 1995, mit deutlicher Mehrheit wiedergewählt, wurde er zum 3. Oktober 1995 für eine zweite Amtsperiode berufen.

Er ist 1991 zusammen mit fünf weiteren ehemaligen DDR-Bürgern (unter ihnen Jens Reich und Ulrike Poppe) mit der Theodor-Heuss-Medaille ausgezeichnet worden.

Im Oktober 1995 erhielt er zusammen mit weiteren Ostdeutschen das Bundesverdienstkreuz in Würdigung seiner Verdienste für die friedliche Revolution 1989.

Im Dezember 1996 wurde er in Kiel mit dem Hermann-Ehlers-Preis und im November 1997 in Bremen mit dem Hannah-Arendt-Preis (gemeinsam mit Freimut Duve) ausgezeichnet.

Am 20. Januar 1999 wurde ihm von der Universität Rostock die Ehrendoktorwürde verliehen, am 6. Dezember 1999 erhielt er in Budapest vom Präsidenten der Republik Ungarn Árpád Göncz die Imre-Nagy-Gedenkplakette.

Dr. jur. Gregor Gysi

Geburtsdatum: 16. Januar 1948 in Berlin

Familienstand: verheiratet

Kinder:
- Daniel, geb. 18.4.1964 in Potsdam (adoptiert)
- George, geb. 28.12.1970 in Berlin (nach Scheidung alleiniges Erziehungsrecht)
- Anna, geb. 1.5.1996 in Berlin

Eltern:
- Dr. Klaus Gysi, geb. am 3.3.1912 in Berlin
- Irene Gysi, geborene Lessing, geb. am 10.3.1912 in Petersburg

Schulbildung:
- Polytechnische Oberschule von 1954 bis 1962
- Erweiterte Oberschule „Heinrich Hertz" von 1962 bis 1966, gleichzeitig Ausbildung zum Facharbeiter für Rinderzucht im VEB Blankenfelde, Abschluß 1966
- Abitur 1966
- 1966 bis 1970 Jurastudium an der Juristischen Fakultät der Humboldt-Universität zu Berlin
- 1976 Dissertation zum Thema: „Zur Vervollkommnung des sozialistischen Rechts im Rechtsverwirklichungsprozeß"
- 1970-71 Richterassistent, dann Wechsel zum Kollegium der Rechtsanwälte als Assistent

berufliche Stationen:
- Rechtsanwalt in Berlin seit 1.11.1971
- Vorsitzender des Kollegiums der Rechtsanwälte in Berlin ab 13.4.1988
- Vorsitzender des Rates der Vorsitzenden des Kollegiums der Rechtsanwälte in der DDR von Mai 1988 bis Dezember 1989
- Dezember 1989 bis Januar 1990 Vorsitzender der SED/PDS

politische Funktionen:
- Februar 1990 bis 31.1.1993 Vorsitzender der PDS
- 29.1.1995 bis 18.1.1997 Mitglied des Parteivorstandes der PDS
- 1.2.1993 bis 28.1.1995 und seit 19.1.1997 Ständiger Gast beim Parteivorstand der PDS

Mandate:
- 8.3.1990 bis 2.10.1990 Mitglied der Volkskammer der DDR und Vorsitzender der Fraktion der PDS
- 3.10.1990 bis Oktober 1994 Mitglied des 12.

	Deutschen Bundestages und Vorsitzender der Abgeordnetengruppe der PDS/Linke Liste im 12. Deutschen Bundestag
	– 16.10.1994 bis 28.9.1998 Mitglied des 13. Deutschen Bundestages und Vorsitzender der Abgeordnetengruppe der PDS im Deutschen Bundestag
	– Ordentliches Mitglied im 1. Untersuchungsausschuß „Plutonium" des 13. Deutschen Bundestages
	– Mitglied des Informellen Gremiums des Ältestenrates des 13. Deutschen Bundestages zur Vorbereitung eines „Denkmals für die ermordeten Juden Europas"
	– seit 29.9.1998 Mitglied des 14. Deutschen Bundestages und Vorsitzender der Bundestagsfraktion der PDS
	– Mitglied des „Gemeinsamen Ausschusses" des 14. Deutschen Bundestages
Mitgliedschaften:	– PDS
	– Gewerkschaft HBV
	– Kuratorium der unselbständigen Stiftung der Archive der Parteien und Massenorganisationen der ehemaligen DDR beim Bundesarchiv
	– Vereinigung Demokratischer Juristen
Hobbies:	Literatur, Kabarett, Theater, Fliegen, Kreuzworträtsel
Veröffentlichungen:	– „Handbuch für Rechtsanwälte"
	– „Einspruch"
	– „Das war's. Noch lange nicht" (Biografische Notizen)
	– Beiträge in mehreren Büchern

Dr. Reinhard Höppner

Dr. Reinhard Höppner wurde 1948 in Haldensleben geboren. Er ist verheiratet und hat drei Kinder. Nach seinem Mathematikstudium an der Technischen Universität in Dresden war er von 1971 bis 1990 Lektor für mathematische Fachliteratur im Berliner Akademie-Verlag. Daneben engagierte er sich in der Evangelischen Kirche. Seit Anfang der 70er Jahre war er Mitglied der Synode der Kirchenprovinz Sachsen und von 1980 bis 1994 deren Präses.

Im Dezember 1989 trat Höppner der SDP bei, aus der wenig später die SPD in der DDR hervorging. Im März 1990 wurde Höppner in die Volkskammer und dort zum Vizepräsidenten gewählt. Im Oktober 1990 schaffte er als einziger direkt gewählter SPD-Abgeordneter den Sprung in den Landtag von Sachsen-Anhalt, wo er in der ersten Legislaturperiode den Vorsitz der SPD-Fraktion innehatte. Nach der Landtagswahl 1994 bildete Höppner eine Minderheitsregierung aus SPD und Bündnis 90/Die Grünen und ist seitdem Ministerpräsident des Landes Sachsen-Anhalt.

Dr. Paul Krüger

Dreher; Diplomingenieur, Bundesminister a.D. –

7.3.1950 Güstrow/Mecklenburg, römisch-katholisch, verheiratet, zwei Kinder
1956-66 Besuch der POS
1966-68 Dreherlehre in Neubrandenburg
1969-73 Studium an der TH Wismar, Fachrichtung Maschinenbau
1975 Dipl.-Ingenieur
1986 Dr.-Ing.

1968-1969 Dreher in Teterow und Warnemünde
1973-90 Ingenieur, seit 1980 als Gruppenleiter für Organisation und Software-Entwicklung in einem Maschinenbaubetrieb in Neubrandenburg

1990 Mitglied der CDU
1990 Mitglied des Kreisvorstands Neubrandenburg und Landesvorstands Mecklenburg-Vorpommern; MdV März-Okt. 1990
März-Mai 1993 Vorsitzender der Arbeitsgruppe Treuhandanstalt
1994-98 stellvertretender Vorsitzender der CDU/CSU-Fraktion
Mai 1993-Nov. 1994 Bundesminister für Forschung und Technologie
seit Nov. 1998 Vorsitzender des Ausschuß für die Angelegenheiten der neuen Länder

Prof. Dr. Christa Luft

Geboren am 22. Februar 1938 in Krakow a.S. (Mecklenburg)

Studium des Außenhandels und der internationalen Wirtschaftsbeziehungen in Berlin, Diplom 1960; von 1961 bis 1991 mit Unterbrechungen Lehr- und Forschungstätigkeit an der Hochschule für Ökonomie Berlin, wissenschaftliches Spezialgebiet: Wirtschaft und Wirtschaftslenkungssysteme in den Staatshandelsländern (Osteuropawirtschaft); 1982-1987 Dekan.

Promotion 1964 zum „Einfluß der internationalen Arbeitsteilung auf die Arbeitsproduktivität der Elektronenröhrenindustrie der DDR"; Habilitation 1968 zum „Zusammenhang von ökonomischen und psychologischen Marktfaktoren im Außenhandel der DDR";

1978-1981 Auslandsaufenthalt, Tätigkeit als Stellvertretende Direktorin des Internationalen ökonomischen Forschungsinstituts beim Rat für Gegenseitige Wirtschaftshilfe (RGW in Moskau);

1988/1989 Rektorin der Hochschule für Ökonomie, Initiierung und Leitung der dortigen Forschung zu Wirtschaftsreformkonzepten;

November 1989 bis 18. März 1990 Stellvertretende Ministerpräsidentin in der ersten Nach-Wende-Regierung der DDR, verantwortlich für den Bereich Wirtschaft;

März bis 3. Oktober 1989 PDS-Abgeordnete der frei gewählten Volkskammer und Vorsitzende des Haushaltsausschusses; anschließend Rückkehr an die Hochschule für Ökonomie bis zu deren Abwicklung am 1. Oktober 1991, Tätigkeit als Leiterin des Lehrstuhls Osteuropawirtschaft;

Oktober 1991 bis 31. Oktober 1994 Mitbegründerin des Instituts für Internationale Bildung Berlin e.V., beschäftigt mit der Weiterbildung osteuropäischer Wirtschaftsfachleute;

seit 1. November 1994 direkt gewählte Abgeordnete des deutschen Bundestages; stellvertretende Vorsitzende und haushaltspolitische Sprecherin der PDS-Fraktion.

Lothar de Maizière

Bundesminister a.D. Rechtsanwalt
2.3.1940 geb. in Nordhausen, evangelisch, geschieden, drei Töchter
seit 1956 Mitglied der CDU
1958 Abitur am „Berlinischen Gymnasium zum Grauen Kloster“
anschließend Studium an der Musikhochschule „Hanns Eisler“, Fach Viola
1969-1975 juristisches Fernstudium an der Humboldt-Universität zu Berlin
bis 1975 tätig in verschiedenen Theater- und Kulturorchestern, u.a. im Berliner Rundfunk-Sinfonieorchester
anschließend Rechtsanwalt mit Schwerpunkten Steuer- und Wirtschaftsrecht
seit 1985 Mitglied der Synode des Bundes der Evangelischen Kirchen der DDR
1986-1990 einer der beiden Vizepräsides
1987 Mitglied der Arbeitsgruppe Kirchenfragen der CDU
November 1989 Vorsitzender der CDU der DDR, Mitglied des Modrow-Kabinetts
März-Oktober 1990 Mitglied der Volkskammer
April 1990 Wahl zum Ministerpräsidenten der DDR
Oktober 1990 einziger stellvertretender Vorsitzender der CDU Deutschlands
Oktober 1990 Mitglied des Deutschen Bundestages
Oktober-Dezember 1990 Bundesminister für besondere Aufgaben
Oktober 1991 aus dem Deutschen Bundestag ausgeschieden
seither Rechtsanwalt in Berlin

Dr. Günther Maleuda

Diplomwirtschaftler, Dr. agr.; geb. 20.1.1931, Altbeelitz, Kreis Friedeberg, Hinterpommern, 1947 Umsiedlung nach Thüringen. Volksschule, Berufsschule, Landwirtschaftslehre 1947-50 Fachschule, staatlich geprüfter Landwirt; Diplomwirtschaftler; Humboldt-Universität Berlin, Dr. agr. Mitglied der DBD Januar 1950-Juni 1990. 1987-Juni 1990 Vorsitzender der DBD; seit Juni 1990 parteilos.

Abgeordneter des Kreistages Königswusterhausen, der Bezirkstage Potsdam und Halle, MdV 1981-Okt. 1990. Ab Juni 1987 Stellvertretender Vorsitzender des Staatsrates.

November 1989 bis März 1990 Präsident der Volkskammer der DDR. 1994-1998 MdB.

Rentner.

Markus Meckel

Pfarrer, Außenminister a.D.

Brandenburg, Wahlkreis 272 (Prenzlau – Angermünde – Schwedt – Templin – Gransee)

SPD

Geboren am 18. August 1952 in Müncheberg, Land Brandenburg; evangelisch; verheiratet, fünf Kinder.

1959 bis 1967 Allgemeine Oberschule, 1967 bis 1969 Erweiterte Oberschule, mußte die Schule aus politischen Gründen verlassen. 1969 bis 1971 Kirchliches Oberseminar Potsdam Hermannswerder, Hochschulreife; 1971 bis 1978 Theologiestudium in Naumburg und Berlin.

1980 bis 1988 Vikariat und evangelisches Pfarramt in Vipperow/Müritz, 1988 bis 1990 Leiter der Ökumenischen Begegnungs- und Bildungsstätte in Niederndodeleben bei Magdeburg, 1988 bis 1989 Delegierter der Ökumenischen Versammlung in der DDR und der Europäischen Ökumenischen Versammlung.

Oppositionelle politische Arbeit seit den 70er Jahren, Beteiligung an zahlreichen Initiativen und an Versuchen der Vernetzung der politischen Gruppen; mit Martin Gutzeit Initiator der Gründung der Sozialdemokratischen Partei in der DDR (SDP); Vertreter der SDP am Zentralen Runden Tisch; seit der Gründung der SDP am 7. Oktober 1989 zweiter Sprecher der SDP; Februar bis September 1990 stellvertretender Vorsitzender, April bis Juni 1990 amtierender Vorsitzender der SPD-Ost. Mitglied der Volkskammer vom 18. März bis 2. Oktober 1990, April bis August 1990 Außenminister der DDR.

Vorsitzender der Deutsch-polnischen Gesellschaft Bundesverband e.V., Vorsitzender des Stiftungsrates „Stiftung zur Aufarbeitung der SED-Diktatur", Mitglied der IG Chemie, Mitglied des Stiftungsrates der Stiftung Wissenschaft und Politik (SWP), Mitglied im Kuratorium der Friedrich-Ebert-Stiftung.

Mitglied des Auswärtigen Ausschusses; Stellvertretendes Mitglied im EU-Ausschuß; Mitglied des Bundestages seit 1990; 1992 bis 1994 Sprecher der SPD-Fraktion in der Enquete-Kommission „Aufarbeitung von Geschichte und Folgen der SED-Diktatur in Deutschland", 1994 bis 1998 Sprecher der SPD-Fraktion in der Enquete-Kommission „Überwindung der Folgen der SED-Diktatur im Prozeß der deutschen Einheit"; seit 1994

Vorsitzender der Deutsch-polnischen Parlamentariergruppe; seit 1991 Stellvertretendes Mitglied der Nordatlantischen Versammlung; seit 1998 Ordentliches Mitglied und Leiter der deutschen Delegation in der Parlamentarischen Versammlung der NATO.

Hans-J. Misselwitz

Dr. rer. nat., geboren 1950 in Altenburg/Thüringen, verheiratet, zwei Töchter. 1970-1974 Studium der Biologie und Biophysik in Jena und Berlin. 1974-1981 Wissenschaftlicher Aspirant/Assistent in der medizinischen Grundlagenforschung an der Akademie der Wissenschaften und an der Humboldt-Universität zu Berlin. 1981-1986 Studium der Theologie an der kirchlichen Hochschule/Sprachenkonvikt in Berlin. 1987-1989 Gemeindevikariat, Stipendiat des Weltrates der Kirchen in den USA, Zweites Theologisches Examen. September 1989 bis März 1990 Pfarrer in Hennigsdorf bei Berlin. März 1990-Oktober 1990 Abgeordneter der Volkskammer und Parlamentarischer Staatssekretär im Außenministerium der DDR, Leiter der Delegation der DDR bei den Zwei-plus-Vier-Verhandlungen. Oktober bis Dezember 1990 Mitglied des Deutschen Bundestages. 1991-1999 Leiter der Brandenburgischen Landeszentrale für politische Bildung in Potsdam. Seit November 1999 Leiter des Büros von Wolfgang Thierse im Parteivorstand und Sekretär der Grundwertekommission der SPD.

Veröffentlichungen: „Nicht länger mit dem Gesicht nach Westen. Das neue Selbstbewußtsein der Ostdeutschen", Bonn 1996; Verschiedene Beiträge zu Themen der Demokratieentwicklung und politischen Bildung in Ostdeutschland.

Jens Reich

1939	geboren in Göttingen, aufgewachsen in der DDR
1956-62	Studium der Medizin, Humboldt-Universität Berlin
1962-64	Arzt
1964-68	Biochemie, Universität Jena
1968-90	Mitarbeiter der Akademie der Wissenschaften, Berlin-Buch (Computer-Einsatz in der Biomedizin)
1989	Mitbegründer des „Neuen Forum"
1990	Volkskammerabgeordneter für das „Neue Forum" (Fraktion Bündnis 90/Grüne)
1992ff.	Max-Delbrück-Centrum für Molekulare Medizin, Arbeitsgruppenleiter Bioinformatik
1998ff.	Universitätsprofessor an der Medizinischen Fakultät der Humboldt-Universität zu Berlin, Universitätsklinikum (Charité)

Monografische Veröffentlichungen

1. Reich, J.G., Selkov, E.E., Energy Metabolism of the Cell. A Theoretical Treatise, Academic Press, London & New York, 1981
2. Reich, J.G., C: Curve Fitting on the Personal Computer, Mc Graw Hill, New York, 1992
3. Reich, J.G., Rückkehr nach Europa, Carl-Hanser-Verlag, München-Wien 1991
4. Reich, J.G., Rückkehr nach Europa, auch als dtv Sachbuch 1993
5. Reich, J.G., Abschied von den Lebenslügen, Rowohlt-Verlag, Berlin 1992
6. Jens Reich im Gespräch mit Mathias Greffrath und Konrad Adam, Carl-Hanser-Verlag, München-Wien 1994
7. Reich, J.G., Spiel Raum Sprache, Wallstein-Verlag, Göttingen 1998

Auszeichnungen

1. Theodor-Heuss-Preis (1991)
2. Anna-Krüger-Preis des Wissenschaftskollegs zu Berlin (1993)
3. Lorenz-Oken-Medaille der Gesellschaft Deutscher Naturforscher und Ärzte (1996)
4. Urania-Medaille (1998)

Richard Schröder

26.12.1943 geboren in Frohburg/Sachsen
Nach Ablehnung von der Oberschule Ausbildung ausschließlich an Kirchlichen Instituten

1962-1968: Studium der Theologie und Philosophie an den Kirchlichen Hochschulen „Katechetisches Oberseminar Naumburg“ und „Sprachenkonvikt Berlin“, danach daselbst Assistent
1973-1977: Pfarrer in Wiedetrstedt bei Hettstedt/Harz
1977: Promotion (1990 staatlich anerkannt)
1977-1990: Dozent für Philosophie an den beiden genannten Kirchlichen Hochschulen
1988/89: Mitarbeit bei der „Ökumenischen Versammlung für Gerechtigkeit, Frieden und Bewahrung der Schöpfung“ in der DDR als Berater der Arbeitsgruppe 3: „Mehr Gerechtigkeit in der DDR“

20.12.89: Beitritt zur SDP
Seit 2.1.1990: Mitarbeit an der Arbeitsgruppe „Neue Verfassung“ des Runden Tisches
18.3.-2.10.1990: Mitglied der Volkskammer der DDR
3.4.-21.8.1990: Fraktionsvorsitzender der SPD
3.10.-18.12.1990: Mitglied des Deutschen Bundestages
Seit 3.10.1990: Mitglied der Grundwertekommission

Seit 1.3.1991: Lehrtätigkeit an der Theologischen Fakultät der Humboldt-Universität Berlin

26.6.1991: Habilitation an der Kirchlichen Hochschule Leipzig

1991-1997: Mitglied des Rates der Evangelischen Kirche in Deutschland
Seit 1992: Mitglied des Beirates beim Bundesbeauftragten für die Unterlagen des Staatssicherheitsdienstes der ehemaligen DDR (BStU)
25.6.1992: Ehrenpromotion durch die Theologische Fakultät der Universität Göttingen

1.10.1992: Verleihung „Das große Verdienstkreuz“ des Verdienstordens der Bundesrepublik Deutschland

1.2.1993: Berufung zum Professor auf den Lehrstuhl für Philosophie in Verbindung mit Systematischer Theologie an der Theologischen Fakultät der Humboldt-Universität Berlin
1993 und 1994: Dekan der Theologischen Fakultät der Humboldt-Universität Berlin

Seit 1.3.1993: Rotarier

Dr. Wolfgang Ullmann

Dr. theol., Jahrgang 1929, Geburtsort Bad Gottleuba, verheiratet, 3 Kinder

1948-1954	Studium der Theologie und Philosophie in Berlin und Göttingen
1954	Promotion
1954-1956	Vikar
1956-1963	Pfarrer in der Ev.-Luth. Landeskirche Sachsen
1963-1978	Dozent des kirchlichen Lehramtes an der Kirchlichen Hochschule in Naumburg (Fach Kirchengeschichte)
1978-1989	Dozent an der Kirchlichen Hochschule Berlin-Brandenburg
Herbst 1989	Mitbegründer der Bürgerbewegung „Demokratie Jetzt“
Dez. 1989	Mitlied des Zentralen Runden Tisches in Berlin
Febr.-April 1990	Minister o.G. in der Regierung Modrow
April-Sep. 1990	Vizepräsident der DDR und Abgeordneter von Bündnis 90/Die Grünen
1990-1994	Mitglied des Deutschen Bundestages für die Gruppe Bündnis 90/Die Grünen, Mitglied im Rechtsausschuß und in der Gemeinsamen Verfassungskommission
1994-1999	Mitglied des Europäischen Parlamentes in der Fraktion „Die Grünen“; Mitglied im Ausschuß für Recht und Bürgerrechte, Vizepräsident und Mitglied des Petitionsausschusses
Juli 1999	Ausscheiden aus dem EP aus Altersgründen

Univ.-Prof. Dr. rer. nat. habil. Hansjoachim Walther

geb. 16. Dezember 1939 in Bütow (Hinterpommern)

Ausbildung/Tätigkeiten:

1946-1957	Grund- und Oberschule in Zeitz, Abschluß: Abitur
1957-1959	Ausbildung zum Spitzendreher
1959-1964	Studium an TU Dresden, Abschluß: Dipl.-Mathematiker
1964-1968	Wissenschaftlicher Assistent, TH Ilmenau
1966	Promotion zum Dr. rer. nat.
1968-1970	Oberassistent, TH Ilmenau
1969	Habilitation zum Dr. rer. nat. habil.
1970	Dozent, TU Ilmenau
1986	außerordentliche Professur, TH Ilmenau
seit 1992	C 4-Professur, TU Ilmenau
seit 1992	Dekan der Fakultät für Mathematik und Naturwissenschaften der TU Ilmenau

Politische Entwicklung:

bis 1989	keine politische Betätigung, keine Mitgliedschaft in einer Partei
Dezember 1989	Mitbegründer der „Forumpartei Thüringen"
Januar 1990	Mitbegründer und Stellvertreter des Bundesvorsitzenden der Partei „Deutsche Soziale Union" (DSU)
März 1990	Mitglied der Volkskammer, des einzigen frei gewählten Parlaments der DDR
März 1990-Oktober 1990	Vorsitzender der Fraktion DSU in der Volkskammer
Juni 1990-Juni '91	1. Vorsitzender der DSU
Juni 1991-Juni '93	Stellvertreter des Vorsitzenden der DSU
Oktober 1990-Dezember 1990	Mitglied des Deutschen Bundestages
Oktober 1990-Januar 1991	Bundesminister für besondere Aufgaben
seit 1994	Mitglied des Kreistages des Ilm-Kreises für die Christlich Demokratische Union (CDU) und Vorsitzender der Fraktion der CDU im Kreistag
seit 1997	Mitglied des Landesvorstandes Thüringen der Christlich Demokratischen Arbeitnehmerschaft

Mitglieder der 10. Volkskammer*

* Quelle: Die Volkskammer der Deutschen Demokratischen Republik: 10. Wahlperiode. [hrsg. von der Verwaltung der Volkskammer der DDR im Auftrag des Präsidiums der Volkskammer der DDR]. Berlin/Rheinbreitbach, 1990.

Christlich Demokratische Union Deutschlands (CDU)

Name	Beruf
Ackermann, Dr. Else	Ärztin
Albrecht, Michael	Diplom-Lehrer
Altmann, Dr. Eckhard	Theologe
Anders, Dr. Reinhard	Tierarzt
Axthelm, Dr. Hans-Henning	Medizinalrat
Barthel, Lothar	Diplom-Jurist
Bauer, Harald	E-Lokbauer, Physiker
Bechstein, Dr. Gunter	Diplom-Ingenieur
Becker, Roland	Ingenieur
Berend, Rolf	Lehrer
Bergmann-Pohl, Dr. Sabine	Ärztin
Bierling, Hans-Dirk	Diplom-Ingenieur
Binus, Karl-Heinz	Diplom-Ingenieur, Diplom-Staatswissenschaftler
Blume, Heinz	Diplom-Ingenieur
Böck, Willibald	Diplom-Lehrer
Bormann, Katharina	Diplom-Musikerzieher
Brandt, Christoph	Ingenieur
Braun, Wolfgang F.	Jurist, Ökonom
Brick, Dr. Thomas	Arzt
Brochnow, Jörg	Maschineningenieur
Brudlewsky, Monika	Krankenschwester
Buck, Manfred	Facharzt
Caffier, Lorenz	Diplom-Ingenieur
Clemens, Martin	Diplom-Ingenieur
Creter, Klaus-Peter	Elektromeister, Werkzeugmacher
Dehnel, Wolfgang	Ingenieur
Dierich, Dr. Peter	Lehrer
Dietrich, Frank	Elektromonteur
Domke, Klaus	Theologe
Dorendorf, Dr. Hans-Georg	Diplom-Ingenieur-Ökonom
Dorias, Hans-Wolf	Diplom-Lehrer
Douffet, Dr. Heinrich	Diplom-Geologe
Ehlers, Wolfgang	Diplom-Ingenieur-Ökonom, Staatswissenschaftler
Essen, Dr. Hans-Joachim von	Diplom-Ingenieur
Essler, Dr. Rudolf	Diplom-Ingenieur
Fiedler, Dr. Walter	Medizinalrat, Facharzt

Name	Beruf
Fiedler, Wolfgang	Meister für Feinwerketechnik
Fischer, Dr. Michael	Arzt
Frönicke, Dieter	Diplom-Ingenieur
Geisthardt, Ralf	Medizinpädagoge
Gies, Dr. Gerd	Tierarzt
Glase, Anne-Karin	Fürsorgerin, Kinderkrankenschwester
Göttsching, Martin	Theologe
Goldhahn, Dr. Eberhard	Dozent
Gomolka, Dr. Alfred	Diplom-Lehrer
Grehn, Juliane	Ingenieur-Ökonom
Gries, Gundolf	Diplom-Ökonom
Grimm, Armin	Architekt
Grüning, Dr. Uwe	Diplom-Ingenieur
Gürth, Detlef	Klempner/Installateur
Häfner, Dr. Hans-Peter	Bergbauingenieur
Hagemann, Dr. Karl	Zahnarzt
Hahn, Andreas	Ingenieur-Ökonom
Handschack, Lothar	Ingenieur, Elektromeister
Haschke, Gottfried	Landwirt
Haschke, Udo	Diplom-Fachlehrer
Hauck, Christian	Diplom-Ingenieur
Heise, Manfred	Ingenieur
Henning, Dr. Werner	Diplom-Lehrer
Hoenicke, Bertram	Forstingenieur
Hörning, Günter	Diplom-Ingenieur
Jaffke, Susanne	Diplom-Veterinärmediziner
Janovsky, Georg	Diplom-Ingenieur
Jelen, Frieder	Theologe
Jork, Dr. Rainer	Diplom-Ingenieur, Feinmechaniker
Kamm, Dr. Udo	Diplom-Lehrer
Kayser, Birgit	Diplom-Lehrer
Keßler, Uwe	Instandhaltungsmechaniker
Kirchner, Martin	Diplom-Jurist
Kleditzsch, Dr. Jürgen	Professor, Facharzt
Kleinau, Armin	Diplom-Ingenieur
Klinkert, Ulrich	Diplom-Ingenieur
Knop, Jutta	Krankenschwester
Kober, Dr. Manfred	Diplom-Mediziner, Zahnarzt
Koch, Dr. Dieter-Lebrecht	Architekt
Köhler, Hans-Ulrich	Maschinenbaumeister
Köhler, Johanna	Studienrat, Diplom-Lehrer

Name	Beruf
König, Dr. Wolfgang	Architekt
Koslowski, Manfred	Diplom-Ingenieur
Koster, Dr. Albert	Diplom-Biologe
Krause, Dr. sc. Günther	Diplom-Bauingenieur
Krause, Wolfgang	Diplom-Ingenieur
Kreis, Dr. Rüdiger	Diplom-Ingenieur
Krüger, Dr. Paul	Diplom-Ingenieur
Krziskewitz, Reiner	Diplom-Ökonom
Küchler, Siegfried	Diplom-Landwirt
Kühne, Dr. Harald-Dietrich	Professor, Diplom-Wirtschaftler
Kunert, Wolfgang	Oberstudienrat, Lehrer
Landgraf, Katharina	Diplom-Ingenieur
Lassowsky, Heinz	Diplom-Lehrer
Leja, Michael	Diplom-Ingenieur
Löbl, Dr. Hans	Arzt
Lubk, Hans-Ulrich	Diplom-Agrar-Ingenieur
Lüth, Dr. Peter	Diplom-Agrar-Ingenieur
Luther, Dr. Michael	Diplom-Ingenieur
Maizière, Lothar de	Rechtsanwalt
Martini zum Berge, Dörte	Ingenieur-Ökonom
Masuch, Gerhard	Betriebs- und Verkehrstechniker
Michalk, Maria	Ökonom
Möbus, Dr. Walter	Diplom-Ingenieur
Mugay, Peter-Klaus	Journalist
Nitsch, Johannes	Diplom-Ingenieur
Noack, Gabriele	Diplom-Gartenbauingenieur
Noack, Ludwig	Lehrer
Nolte, Claudia	Diplom-Ingenieur
Otto, Irmtrud	Hochschulingenieur, Ökonom
Otto, Norbert	Straßenbauingenieur
Paar, Dr. Gisbert	Diplom-Veterinärmediziner
Patzig, Uwe	Gartenbau-Ingenieur
Paulinski, Silvina	Lehrer
Pfeiffer, Angelika	Sozialfürsorgerin
Pohl, Dr. Gerhard	Diplom-Ingenieur-Ökonom
Pribus, Rosemarie	Tierarzt
Rau, Rolf	Oberingenieur, Hochbauingenieur
Rauber, Klaus	Diplom-Ingenieur

Name	Beruf
Reber, Stephan	Ingenieur
Rehm, Stefanie	Diplom-Lehrerin
Reichenbach, Klaus	Diplom-Jurist
Reimann, Kay	Koch
Rother, Heinz	Ingenieur
Scharf, Dr. Eberhard	Apotheker
Schiffner, Dr. Eberhard	Veterinärrat, Diplom-Volkswirt
Schirmer, Herbert	Diplom-Journalist, Kunstwissenschaftler
Schmidt, Dr. Christa	Studienrat, Lehrer
Schmidt, Dr. Frank	Diplom-Ingenieur
Schmuhl, Boje	Museologe
Schneeweiß, Dr. Burkhard	Obermedizinalrat, Professor, Arzt
Schneider, Reiner	Diplom-Ingenieur
Schramm, Dr. Andreas	Diplom-Ingenieur
Schreiber, Dr. Harald	Lehrer, Journalist
Schroeder, Hans-Julius	Landwirt
Schröder, Jürgen	Diplom-Dolmetscher
Schubert, Cordula	Diplom-Medizin-Pädagoge
Schulz, Gerhard	Elektromonteur
Schwalbe, Clemens	Diplom-Ingenieur
Seidel, Jürgen	Schlosser, Diplom-Ingenieur
Selke, Karl-Ernst	Theologe
Sobetzko, Dr. Werner	Diplom-Chemiker
Stange, Carmen	Ökonom
Steinmann, Joachim	Diplom-Lehrer
Stempell, Kurz	Diplom-Ingenieur
Tamm, Ingeborg	Stomatologische Schwester
Thees, Olaf	Agrotechniker, Staatswissenschaftler
Thelen, Holger	Arzt
Tillich, Stanislaw	Diplom-Ingenieur
Toscher, Willibald	Elektromonteur
Tschalamoff, Nikolaj Klaus	Entwicklungsingenieur
Ulbricht, Hartmut	Agrochemieingenieur
Unger, Dietmar	Sänger
Wagner, Heinz	Oberingenieur
Waschnewski, Eckhard	Theologe
Weber, Dr. Ernst-Hinrich	Diplom-Physiker
Wetzel, Kersten	Feinoptiker
Wetzel, Siegfried	Verkehrsingenieur

Name	**Beruf**
Wieczorek, Dr. Bertram	Facharzt
Winter, Johannes	Theater- und Beleuchtungsmeister
Wolf, Bernd	Zahnarzt
Wolf, Ingrid	Keramingenieur
Wonneberger, Michael	Diplom-Ingenieur
Wünschmann, Martin	Diplom-Lehrer
Wunderlich, Gert	Forstingenieur
Zimmermann, Hans	Chemiefacharbeiter
Zimmermann, Dr. Rolf	Professor, Diplom-Ingenieur
Zocher, Lothar	Diplom-Mathematiker

Sozialdemokratische Partei Deutschlands (SPD)

Name	Beruf
Amende, Andreas	Betriebsschlosser
Backhaus, Till	Agrotechniker
Barbe, Angelika	Diplom-Biologin
Bischoff, Josef Maria	Hochschulingenieur
Böhme, Ibrahim Manfred	Lehrer/Historiker
Bogisch, Frank	Ingenieur
Botz, Dr. Gerhard	Diplom-Ingenieur
Brecht, Dr. Eberhard	Diplom-Physiker
Brinksmeier, Dankwart	Pfarrer
Brösdorf, Bernd	Diplom-Ingenieur
Donaubauer, Dr. Bernd	Arzt
Dräger, Heidrun	Ingenieur-Ökonom
Ellenberger, Irene	Architekt
Elmer, Dr. Konrad	Pfarrer
Fikentscher, Dr. Rüdiger	Facharzt
Förster, Dr. Alfred	Diplom-Ingenieur
Fritsch, Christina	Lehrerin
Funke, Christiane	Diplom-Lehrer
Gerlach, Johannes	Strahlenphysiker
Gutzeit, Martin	Pfarrer
Hacker, Hans-Joachim	Diplom-Jurist
Hajek, Rosemarie	Diplom-Lehrer
Hartmann, Gert	Mechaniker
Heltzig, Dr. Frank	Physiker
Hildebrandt, Dr. Regine	Biologin
Hilsberg, Stephan	Programmierer
Höppner, Dr. Reinhard	Mathematiker
Jacobs, Paul	Diplom-Jurist
Jäger, Renate	Lehrerin
Jauch, Frank	Diplom-Physiker
Kalz, Dr. Manfred	Arzt
Kamilli, Karl-August	Diplom-Geophysiker
Kauffold, Dr. Peter	Professor, Biologie
Kilias, Dr. Günter	Diplom-Forstingenieur
Kövber, Dr. Stefan	Diplom-Ingenieur
Krehl, Constanze	Diplom-Ingenieur

Name	Beruf
Krüger, Thomas	Theologe
Kuessner, Hinrich	Theologe
Kunckel, Dr. Karl-Heinz	Diplom-Ingenieur
Kunz, Eva	Wissenschaftliche Bibliothekarin
Kuppe, Dr. Gerlinde	Diplom-Chemikerin
Lindemann, Elke	Handelsökonom
Lippmann, Frieder	Diplom-Ingenieur Ökonom
Lucyga, Dr. Christine	Lehrerin
Manhenke, Dr. Volker	Diplom-Geologe/Diplom-Wirtschaftler
Matterne, Dr. Dietmar	Diplom-Chemiker
Meckel, Markus	Theologe
Misselwitz, Dr. Hans-Jürgen	Diplom-Biologe
Möller, Jens Albert	Gärtner
Morgenstern, Luise	Hausfrau
Natzius, Rüdiger	Tierarzt
Naumann, Dr. Manfred	Historiker, Lehrer
Neumann, Gerhard	Oberlehrer, Logopäde
Neumeister, Dr. Günter	Diplom-Agrar-Ingenieur
Oleikiewitz, Peter	Diplom-Ingenieur-Geologe
Polte, Dr. Wilhelm	Diplom-Ingenieur
Quien, Hermann	Oberstufenlehrer
Reiche, Steffen	Theologe
Reider, Sybille	Diplom-Juristin
Richter, Edelbert	Pfarrer
Richter, Joachim	Theologe
Ringstorff, Dr. Harald	Diplom-Chemiker
Romberg, Dr .Walter	Diplom-Mathematiker
Rudolph, Dr. Christine	Tierärztin
Rudorf, Dr. Dieter	Diplom-Ingenieur
Schemmel, Volker	Ingenieur
Schnell, Dr. Emil	Diplom-Physiker
Schröder, Richard	Theologe
Schultze, Christian	Jurist
Schwanitz, Rolf	Diplom-Ingenieur
Seils, Susanne	Diplom-Juristin
Sept-Hubrig, Gisela	Pastorin
Sorge, Wieland	Lehrer

Name	Beruf
Stephan, Dr. Volker	Tierarzt
Stetter, Inge	Lehrerin
Stockmann, Ulrich	Diplom-Ingenieur, Theologe
Terpe, Dr. Dr. Frank	Professor, Mathematiker
Thierse, Wolfgang	Kulturwissenschaftler, Germanist
Timm, Dr. Gottfried	Diplom-Theologe
Uecker, Sabine	Chemieingenieurin
Voigtländer, Bernd	Bauingenieur
Vollbrecht, Ursula	Lehrerin
Weigel, Siegfried	Pastor
Weis, Reinhard	Diplom-Ingenieur
Weißgerber, Gunter	Ingenieur
Wiebke, Dr. Karsten	Tierarzt
Wietschel, Frank	Arzt
Ziel, Alwin	Diplomjurist, Diplompädagoge

Partei des Demokratischen Sozialismus (PDS)

Name	Beruf
Albrecht, Dr. Petra	Juristin
Bednarsky, Kerstin	Uhrmacherin
Bergt, Günter	Diplom-Ingenieur
Bisky, Dr. Lothar	Professor, Kulturwissenschaftler
Bittner, Dr. Ingrid	Ärztin
Börner, Reiner	Diplom-Wirtschaftler
Claus, Roland	Diplom-Ingenieur-Ökonom
Demloff, Jürgen	Diplom-Gesellschaftswissenschaftler, Journalist
Deneke, Marlies	Wirtschaftskaufmann
Enkelmann, Dr. Dagmar	Diplom-Historikerin
Fache, Sabine	Lehrerin
Fischer, Dr. Ursula	Kinderärztin
Förtsch, Eva-Maria	Diplom-Psychologin
Friedrich, Dr. Michael	Diplom-Mathematiker
Fuchs, Dr. Ruth	Diplom-Sportlehrer
Glück, Dr. Hans-Gerd	Diplom-Ökonom
Groß, Jurij	Diplom-Gesellschaftswissenschaftler
Gysi, Dr. Gregor	Diplom-Jurist
Hahn, Dr. Hans-Jürgen	Professor, Arzt
Hannig, Wolf-Peter	Lehrer
Hegewald, Dr. Helmar	Professor, Hochschullehrer
Heise-Schirdewan, Rosemarie	Diplom-Lehrerin
Heuer, Dr. Uwe-Jens	Professor, Jurist
Höpke, Klaus	Journalist
Hotz, Wolfgang	Diplom-Ingenieur-Pädagoge
Jentsch, Margit	Studentin
Kassner, Kerstin	Heimleiterin
Kaufmann, Dr. Sylvia-Yvonne	Diplom-Japanologe
Keller, Dr. Dietmar	Diplom-Lehrer
Kertscher, Dr. Norbert	Diplom-Gesellschaftswissenschaftler
Kober, Dr. Horst	Diplom-Wirtschaftler
Kozian, Bärbel	Staatswissenschaftler
Kreuz, Bärbel	Kinderärztin
Kröger, Dr. Erdmann	Medizinalrat, Facharzt
Kummert, Angela	Diplom-Forstingenieur
Kunert, Dr. Wolfgang	Kinderarzt

Name	Beruf
Leskin, Jürgen	Schriftsteller
Luft, Dr. Christa	Professor, Diplom-Ökonom
Meier, Bernd	Diplom-Gesellschaftswissenschaftler
Meier, Lothar	Diplom-Agrar-Ingenieur
Mocek, Dr. Reinhard	Professor, Philosoph
Modrow, Dr. Hans	Diplom-Wirtschaftler, Diplom-Gesellschaftswissenschaftler
Morgenstern, Dr. Marion	Diplom-Lehrerin
Niederkirchner, Dr. Käte	Kinderärztin
Ostrowski, Christine	Diplom-Gesellschaftswissenschaftler
Peltsch, Dr. Steffen	Lehrer
Pohl, Wolfgang	Diplom-Jurist
Richter, Dr. rer. nat. Herbert	Diplom-Chemiker
Riege, Dr. Gerhard	Professor, Hochschullehrer
Scheringer, Johann	Diplom-Landwirt
Schneider, Angela	Lehrerin
Schönebeck, Dr. Martina	Diplom-Psychologe
Scholz, Dr. Christiane	Ärztin
Schuber, Ina	Lehrerin
Schumann, Dr. Fritz	Diplom-Landwirt
Schumann, Dr. Michael	Professor, Diplom-Philosoph
Schur, Gustav-Adolf	Diplom-Sportlehrer
Seifert, Dr. Ilja	Diplom-Germanist
Stadermann, Dr. Peter	Ingenieur-Ökonom
Steinitz, Dr. Klaus	Professor, Wirtschaftswissenschaftler
Stolfa, Roswitha	Lehrerin
Voigt, Gisela	Krankenschwester
Wegener, Solveig	Diplom-Agrar-Ingenieur
Werner, Dr. Frieder	Diplom-Staatswissenschaftler
Willerding, Dr. Hans-Joachim	Diplom-Staatswissenschaftler
Zschoche, Brigitte	Oberstudiendirektor, Diplom-Lehrerin

Deutsche Soziale Union (DSU)

Name	Beruf
Anys, Lothar	Theologe
Backofen, Timo	Student
Degner, Karsten	Verkehrskaufmann
Diestel, Dr. Peter-Michael	Rechtsanwalt
Dott, Manfred	Bauingenieur
Ebeling, Hans-Wilhelm	Theologe
Franke, Peter	Kfz-Schlosser
Gottschall, Dr. Stefan	Diplom-Chemiker
Gröger, Rolf	Diplom-Mathematiker
Haschke, Jürgen	Chemiefacharbeiter
Klein, Lothar	Elektronikfacharbeiter
Koch, Norbert	Zahntechniker
Landgraf, Sabine	Laborantin
Latussek, Dr. Paul	Diplom-Ingenieur
Lindenlaub, Andreas	Schlosser
Nowack, Joachim Hubertus	Diplom-Physiker
Piche, Lothar	Elektriker
Schmidt, Thomas	Zahnarzt
Schmiele, Dr. Joachim	Diplom-Ingenieur
Schneider, Renate	Diplom-Forstingenieur
Schwarz, Jürgen	Lehrer
Steiner, Andreas	Mechaniker
Tiesler, Dr. Frank	Diplom-Ethnologe
Voigt, Dr. Gotthard	Medizinalrat, Zahnarzt
Walther, Dr. Hansjoachim	Professor, Diplom-Mathematiker

Bund Freier Demokraten
(Deutsche Forum Partei (DFP), Liberal-Demokratische Partei (LDP) Freie Demokratische Partei (F.D.P.)

Name	Beruf
Annies, Dieter (F.D.P.)	Klempnermeister
Bohn, Jürgen (LDP)	Diplom-Ingenieur
Dörr, Burkhard (LDP)	Textilreinigungsingenieur
Felber, Konrad (DFP)	Klempnermeister
Gleisberg, Dr. Dieter (LDP)	Obermuseumsrat, Museologe
Hofmann, Dieter	Diplom-Sprachmittler
Kauffmann, Horst (DFP)	Diplom-Ingenieur
Kley, Gerry	Diplom-Biologe
Kney, Dr. Johannes (LDP)	Diplom-Staatswissenschaftler
Krause, Helmut (DFP)	Pfarrer
Lehment, Conrad-Michael (LDP)	Diplom-Ingenieur
Meißner, Dr. Gert (F.D.P.)	Diplom-Ingenieur
Opitz, Dr. Bernhard (DFP)	Arzt
Ortleb, Dr. Rainer (LDP)	Professor, Mathematiker
Rysse, Thomas von (DFP)	Diplom-Ökonom
Schicke, Dietmar (LDP)	Lehrer
Schmieder, Dr. Jürgen (DFP)	Diplom-Ingenieur
Steincke, Dr. oec. Jochen (LDP)	Wirtschaftler
Thietz, Peter (F.D.P.)	Patent-Ingenieur
Wöstenberg, Dr. Dieter (F.D.P.)	Medizinalrat, Arzt
Zirkler, Dr. Klaus-Otto (LDP)	Diplom-Veterinärmediziner

Bündnis 90
Neues Forum (NF), Initiative Frieden und Menschenrechte (IFM) Demokratie Jetzt (DJ)

Name	Beruf
Birthler, Marianne (IFM)	Wirtschaftskaufmann
Gauck, Joachim (NF)	Pfarrer
Meisel, Dr. Hanns-Ulrich (NF)	Diplom-Chemiker
Nierade, Ilse Renate(NF)	Architekt
Nooke, Günter (DJ)	Diplom-Physiker
Pietsch, Rainer (NF)	Diplom-Ingenieur-Pädagoge
Poppe, Gerd (IFM)	Physiker
Reich, Dr. Jens (NF)	Professor, Molekularbiologe
Schulz, Werner (NF)	Diplom-Ingenieur
Tschiche, Hans-Jochen (NF)	Theologe
Ullmann, Dr. Wolfgang (DJ)	Theologe
Weiß, Konrad (DJ)	Regisseur

Demokratische Bauernpartei Deutschlands (DBD)

Name	Beruf
Goepel, Dr. Lutz	Diplom-Landwirt
Helm, Dieter	Diplom-Landwirt
Holz, Joachim	Diplom-Agrar-Ingenieur
Maleuda, Dr. Günther	Diplom-Wirtschaftler
Marusch, Werner	Diplom-Agrar-Ingenieur-Ökonom
Meyer-Bodemann, Dr. Werner	Dipl.-Landwirt
Seeger, Per-René	(Meister)
Watzek, Dr. Hans	Diplom-Wirtschaftler
Zschornack, Georg	Ingenieurökonom

Grüne Partei (GP) und Unabhängiger Frauenverband (UFV)

Name	Beruf
Dörfler, Dr. Ernst (GP)	Diplom-Chemiker, Schriftsteller
Grabe, Christina (GP)	Krankenpflegerin, Masseurin
Hildebrand, Peter (parteilos)	Diplom-Chemiker
Mäder, Jürgen	Forstwirt
Otto, Dr. Gunter (GP)	
Platzeck, Mathias (GP)	Diplom-Ingenieur
Reichelt, Dr. Bernd (GP)	Diplom-Ingenieur
Täschner, Uwe (GP)	Diplom-Soziologe
Wollenberger, Vera (GP)	Diplom-Philosophin

Demokratischer Aufbau (DA)

Name	Beruf
Eppelmann, Rainer	Pfarrer
Geisler, Dr. Hans	Diplom-Chemiker
Kögler, Brigitta Charlotte	Rechtsanwältin
Schulz, Horst	Kraftwerksingenieur

National-Demokratische Partei Deutschlands (NDPD)

Name	Beruf
Fischer, Dr. Klaus-Christian	Diplom-Ingenieur
Staegemann, Dr. Gert	Obermedizinalrat, Professor, Zahnarzt

Demokratischer Frauenbund Deutschlands (DFD)

Name	Beruf
Bencze, Karin	Diplom-Jurist

Aktionsbündnis Vereinigte Linke (AVL)
(Die Nelken – Vereinigte Linke (VL)

Name	Beruf
Klein, Dr. Thomas (VL)	Mathematiker

Chronik – Daten zur Arbeit der 10. Volkskammer

Die große gesetzgeberische Arbeitsleistung der 10. Volkskammer (vgl. Herzog, S. 16 in diesem Band) spiegelt sich in den folgenden Notizen nur andeutungsweise.

In Kästen eingefügt in den Terminablauf der Tagungen sind wichtige politische Ereignisse des Vereinigungsvorganges, die außerhalb des Parlaments stattfanden.

18. März 1990

> Erste freie Volkskammerwahl in der DDR (Wahlbeteiligung 93 Prozent). Sieger wird die „Allianz für Deutschland" (CDU, DSU und DA).

Wahlergebnisse *)
Stimmen

Partei	Anzahl	in %	Zahl der Mandate
CDU	4 710 598	40,8	163
SPD	2 525 534	21,9	88
PDS	1 892 381	16,4	66
DSU	727 730	6,3	25
LIBERALE	608 935	5,3	21
Bündnis 90	336 074	2,9	12
DBD	251 226	2,2	9
GRÜNE-UFV	226 932	2,0	8
DA	106 146	0,9	4
NDPD	44 292	0,4	2
DFD	38 192	0,3	1
AVL	20 342	0,2	1
AJL	14 616	0,1	–
CHR. LIGA	10 691	0,1	–
KPD	8 819	0,1	–
USPD	3 891	0,0	–
EFP	3 636	0,0	–
UVP	3 007	0,0	–
DBU	2 534	0,0	–
SpAD	2 417	0,0	–
EINHEIT J.	2 396	0,0	–
BSA	386	0,0	–
VAA	380	0,0	–

*) Quelle: Unterlagen der Wahlkommission der DDR.

Auflösung der Abkürzungen (kandidierende Parteien)

CDU	Christlich Demokratische Union Deutschlands („Ost-CDU")
SPD	Sozialdemokratische Partei Deutschlands
PDS	Partei des Demokratischen Sozialismus
DSU	Deutsche Soziale Union
LIBERALE	Bund Freier Demokraten
Bündnis 90	„Bündnis 90"
DBD	Demokratische Bauernpartei Deutschlands
GRÜNE-UFV	Grüne Partei + Unabhängiger Frauenverband
DA	Demokratischer Aufbruch
NDPD	National-Demokratische Partei Deutschlands
DFD	Demokratischer Frauenbund Deutschlands
AVL	Aktionsbündnis Vereinige Linke

AJL	Alternative Jugendliste
CHR. LIGA	CHRISTLICHE LIGA
KPD	Kommunistische Partei Deutschlands
USPD	Unabhängige Sozialdemokratische Partei Deutschlands
EFP	Europäische Föderalistische Partei/Europa Partei
UVP	Unabhängige Volkspartei
DBU	Deutsche Biertrinker Union
SpAD	Spartakist-Arbeiterpartei Deutschlands
EINHEIT J.	EINHEIT jetzt
BSA	Bund Sozialistischer Arbeiter – Deutsche Sektion der 4. Internationale
VAA	Vereinigung der Arbeitskreise für Arbeitnehmerpolitik und Demokratie

30. März 1990

Der Staatsrat der DDR beruft gemäß Artikel 62 Absatz 1 der Verfassung der DDR die Volkskammer zu ihrer ersten Tagung für den 5. April nach Berlin ein.

5. April 1990

Die Arbeitsgruppe „Neue Verfassung der DDR“ des Runden Tisches stellt der Öffentlichkeit ihren Verfassungsentwurf vor.

1. (konstituierende) Tagung der Volkskammer der DDR (10. Wahlperiode)

Tagesordnung u.a.:

Beschlußfassung über die Gültigkeit der Wahl zur Volkskammer der DDR am 18. März 1990.

Geheime Wahl des Präsidenten der Volkskammer der Deutschen Demokratischen Republik (Sabine Bergmann-Pohl, CDU).

Gesetz zur Änderung und Ergänzung der Verfassung der Deutschen Demokratischen Republik.

Annahme des Gesetzentwurfs, womit u.a. die Präambel der Verfassung aufgehoben wird (wonach die DDR ein „sozialistischer Staat der Arbeiter und Bauern“ sein soll und auf den „Weg des Sozialismus und Kommunismus“ festgelegt ist) und der Staatsrat der DDR abgeschafft wird mit der Ergänzung, daß die Befugnisse des Staatsrates und dessen Vorsitzenden durch das Präsidium der Volkskammer bzw. den Volkskammerpräsidenten bis zur Wahl eines Präsidenten der Republik zeitweilig wahrgenommen werden.

9. April 1990

Volkskammerpräsidentin *Sabine Bergmann-Pohl* übernimmt von *Manfred Gerlach* die Geschäfte als amtierende Staatsratsvorsitzende der DDR.

11. April 1990

Die Koalitionsverhandlungen zur Bildung einer neuen Regierung werden erfolgreich abgeschlossen. Der designierte DDR-Ministerpräsident *Lothar de Maizière* gibt die Zusammensetzung seines künftigen Kabinetts bekannt.

12. April 1990

2. Tagung der Volkskammer der DDR

Tagesordnung u.a.:

Antrag aller Fraktionen der Volkskammer der DDR zu einer Gemeinsamen Erklärung zum Bekenntnis zur Verantwortung der Deutschen in der DDR für ihre Geschichte und ihre Zukunft; sowie zur Unverletzbarkeit der Oder-Neiße-Grenze zur Republik Polen.

Bildung einer Großen Koalition, bestehend aus den Fraktionen der CDU, DSU, Demokratischer Aufbau, Liberale und SPD.

Wahl des Vorsitzenden des Ministerrates der Deutschen Demokratischen Republik (*Lothar de Maizière).*

Wahl der Mitglieder des Ministerrates der Deutschen Demokratischen Republik.

18. April 1990

Der DDR-Ministerrat tritt in Berlin zur ersten Sitzung nach seiner Konstituierung zusammen und erörtert unter Vorsitz von Ministerpräsident *Lothar de Maizière* die Regierungserklärung.

19. April 1990

3. Tagung der Volkskammer der DDR

Tagesordnung u.a.:

Regierungserklärung des Ministerpräsidenten der Deutschen Demokratischen Republik.

20. April 1990

4. Tagung der Volkskammer der DDR

Tagesordnung u.a.:

Aussprache zur Regierungserklärung von Ministerpräsident *Lothar de Maizière*.

26. April 1990

5. Tagung der Volkskammer der DDR

Tagesordnung u.a.:

Anträge der Fraktion Bündnis 90/Grüne (1) zur Inkraftsetzung eines Vorläufigen Grundgesetzes für die Deutsche Demokratische Republik und (2) zur Volksabstimmung über eine neue Verfassung.

Anträge der Fraktion Bündnis 90/Grüne und der SPD-Fraktion zur Einsetzung eines Parlamentsausschusses zur Kontrolle der Treuhandanstalt.

27. April 1990

Beginn der offiziellen Gespräche zum Staatsvertrag über die Wirtschafts-, Währungs- und Sozialunion In Ost-Berlin.

2. Mai 1990

Die Bundesregierung und die DDR-Regierung einigen sich auf die Umtauschkurse für die Währungsunion.
Außer Löhnen und Gehältern sollen auch Mieten, Stipendien, Renten und andere wiederkehrende Versorgungszahlungen im Verhältnis 1:1 umgestellt werden. Sparguthaben und Bargeld werden nach Alter gestaffelt umgetauscht.

6. Mai 1990

Erste freie Kommunalwahl in der DDR.
CDU 34,4 %, SPD 21,3 %, PDS 14,6 %, Liberale 6,7 %, DSU 3,4 %, Neues Forum 2,4 %, übrige Parteien 17,2 %.

9. Mai 1990

Der Vorstand des FDGB beschließt die Auflösung der Einheitsgewerkschaft als Dachverband der Gewerkschaften in der DDR.

10. Mai 1990

6. Tagung der Volkskammer der DDR

Tagesordnung u.a.:

Gesetz über die Selbstverwaltung der Gemeinden und Landkreise in der DDR (Kommunalverfassung);

Überprüfung der örtlichen Volksvertretungen auf eine eventuelle Zusammenarbeit mit dem ehemaligen MfS/AfNS.

13. Mai 1990

Die deutsch-deutsche Expertenkommission einigt sich auf einen Entwurf für den Staatsvertrag über die Wirtschafts-, Währungs- und Sozialunion.

14. Mai 1990

Bundesfinanzminister *Theodor Waigel* und DDR-Finanzminister *Walter Romberg* beraten in Ost-Berlin über die Haushaltslage der DDR, den Umfang bundesdeutscher Hilfe und die Eigenleistungen durch die DDR.

17. Mai 1990

Abschluß der Verhandlungen zum Staatsvertrag über die Schaffung einer Währungs-, Wirtschafts- und Sozialunion.

7. Tagung der Volkskammer der DDR

Tagesordnung u.a.:

Gesetz zur Änderung und Ergänzung der Verfassung der DDR (Verfassungsgrundsätze).

Gesetz über die Selbstverwaltung der Gemeinden und Landkreise in der DDR (Kommunalverfassung).

Beschluß zum Schutz des Inlandmarktes der DDR.

18. Mai 1990

Unterzeichnung des Staatsvertrages über die Schaffung einer Währungs-, Wirtschafts- und Sozialunion durch die Finanzminister *Theodor Waigel* und *Walter Romberg* in Anwesenheit von Bundeskanzler *Helmut Kohl* und Ministerpräsident *Lothar de Maizière.* Nach dem Vertrag, der am 1. Juli in Kraft treten soll, gibt die DDR die Hoheit über die Finanz- und Geldpolitik ab. Die DDR übernimmt zahlreiche bundesdeutsche Bestimmungen, Gesetze und Verordnungen.

21. Mai 1990

8. Tagung (Sondertagung) der Volkskammer der DDR

Tagesordnung u.a.:

Gesetz zum Vertrag über die Schaffung einer Währungs-, Wirtschafts- und Sozialunion zwischen der DDR und der BRD vom 18. Mai 1990.

31. Mai 1990

9. Tagung der Volkskammer der DDR

Tagesordnung u.a.:

Beschluß über die Bildung einer Regierungskommission betreffend Vermögenswerte aller Parteien und Massenorganisationen im In- und Ausland verbunden mit Entwurf eines Gesetzes zur Änderung des Gesetzes über Parteien und andere politische Vereinigungen (Parteiengesetz) vom 21.2.1990.

Beschluß zur Entfernung des Staatswappens von öffentlichen Gebäuden.

10. Tagung der Volkskammer der DDR

Tagesordnung u.a.:

Gesetz über die Inkraftsetzung von Rechtsvorschriften der Bundesrepublik Deutschland in der Deutschen Demokratischen Republik.

5. Juni 1990

11. Tagung der Volkskammer der DDR

Tagesordnung u.a.:

Gemeinsame Erklärung der Volkskammer zu den Ereignissen vom 3. und 4. Juni 1989 in der Volksrepublik China.

Beschluß zur Einsetzung eines Sonderausschusses zur Kontrolle der Auflösung des MfS/AfNS.

8. Juni 1990

12. Tagung der Volkskammer der DDR

14. Juni 1990

13. Tagung der Volkskammer der DDR

15. Juni 1990

14. Tagung der Volkskammer der DDR

Tagesordnung u.a.:

Gesetz zur Privatisierung und Reorganisation des volkseigenen Vermögens (Treuhandgesetz).

Gesetz über die Grundsätze der Finanzordnung der DDR sowie Gesetz über den Rechnungshof der Republik, Gesetz über die Grundsätze des Haushaltsrechts der Republik und der Länder in der DDR und Gesetz über die Haushaltsordnung der Republik.

17. Juni 1990

15. Tagung (Sondertagung) der Volkskammer der DDR

Tagesordnung u.a.:

Antrag der DSU-Fraktion betreffend Beitritt gemäß Artikel 23 des Grundgesetzes.

Gesetz zur Privatisierung und Reorganisation des volkseigenen Vermögens (Treuhandgesetz).

19. Juni 1990

Die Unionsfraktionen in beiden deutschen Parlamenten und die FDP-Fraktion im Bundestag einigen sich auf den 2. oder 9. Dezember 1990 als Termin für gesamtdeutsche Wahlen. Der Beitritt der DDR zur Bundesrepublik nach Artikel 23 des Grundgesetzes soll am Wahltag erfolgen.

21. Juni 1990

16. Tagung der Volkskammer der DDR

Tagesordnung u.a.:

Erklärung der Volkskammer zur polnischen Westgrenze.

Gesetz zum Vertrag über die Schaffung einer Währungs-, Wirtschafts- und Sozialunion zwischen der Deutschen Demokratischen Republik und der Bundesrepublik Deutschland vom 18. Mai 1990.

Gesetz über die Inkraftsetzung von Rechtsvorschriften der Bundesrepublik Deutschland in der Deutschen Demokratischen Republik.

22. Juni 1990

Fortsetzung der am 5. Mai 1990 begonnenen Verhandlungen der Zwei-plus-Vier-Runde in Ost-Berlin.

17. Tagung der Volkskammer der DDR

28. Juni 1990

18. Tagung der Volkskammer der DDR

29. Juni 1990

19. Tagung der Volkskammer der DDR

20. Tagung (Sondertagung) der Volkskammer der DDR

1. Juli 1990

Inkrafttreten der zwischen der Bundesrepublik und der DDR vereinbarten Wirtschafts-, Währungs- und Sozialunion. Damit wird die D-Mark alleiniges Zahlungsmittel in der DDR.

2. Juli 1990

Nach dem Vollzug der Wirtschafts-, Währungs- und Sozialunion nehmen die Regierungen beider deutscher Staaten den zweiten Staatsvertrag (Einigungsvertrag) in Angriff, der Einzelheiten über den Beitritt der DDR regeln soll.

5. Juli 1990

21. Tagung der Volkskammer der DDR

Tagesordnung u.a.:

Regierungserklärung zur Außenpolitik.

Antrag auf Erweiterung der Rechte und Kontrollaufgaben des von der Volkskammer am 7. Juni 1990 eingesetzten Sonderausschusses zur Kontrolle der Auflösung der MfS/AfNS.

6. Juli 1990

Erste Verhandlungsrunde zum Einigungsvertrag mit der DDR in Ost-Berlin

22. Tagung der Volkskammer der DDR

23. Tagung der Volkskammer der DDR

Tagesordnung u.a.:

Aktuelle Stunde „Beibehaltung der Fristenregelung, verbunden mit umfassender Aufklärung und Beratung“.

24. Tagung der Volkskammer der DDR

Tagesordnung u.a.:

Aktuelle Stunde „Vorbereitung des 2. Staatsvertrages“.

17. Juli 1990

Dritte Zwei-plus-Vier-Runde der Außenminister der vier Siegermächte und ihrer beiden deutschen Amtskollegen unter Beteiligung des polnischen Außenministers. Vereinbarung, daß Deutschland und Polen innerhalb kürzester Zeit einen Grenzvertrag unterzeichnen, der die Oder-Neiße-Linie als polnische Westgrenze garantiert.

18. Juli 1990

Der Ministerrat der DDR beschließt zusätzliche Kredite für die unter dem Druck von West-Importen und durch eigene Strukturmängel an den Rand der Existenz gedrängte Landwirtschaft.

25. Tagung der Volkskammer der DDR

20. Juli 1990

26. Tagung der Volkskammer der DDR

Tagesordnung u.a.:

Antrag der Fraktion Die Liberalen betreffend Beitritt der DDR zum Geltungsbereich des Grundgesetzes der BRD nach Artikel 23 mit Wirkung des 1. Dezember 1990.

22. Juli 1990

27. Tagung der Volkskammer der DDR

Tagesordnung u.a.:
Verfassungsgesetz zur Bildung von Ländern in der Deutschen Demokratischen Republik (Ländereinführungsgesetz).

Gesetz über die Wahlen zu den Landtagen in der Deutschen Demokratischen Republik (Länderwahlgesetz).

3. August 1990

Bundesinnenminister *Wolfgang Schäuble* und DDR-Staatssekretär *Günther Krause* unterzeichnen in Ost-Berlin den Wahlvertrag, wonach gesamtdeutsche Wahlen in einem Wahlgebiet und nach einheitlichem Wahlrecht stattfinden sollen.

Zweite Verhandlungsrunde zum Einigungsvertrag. In dem Entwurf wird Berlin als künftige deutsche Hauptstadt genannt; die Frage des Regierungssitzes soll erst nach dem Beitritt der DDR zur Bundesrepublik entschieden werden.

8./9. August 1990

28. Tagung der Volkskammer der DDR

Tagesordnung u.a.:

Behandlung der folgenden drei Anträge zur Frage des Beitritts der DDR:

(1) Beschlußempfehlung des Ausschusses Deutsche Einheit zum Antrag der Fraktion der DSU vom 17. Juni 1990 betreffend Beitritt der DDR zum Geltungsbereich des Grundgesetzes der Bundesrepublik Deutschland gemäß Artikel 23 des Grundgesetzes,

(2) Antrag der Fraktion der SPD betreffend Absichtsbekundung der Volkskammer, den Beitritt der DDR zum Geltungsbereich des Grundgesetzes der Bundesrepublik Deutschland gemäß Artikel 23 bis zum 15. September 1990 zu erklären,

(3) Antrag der Fraktion der CDU/DA betreffend Bitte an die Verfassungsorgane der Bundesrepublik Deutschland, die Möglichkeit zu eröffnen, die Wahlen zum gesamtdeutschen Parlament in Verbindung mit dem Beitritt der DDR zur Bundesrepublik Deutschland am 14. Oktober 1990 durchzuführen.

Gesetz über die Inkraftsetzung des Gesetzes der Bundesrepublik Deutschland über die Gemeinschaftsaufgabe „Verbesserung der regionalen Wirtschaftsstruktur" vom 6. Oktober 1969 in der Deutschen Demokratischen Republik.

Antrag betreffend Verordnung über die Anmeldung vermögensrechtlicher Ansprüche.

Gesetz zum Vertrag zur Vorbereitung und Durchführung der ersten gesamtdeutschen Wahl des Deutschen Bundestages zwischen der Deutschen Demokratischen Republik und der Bundesrepublik Deutschland vom 3. August 1990 (Verfassungsgesetz).

9. August 1990

Die Bundesregierung legt sich auf den 2. Dezember als Termin für die erste gesamtdeutsche Wahl fest.

10. August 1990

Bundeskanzler *Helmut Kohl* und DDR-Ministerpräsident *Lothar de Maizière* sprechen sich bei einem Treffen in Bonn für den 14. Oktober als Tag des Beitritts der DDR zur Bundesrepublik aus.

22. August 1990

29. Tagung der Volkskammer der DDR

Tagesordnung u.a.:

Gesetz zum Vertrag zur Vorbereitung und Durchführung der ersten gesamtdeutschen Wahl des Deutschen Bundestages zwischen der Deutschen Demokratischen Republik und der Bundesrepublik Deutschland vom 3. August 1990 (Verfassungsgesetz).

22./23. August 1990

30. Tagung (Sondertagung) der Volkskammer der DDR

Tagesordnung u.a.:

Antrag der Fraktion der DSU: Die DDR erklärt am 22.8.1990 den Beitritt zur BRD gemäß Artikel 23 des Grundgesetzes in Verbindung mit (2) Antrag von mehr als 20 Abgeordneten der Fraktion CDU/DA, daß auf einer Volkskammersitzung am 9. Oktober 1990 der Beitritt der DDR zum Geltungsbereich des Grundgesetzes mit Wirkung vom 14. Oktober 1990, 24.00 Uhr, beschlossen wird.

23. August 1990

31. Tagung der Volkskammer der DDR

Tagesordung u.a.:

Gesetz zur Änderung und Ergänzung des Gesetzes vom 7. März 1990 (Versammlungsgesetz).

Antrag der DSU-Fraktion betreffend Beschluß der Volkskammer: Aufforderung an den Ministerrat, die Entlassung der Angehörigen des ehemaligen MfS des nachgeordneten Bereiches in die Wege zu leiten.

24. August 1990

32. Tagung der Volkskammer der DDR

Tagesordnung u.a.:

Aktuelle Stunde zur Zweiten Durchführungsverordnung zum Kommunalvermögensgesetz (Kommunale Energieversorgung) und zum Stand der Übernahme der Energieversorgung durch BRD-Unternehmen u.a.

Gesetz über die Sicherung und Nutzung der personenbezogenen Daten des ehemaligen Ministeriums für Staatssicherheit/Amtes für Nationale Sicherheit.

Antrag betreffend Aufforderung an den Ministerpräsidenten, unverzüglich Nachverhandlungen gemäß Artikel 9 des Vertrages über die Schaffung einer Währungs-, Wirtschafts- und Sozialunion zwischen der DDR und der BRD vom 18. Mai 1990 aufzunehmen.

30. August 1990

33. Tagung der Volkskammer der DDR

Tagesordnung u.a.:

Antrag aller Fraktionen betreffend Auftrag an die Regierung zum Gesetz über die Sicherung und Nutzung der personenbezogenen Daten des ehemaligen MfS/AfNS vom 24. August 1990.

31. August 1990

Vierte und abschließende Verhandlungsrunde zum Einigungsvertrag: Paraphierung durch Bundesinnenminister *Wolfgang Schäuble* und Staatssekretär *Günther Krause* im Bundesinnenministerium.

6. September 1990

34. Tagung der Volkskammer der DDR

Tagesordnung u.a.:

Gesetz zum Vertrag zwischen der Deutschen Demokratischen Republik und der Bundesrepublik Deutschland über die Herstellung der Einheit Deutschlands (Einigungsvertrag) vom 31. August 1990 (Verfassungsgesetz).

12. September 1990

> Abschluß der Zwei-plus-Vier-Gespräche in Moskau: Unterzeichnung des Vertrages über die abschließende Regelung in bezug auf Deutschland

13. September 1990

35. Tagung der Volkskammer der DDR

Tagesordnung u.a.:

Gesetz zum Vertrag zwischen der Deutschen Demokratischen Republik und der Bundesrepublik Deutschland über die Herstellung der Einheit Deutschlands – Einigungsvertrag – vom 31. August 1990 (Verfassungsgesetz).

Bericht im Auftrag des Vorsitzenden des Ministerrates zur Arbeit der Treuhandanstalt.

14. September 1990

> FDGB beschließt die Selbstauflösung des Dachverbandes.

19. September 1990

> Der DDR-Ministerrat ernennt Joachim Gauck (Bündnis 90), bisher Vorsitzender des Volkskammerausschusses zur Kontrolle der Stasi-Auflösung, zum Sonderbeauftragten für den Umgang mit personenbezogenen Stasi-Akten.

20. September 1990

36. Tagung der Volkskammer der DDR

Tagesordnung u.a.:

Bericht des Ministerpräsidenten über das Moskauer Treffen der Außenminister zu den 2+4-Verhandlungen.

Gesetz zum Vertrag zwischen der Deutschen Demokratischen Republik und der Bundesrepublik Deutschland über die Herstellung der Einheit Deutschlands – Einigungsvertrag – vom 31. August 1990 (Verfassungsgesetz).

24. September 1990

Austritt der DDR aus dem Warschauer Pakt mit Wirkung zum 3. Oktober 1990

25. September 1990

Das DDR-Innenministerium legt den Bericht über die Stasi-Auflösung vor.

26. September 1990

Letzte Sitzung des Ministerrats der DDR. Nach Auffassung von Ministerpräsident *Lothar de Maizière* habe seine Regierung trotz großer Schwierigkeiten ihren Wählerauftrag erfüllt.

28. September 1990

37. Tagung der Volkskammer der DDR

Tagesordnung u.a.:

Abschlußbericht des Sonderausschusses zur Kontrolle der Auflösung des MfS/AfNS.

Antrag von 20 Abgeordneten betreffend Überprüfung der ehemaligen Auftraggeber des MfS/AfNS.

Entsendung von 144 Abgeordneten in den 11. Deutschen Bundestag.

Benennung von Beobachtern für das Europäische Parlament.

Empfehlung zur Ergänzung des Gesetzes zur Regelung offener Vermögensfragen

29. September 1990

Inkrafttreten des Einigungsvertrages; Notenaustausch zwischen der Bundesrepublik Deutschland und der DDR über das Vorliegen der innerstaatlichen Voraussetzungen für das Inkrafttreten.

2. Oktober 1990

Am Abend Festakt der Regierung der DDR im Schauspielhaus in Ost-Berlin.

Auflösung der Nationalen Volksarmee der DDR in Strausberg bei Berlin.

38. Tagung der Volkskammer der DDR

Festsitzung im Staatsratsgebäude in Ost-Berlin in Anwesenheit zahlreicher Mitglieder des Bundestages, daruntger die Vizepräsidenten *Annemarie Renger, Richard Stücklen* und *Heinz Westphal* sowie SPD-Fraktionsvorsitzender *Hans-Jochen Vogel*

Tagesordung:

Erklärung der Vorsitzenden der Fraktionen in der Volkskammer der DDR zum Abschluß der 10. Wahlperiode.

Schlußwort der Präsidentin der Volkskammer der DDR, *Sabine Bergmann-Pohl*

„... Unser Abschied in dieser Stunde ist so ungewöhnlich wie unser Auftrag, der uns vor sieben Monaten von den Wählerinnen und Wählern auf den Weg gegeben wurde. Er bestand darin, alle Voraussetzungen dafür zu schaffen, daß wir heute die Arbeit beenden können. Wann war eine demokratische Volksvertretung jemals in der Geschichte mit einer solchen Aufgabe beauftragt worden? Mit dem morgigen Tag können wir sagen: Wir haben unseren Auftrag erfüllt, die Einheit Deutschlands in freier Selbstbestimmung zu vollenden ..."

2. Oktober 1990

Die letzte Tagung der Volkskammer der DDR endet um 18.45 Uhr.

Quellen:

Chronik der Ereignisse in der DDR. Edition Deutschland Archiv. 4. A. 1990 Köln.

Datenhandbuch zur Geschichte des Deutschen Bundestages 1949-1999, Band III, 2000 Baden-Baden.

Deutschland Archiv ab Herbst 1989 und Jahrgang 1990

Dieter Roth, Die Volkskammerwahl in der DDR am 18. März 1990. Rationales Wahlverhalten beim ersten demokratischen Urnengang. In: Die Politik zur deutschen Einheit. Hrsg. von Ulrike Liebert und Wolfgang Merkel. Opladen 1991.

Dokumente

Regierungserklärung des Ministerpräsidenten der Deutschen Demokratischen Republik

19. April 1990 (Auszug)

Frau Präsidentin!
Meine sehr verehrten Damen und Herren!
Liebe Abgeordnete!

Die Erneuerung unserer Gesellschaft stand unter dem Ruf „Wir sind das Volk!" Das Volk ist sich seiner selbst bewußt geworden. Zum ersten Mal seit vielen Jahrzehnten haben sich die Menschen in der DDR als Volk konstituiert. Die Wahlen, aus denen dieses Parlament hervorgegangen ist, waren Wahlen des Volkes. Zum ersten Mal trägt die Volkskammer ihren Namen zu Recht.

Und aus dem Ruf „Wir sind das Volk!" erwuchs der Ruf „Wir sind *ein* Volk!" Das Volk in der DDR konstituierte sich als Teil eines Volkes, als Teil des einen deutschen Volkes, das wieder zusammenwachsen soll. Unsere Wähler haben diesem ihrem politischen Willen in den Wahlen vom 18. März deutlich Ausdruck verliehen. Dieser Wille verpflichtet uns. Ihn so gut wie nur möglich zu erfüllen, ist unsere gemeinsame Verantwortung.

Der Neuanfang unserer Gesellschaft ist ein zutiefst demokratischer Neuanfang. Wir haben einen demokratischen Auftrag. Den haben uns die Bürger der DDR gegeben, und niemand sonst. Wir haben das erste freigewählte Parlament und die erste freigewählte Regierung seit zwei Generationen. Und es ist eine breite Mehrheit des Parlaments und der Wähler, auf die sich die Koalition stützt.

Alle politischen Kräfte in Europa nehmen heute teil an dem Prozeß der Einigung Deutschlands. Wir vertreten in ihm die Interessen der Bürger der DDR. Das Ja zur Einheit ist gesprochen. Über den Weg dahin werden wir ein entscheidendes Wort mitzureden haben.

...

Eine entscheidende Kraft dieses Prozesses waren die neuen demokratischen Gruppen, in denen sich Menschen zusammenfanden, die die Fesseln der Vergangenheit sprengten.

Die Träger der friedlichen Revolution im Herbst 1989 verdienen einen herausragenden Platz in der deutschen Geschichte. Das sollte in diesem Hause stets gegenwärtig und lebendig bleiben.

Wenn ich an dieser Stelle den Dank für unsere Freiheit ausspreche, denke auch ich an die Freiheitsbewegungen in unseren östlichen Nachbarstaaten. Die Solidarnosc-Bewegung in Polen hatte nachhaltige Wirkungen auf ganz Osteuropa. Weder Kriegsrecht noch Hetzpropaganda haben der Demokratie den Riegel vorschieben können. Namen wie Lech Walesa oder der des großen Bürgerrechtlers und heutigen Staatspräsidenten der Tschechoslowakai, Vaclav Havel, werden für immer in den Geschichtsbüchern der Welt stehen und die Herzen freiheitsliebender Menschen bewegen.

Wir denken an das ungarische Volk und seine Bürger, die den Eisernen Vorhang herunterrissen und damit auch ein Stück Berliner Mauer zum Fallen brachten. Noch in den nächsten Monaten wird dieses menschenunwürdige Schandmal abgerissen.

Ich möchte im Namen der Regierung der DDR den Bürgern der Bundesrepublik Deutschland danken. Sie haben zu uns gehalten, sie haben uns Mut gemacht und geholfen, wo immer dies möglich war. Und vergessen wir nicht: Jahrzehntelang waren, wenn auch mitunter nicht ohne Eigennutz, die westlichen Medien für viele DDR-Bürger die wichtigste Informationsquelle. Oft waren sie das einzige Sprachrohr für Unterdrückte und politisch Andersdenkende in diesem Land.

...

Verehrte Anwesende, wir sind dabei, uns die Demokratie zu erarbeiten. Niemand möge Innehalten und Überlegen mit Entschlußlosigkeit verwechseln. In dieser Situation nach drei Wochen eine große Koalition zu haben, ist eine Leistung, für die ich allen beteiligten Fraktionen danke. Und ich versichere allen, wir werden uns auch in Zukunft Zeit zum verantwortlichen Nachdenken nehmen. Das wird uns helfen, den notwendigen Grundkonsens der Nation nicht durch sachlich unbegründete Zwietracht der Parteien zu zerstören.

Wir müssen alles tun, diesen Geist zu bewahren und uns unserer Freiheit würdig zu erweisen.

Damit nehmen wir das demokratische Erbe Deutschlands auf. 58 Jahre unterschiedlicher Diktaturen dürfen uns den Blick darauf nicht verstellen. Im Bauernkrieg, in den Befreiungskriegen, in der Revolution von 1848/49, in der Novemberrevolution von 1918, in den Ereignissen vom 20. Juli 1944 und im Volksaufstand des 17. Juni 1953 – immer gab es den brennenden Willen zur Demokratie, und immer wurde er in Blut oder in Resignation erstickt.

Heute dagegen stehen wir in der geschichtlichen Situation, daß unser demokratisches Aufbegehren ausgelöst *wurde* und aufgenommen *wird* von einer den Kontinent durchziehenden Bewegung zu Demokratie, Frieden und internationalem Ausgleich.

Machen wir uns bewußt, welcher Fortschritt bei uns bereits erreicht wurde vom November 1989 bis zum April 1990, und tun wir das Unsrige, daß diese Bewegung nicht an den Grenzen Europas halt macht, sondern daß in letzter Stunde eine überlebensfähige Welt entsteht!

Nach Jahrzehnten der Unfreiheit und der Diktatur wollen wir Freiheit und Demokratie unter der Herrschaft des Rechts gestalten. Dazu brauchen wir einen prinzipiellen Ansatz.

Nicht die Staatssicherheit war die eigentliche Krankheit der DDR, *sie* war nur eine ihrer Auswüchse. Die eigentliche Erbkrankheit der sozialistischen Gesellschaft war der diktatorische Zentralismus, der aus stalinistischer Verblendung an die Stelle der Demokratie, an die Stelle der Selbstbestimmung der Menschen gesetzt worden war. Dieser Zentralismus war es, der eine alles gesellschaftliche Leben vergiftende Atmosphäre des Drucks erzeugte. Zwang und Druck vernichteten Initiative, Verantwortungsbereitschaft, eigene Überzeugung und machten es zu einer menschlichen Leistung, dem eigenen Gewissen zu folgen.

Deshalb genügt es heute nicht, *ein* Problem aufzugreifen, sondern wir müssen viel tiefer ansetzen. Wir müssen uns unsere seelischen Schäden bewußtmachen, die sich in Haß, Unduldsamkeit, in neuem, nun antisozialistischem Opportunismus, in Müdigkeit und Verzweiflung äußern. Wir müssen uns gegenseitig helfen, freie Menschen zu werden.

Die Qualität unseres Weges wird an der Bewahrung von Grundwerten der Gesellschaft zu messen sein.

Es geht um vier Dinge:

- die Freiheit des Andersdenkenden,
- Gerechtigkeit für alle,
- Frieden als Gestaltungsaufgabe nach innen und außen,
- Verantwortung für das Leben in allen seinen Gestalten.

Diese Werte zeigen die Richtung, die ich – und ich denke, wir alle – einschlagen wollen.

...

Wir betrachten die von uns angestrebte Form der Marktwirtschaft ohnehin nicht als Selbstzweck, sondern wir sehen in ihr eine natürliche, international bewährte, effektive Wirtschaftsform, die zugleich die Chance bietet, unseren moralischen Verpflichtungen in der eigenen Gesellschaft und in der Welt endlich in dem notwendigen Maße nachkommen zu können.

Wir wollen arbeiten, leben und wohnen in einer ökologisch verpflichteten sozialen Marktwirtschaft. Wir werden sie in Zusammenarbeit mit der Bundesrepublik und der EG jetzt Schritt für Schritt entwickeln. In den nächsten acht bis zehn Wochen wollen wir die Grundlagen für die Wirtschafts-, Währungs- und Sozialunion legen, damit diese vor der Sommerpause in Kraft treten kann.

...

Eine unserer wichtigsten Verpflichtungen gegenüber dem eigenen Volk und gegenüber der Menschheit ist die Gewährleistung einer lebenswerten und lebensfähigen Umwelt. Wir können unser Defizit auf diesem Gebiet nicht von heute auf morgen beseitigen. Aber mit Hilfe der Bundesrepublik werden wir ein durchdachtes und finanzierbares Umweltschutzprogramm in Gang setzen, das die vorhandenen Arbeitsplätze schont und neue Arbeitsplätze schafft.

Die dritte Dimension dieser Lebensqualität neben der sozial-ökonomischen und der ökologischen ist das geistige Leben. Bildung, Kultur und Medien sollen Ausdruck unserer Freiheit sein. Ihre Vielgestaltigkeit, ihre Pluralität werden ein Stück unseres gesellschaftlichen Reichtums sein. Aufgabe der Regierung wie des Parlaments ist es, über diesen Reichtum zu wachen und neuerlichen Deformierungen entgegenzuwirken.

Der Wählerauftrag, dem die Regierung verpflichtet ist, fordert die Herstellung der Einheit Deutschlands in einem ungeteilten, friedlichen Europa. Diese Forderung enthält Bedingungen hinsichtlich Tempo und Qualität.

Die Einheit muß so schnell wie *möglich* kommen, aber ihre Rahmenbedingungen müssen so gut, so vernünftig, so zukunftsfähig sein wie *nötig*.

...

Wir werden gefragt: Haben wir gar nichts einzubringen in die deutsche Einheit? Und wir antworten: Doch, wir haben!

Wir bringen ein unser Land und unsere Menschen, wir bringen geschaffene Werte und unseren Fleiß ein, unsere Ausbildung und unsere Improvisationsgabe. Not macht erfinderisch.

Wir bringen die Erfahrungen der letzten Jahrzehnte ein, die wir mit den Ländern Osteuropas gemeinsam haben.

Wir bringen ein unsere Sensibilität für soziale Gerechtigkeit, für Solidarität und Toleranz. In der DDR gab es eine Erziehung gegen Rassismus und Ausländerfeindlichkeit, auch wenn sie in der Praxis wenig geübt werden konnte. Wir dürfen und wollen Ausländerfeindlichkeit keinen Raum geben.

Wir bringen unsere bitteren und stolzen Erfahrungen an der Schwelle zwischen Anpassung und Widerstand ein. Wir bringen unsere Identität ein und unsere Würde.

Unsere Identität, das ist unsere Geschichte und Kultur, unser Versagen und unsere Leistung, unsere Ideale und unsere Leiden.

Unsere Würde, das ist unsere Freiheit und unser Menschenrecht auf Selbstbestimmung.

Aber es geht nicht nur um die letzten 40 Jahre. In Deutschland ist viel Geschichte aufzuarbeiten, vor allem die, die wir mehr den anderen zugeschoben und daher zu wenig auf uns selber bezogen haben. Aber wer den positiven Besitzstand der deutschen Geschichte für sich reklamiert, der muß auch zu ihren Schulden stehen, unabhängig davon, wann er geboren und selbst aktiv handelnd in diese Geschichte eingetreten ist.

Deutschland ist unser Erbe an geschichtlicher Leistung und geschichtlicher Schuld. Wenn wir uns zu Deutschland bekennen, bekennen wir uns zu diesem doppelten Erbe.

Doch wir bleiben bei Deutschland nicht stehen. Es geht um Europa. Wir kennen die aktuelle Schwäche der DDR. Aber wir wissen auch: Sie ist ein in seinen wirtschaftlichen Möglichkeiten nicht armes Land.

...

Die wirtschaftspolitische Zielsetzung besteht darin, die bisherige staatlich gelenkte Kommandowirtschaft auf eine ökologisch orientierte soziale Marktwirtschaft umzustellen.

Die Umstellung von staatlichem Plandirigismus auf soziale Marktwirtschaft muß mit hohem Tempo, aber auch in geordneten Schritten erfolgen. In den nächsten Monaten wird beides noch nebeneinander existieren müssen, wobei wir nach dem Motto zu arbeiten haben „soviel Markt wie möglich und Staat wie nötig".

...

In der Energiepolitik folgen wir dem Ziel einer umweltfreundlichen und rationellen Energieerzeugung und Energieverwendung.

Wir gehen davon aus, daß die Energieerzeugung aus Rohbraunkohle in den kommenden Jahren drastisch reduziert werden muß, um die hohe Luftbelastung durch die stark schwefelhaltige Rohbraunkohle aus DDR-Aufkommen deutlich zu senken und die weitere Zerstörung wertvollen Kulturgutes und der Landschaft durch überdimensionalen Kohleabbau einzuschränken. Wir werden stärker auf die Nutzung umweltfreundlicher Energieträger wie Erdöl, Steinkohle und Erdgas zurückgreifen müssen. Ein Schwerpunkt der Rekonstruktion der Braunkohlekraftwerke ist die Rauchgasentschwefelung und die Erhöhung des Wirkungsgrades bei der Energieerzeugung.

...

Wir gehen davon aus, daß wir wohl auf absehbare Zeit nicht auf die Nutzung von Kernenergie verzichten können. Die Gutachten werden hier das entscheidende Wort zu sprechen haben. Wir werden nach der Entscheidungsfindung die vorhandenen Kernkraftwerke durch Rekonstruktion und Modernisierung auf international geltenden Sicherheitsstandard bringen.

Mit steigender Wirtschaftskraft werden die Möglichkeiten zur Finanzierung der nicht billigen Umweltschutzmaßnahmen wachsen. Dazu zählt auch Erforschung und wirtschaftliche Nutzung alternativer Energieträger.

Wir werden die Einführung umweltfreundlicher Technik steuerlich begünstigen. Der bevorstehende Strukturwandel der Wirtschaft muß und wird so zu umweltfreundlicher und abproduktarmer, marktgerechter Produktion führen. Neue Industrieansiedlungen werden schon jetzt den EG-Standards entsprechen müssen.

...

Die komplizierte Wirtschaftssituation in unserem Land spiegelt sich auch in einer unterentwickelten Infrastruktur, insbesondere im Bereich des Verkehrs-, des Post- und Fernmeldewesens und im Bauwesen wider.

Der Aufbau eines leistungsfähigen Verkehrswesens ist eine der Grundvoraussetzungen für die Entwicklung einer marktwirtschaftlichen Ordnung, für wirtschaftliches Wachstum und für den Wohlstand unseres Landes.

...

Die Regierung stellt sich ihrer sozialen Verantwortung für die Sicherung angemessener Wohnbedingungen aller Bürger. Das erfordert eine Wohnungspolitik, mit der soziales Mietrecht und Mieterschutz gewährleistet werden sowie die Bewahrung, Erneuerung und Erweiterung des Wohnungsbestandes ermöglicht wird. Mietpreisbindung für Wohnraum, die sich in Abhängigkeit von der allgemeinen Einkommensentwicklung regelt, ist unabdingbar. Sozial Schwache erhalten Wohngeld. Kündigungsschutzregelungen für Mieter gehören zu den sozialen Grundsätzen der Koalition.

In einer sozialen Marktwirtschaft ist Wohnraum jedoch nicht nur eine Versorungsfrage. Durch Eigentumsbildung muß Wertbildung in privater Initiative ermöglicht werden. Das kommt zugleich der Werterhaltung und der Wohnkultur zugute.

...

Eine Wirtschaft ist kein Selbstzweck, sondern sie ist ein Mittel, um die Lebensbedürfnisse der Menschen zu sichern, um die Entfaltung der Menschen zu ermöglichen und um die Verwirklichung menschlicher Werte zu fördern.

Arbeitsförderung und die Schaffung von Arbeitsplätzen, insbesondere auch für Frauen, Alleinerziehende, für Eltern kinderreicher Familien und für Geschädigte ist Ziel unserer Regierungspolitik.

Die Bekämpfung der zu erwartenden Arbeitslosigkeit erfordert folgende Sofortmaßnahmen:

- Umschulung und Qualifizierung von Werktätigen,
- aufbau leistungsfähiger Arbeitsämter,
- finanzielle Absicherung bei Arbeitslosigkeit,
- Schutz der Beschäftigten durch ein Kündigungsschutzgesetz, ein Betriebsverfassungsgesetz und ein Tarifvertragsgesetz.

Unsere Sorge muß immer zuerst denen gelten, die aus Gründen, die sie selbst nicht zu verantworten haben, nicht aus eigener Kraft am Wohlstand teilhaben können.

Wir müssen diejenigen stützen, die zu den Schwachen der Gesellschaft gehören. Wir müssen sicherstellen, daß die Früchte der gemeinsamen Arbeit gerecht verteilt werden, und wir müssen dafür eintreten, daß der, der Lasten trägt, auch Entlastung bekommt. Gerade in einer Gesellschaft, in der das Spiel der freien Kräfte sich entfalten kann, ist es wichtig, daß die stärkste Kraft, also der Staat, sich zum Anwalt der Schwächeren macht. Dabei kann es nicht nur um die Zuweisung materieller Hilfen, beispielsweise an Behinderte, gehen, sondern es müssen die rechtlichen Rahmenbedingungen dafür geschaffen werden, daß nicht Almosen verteilt werden, sondern einklagbare Rechtsansprüche bestehen.

Ich möchte an dieser Stelle vom ungeborenen Leben sprechen. Wir alle wissen, daß die Frauen und Männer – und beide Partner stehen in der Verantwortung, darüber sind sich so manche Männer anscheinend gar nicht im klaren – an den Entscheidungen oft schwer tragen. Aber wir kennen auch die Mißstände, die eine Entscheidung gegen das Leben herbeiführen. Wir brauchen mehr Entscheidungen für das Leben. Wir brauchen wirtschaftliche und ideelle Hilfestellungen, die – insbesondere den Frauen – die Entscheidung *für* das Leben erleichtern und nahelegen.

...

Wir brauchen soziale Sicherungssysteme, die die Bürger als Arbeitslose, Kranke und Alte vor materieller Not schützen. Wir brauchen aber nicht den *einen* Wohltäter, ganz gleich, ob er FDGB oder anders heißt. Die zentralistische Verwaltung der Sozialversicherung beim FDGB entspricht nicht den Erfordernissen eines demokratischen Sozialstaates.

...

Der Krisenzustand in unserem Gesundheitswesen ist hinlänglich bekannt. Wir brauchen mehr Ärzte, mehr Krankenschwestern und Krankenpfleger. Wir brauchen eine medizinische Behinderten- und Altenhilfe und eine Neugestaltung der medizinischen Rehabilitation. Wir müssen die medizinische Ausstattung der Krankenhäuser verbessern und viele Krankenhäuser, viele Pflegeheime und Feierabendheime rekonstruieren. Dabei muß auch für die eindeutige Verbesserung ihrer sozialen und wirtschaftlich-technischen Infrastruktur gesorgt werden.

Das gewachsene System von Polikliniken und Einrichtungen des betrieblichen Gesundheitswesens ist sinnvollerweise zu erhalten sowie die Niederlassungsfreiheit für Fachärzte zu sichern.

...

Ein katastrophales Erbe übernehmen wir von der SED-Herrschaft auch im Bildungswesen. Besonders in den letzten Jahren haben sich große Probleme und Fehler angestaut.

Es gilt, das bürokratisch-zentralistische System staatlicher Leitung zu beseitigen und zu einem ausgewogenen Verhältnis von staatlicher Verantwortung und gesellschaftlicher Initiative zu kommen. Die in den letzten Jahrzehnten zementierte Einheitlichkeit muß durch ein differenziertes und flexibles Bildungswesen ersetzt werden, das auch alternative Modelle nicht ausschließt. Die Regierung stellt sich das Ziel, durch strukturelle Veränderungen jene Freiräume zu schaffen, in denen sich ein verantwortliches Zusammenwirken aller in der Bildung Tätigen entfalten kann.

...

Auf dem Gebiet der Kultur werden wir eine Politik verfolgen, die ein von jeglicher Reglementierung befreites, ungehindertes kulturell-künstlerisches Schaffen gewährleistet und sich allen geistigen Schätzen unseres Volkes, Europas und der Welt öffnet.

Die Regierung betrachtet es als ihre Pflicht, Kultur und Kunst zu schützen und zu fördern. Sie erkennt die Notwendigkeit der Subventionierung von Kultur und Kunst an. Für die Unterstützung kultureller Aufgaben von überregionaler Bedeutung regen wir einen zentralen Kulturfonds durch eine gesamtdeutsche Kulturstiftung an.

Die Regierung wird die Voraussetzungen zur Dezentralisierung und Föderalisierung von Kultur und Kulturpolitik schaffen und den Aufbau der Kulturhoheit der Länder vorbereiten.

Die Regierung wird dafür Sorge tragen, Kultur- und Kunstschaffende in ein differenziertes Netz sozialer Maßnahmen einzubinden. Wir werden den urheberrechtlichen Schutz der Kunstwerke garantieren, das Versicherungssystem für Kulturschaffende aufrechterhalten und auf eine kunstfreundliche Steuergesetzgebung hinwirken.

Wohl nirgends war in der Vergangenheit der Widerspruch zwischen Anspruch und Wirklichkeit so kraß wie in unserer Medienlandschaft. Die neue Regierung erklärt: Presse, Rundfunk und Fernsehen sind frei. Eine demokratische Ordnung setzt unabhängige Medien und den Wettbewerb der Meinungen voraus.

Die Abkehr von dem früheren Informations- und Meinungsmonopol der SED und die Zuwendung zu einer pluralistischen Medienstruktur dürfen jedoch weder dem Selbstlauf überlassen noch der Gefahr neuerlicher Monopolbildungen ausgesetzt werden.

Mit der Einrichtung eines Ministeriums für Medienpolitik will die Regierung helfen, unterschiedliche Bemühungen zusammenzuführen und den Weg in eine freie und vielfältige Medienlandschaft zu bahnen. Die Ausarbeitung eines Mediengesetzes ist unter Berücksichtigung späterer Länderkompetenzen bald abzuschließen. Bis zu seiner Verabschiedung schlagen wir der Volkskammer vor, das Mandat des Medienkontrollrates zu erneuern.

Angesichts des Konkurrenzdrucks bundesdeutscher Printmedien scheint es geboten, schnellstmöglich kartellrechtliche Bestimmungen zu erlassen. Ebenso dringend ist eine Gebührenregelung für Rundfunk und Fernsehen.

...

Mir persönlich liegt die Rechtsstaatlichkeit besonders am Herzen. Das bisherige Rechtswesen diente im wesentlichen der Absicherung der bestehenden Machtstrukturen und sorgte dafür, daß jegliche oppositionelle Regung kriminalisiert und im Keim erstickt wurde. Mit welcher Unerbittlichkeit und Härte dabei vorgegangen wurde, das haben Tausende Bürger am eigenen Leibe erfahren.

Die Rehabilitierung von Bürgern, die aus politischen Gründen strafrechtlich verfolgt und arbeitsrechtlich benachteiligt wurden oder andere Nachteile zu Unrecht erlitten, wird ein wesentliches Anliegen neuer Rechtspolitik sein.

Die Regierung wird dafür Sorge tragen, daß das Justizwesen nach rechtsstaatlichen Grundsätzen umgestaltet und das Prinzip der Gewaltenteilung durchgesetzt wird.

Insbesondere halten wir folgende Maßnahmen für erforderlich:

1. Bildung eines Verfassungsgerichts,
2. schrittweise Schaffung gesonderter Verwaltungs-, Arbeits- und Sozialgerichte, zunächst im Rahmen ordentlicher Gerichtsbarkeit,
3. Umgestaltung der Vertragsgerichte in ordentliche Gerichte,
4. Eingliederung der Militärgerichte sowie der Militärstatsanwaltschaften in das zivile Justizwesen,
5. Stärkung der Rechtsanwaltschaft.

...

Demokratie bedarf neben der Rechtsstaatlichkeit einer weiteren Bedingung: Dezentralisierung der Macht. Bisher ging alle Macht von Berlin aus. In Berlin wurde entschieden. Ausgehend davon, daß nach der Wahl demokratisch legitimierter Volksvertretungen auf der Ebene der Kreise, Städte und Gemeinden am 6. Mai 1990 die Bezirkstage die einzigen Vertretungskörperschaften sein werden, die nicht aus freien, gleichen und geheimen Wahlen hervorgegangen sind und deren Zusammensetzung damit nicht der tatsächlichen politischen Kräftekonstellation im jeweiligen Territorium entspricht, sollte das Präsidium der Volkskammer den Bezirkstagen empfehlen, ihre Legislaturperiode nach den Kommunalwahlen zu beenden.

...

Unsere Zukunft liegt in der Einheit Deutschlands in einem ungeteilten friedlichen Europa.

Wir sind in der Regierung für 16 Millionen Bürger verantwortlich, und das wird das Handeln dieser Regierung bestimmen. Alle Deutschen haben eine gemeinsame Geschichte, die am Ende des 2. Weltkrieges durch die Teilung Europas nur scheinbar unterbrochen wurde. Beide deutsche Regierungen sind sich einig darin, daß das Ziel der Verhandlungen nicht eine geschäftliche Partnerschaft sein kann, sondern eine wirkliche Gemeinschaft. Das wird den Geist der Verhandlungen bestimmen. Die Einigung muß aus dem Wunsch der Menschen und nicht aus den Interessen von Regierungen entstehen.

Deutschland liegt in der Mitte Europas, aber es darf sich nie wieder zum Machtzentrum Europas erheben wollen. Wir wollen nicht zwischen den Stühlen der Völker Europas sitzen, sondern ein Pfeiler sein für eine Brücke der Verständigung. Deutschland muß ein Faktor des Friedens sein. Die Vereinigung Deutschlands soll die Stabilität in Europa festigen und die Schaffung einer gesamteuropäischen Ordnung des Friedens, der Demokratie und der Zusammenarbeit fördern.

In die deutsche Einheit wollen wir unsere Erfahrungen der Bedeutung eines inneren Friedens in der Gesellschaft einbringen. Wir wissen, daß wir dafür zuerst mit unserer Geschichte ins Reine kommen müssen. Es darf nicht mehr den einen Teil geben, der an allem schuld war, und den anderen, der sich seine Unschuld vor der Geschichte angeblich bewahrt hat. Auch wir haben uns zu der gemeinsamen Verantwortung für die Verbrechen der nationalsozialistischen Diktatur bekannt.

Die Einheit Deutschlands soll die Gemeinschaft der Europäer stärken. Die wesentliche Voraussetzung dafür ist die Garantie der Grenzen in Europa. Dafür ist auch grundlegend, daß sich unsere Nachbarn ihrer Grenzen mit Deutschland sicher sind. Die völkerrechtlich verbindliche Anerkennung der polnischen Westgrenze, wie sie im Görlitzer Vertrag der DDR mit Polen und im Warschauer Vertrag der Bundesrepublik mit Polen beschrieben ist, ist unverzichtbar.

Mit Vollzug der Vereinigung der beiden deutschen Staaten soll die künftige deutsche Verfassung u.a. den Artikel 23 des Grundgesetzes nicht mehr enthalten. Deutschland hat keine Gebietsansprüche gegenüber anderen Staaten und wird sie auch in Zukunft nicht erheben.

...

Es ist Aufgabe der Regierung der DDR, eine Politik zu verfolgen, die den Prozeß der Ablösung der Militärbündnisse mittels bündnisübergreifender Strukturen als Beginn eines gesamteuropäischen Sicherheitssystems fördert. Ein europäisches Sicherheitssystem mit immer weniger militärischen Funktionen ist dabei unser Verhandlungsziel. Die Erweiterung des Sicherheitsbegriffs auf die Bereiche der Wirtschaft, Umwelt, Kultur, Wissenschaft und Technologie halten wir für ein Gebot der Stunde.

...

Das Programm dieser Regierung der demokratischen Mitte ist anspruchsvoll. Wir wissen, daß wir einen mühsamen Weg vor uns haben. Keine Regierung kann Wunder vollbringen, aber wir werden das Mögliche mit aller Kraft anstreben. Wenn wir das uns Mögliche erkennen und mit Nüchternheit und Umsicht Schritt für Schritt verwirklichen, dann können wir die Grundlagen für eine bessere Zukunft der Menschen in unserem Land legen. Wir bauen dabei auf die Unterstützung, den Mut und die Tatkraft aller Bürger.

Drucksache Nr. 19

Volkskammer der Deutschen Demokratischen Republik – 10. Wahlperiode

Antrag des Ministerrates der Deutschen Demokratischen Republik
vom 9. Mai 1990

Die Volkskammer wolle beschließen:

Gesetz
zur Änderung und Ergänzung der Verfassung der Deutschen Demokratischen Republik (Verfassungsgrundsätze) vom

Lothar de Maizière
Ministerpräsident

Gesetz zur Änderung und Ergänzung der Verfassung der Deutschen Demokratischen Republik (Verfassungsgrundsätze)

In der Erkenntnis, daß in der Deutschen Demokratischen Republik im Herbst 1989 eine friedliche und demokratische Revolution stattgefunden hat, und in der Erwartung einer baldigen Herstellung der staatlichen Einheit Deutschlands wird für die Übergangszeit die Verfassung der Deutschen Demokratischen Republik um folgende Verfassungsgrundsätze, die entgegenstehenden Grundsätzen der bestehenden Verfassung vorgehen, ergänzt:

Artikel 1
Freiheitliche Grundordnung

(1) Die Deutsche Demokratische Republik bekennt sich zur freiheitlichen, demokratischen, föderativen, rechtsstaatlichen und sozialen Grundordnung. Hinsichtlich der föderativen Ordnung gilt dies nach Maßgabe einer besonderen Ergänzung der Verfassung und noch zu erlassender gesetzlicher Vorschriften.

(2) Vorschriften der Verfassung und sonstiger Rechtsvorschriften sind entsprechend den Grundsätzen des Absatzes 1 anzuwenden. Regelungen, die den Einzelnen oder Organe der staatlichen Gewalt auf die sozialistische Staats- und Rechtsordnung, auf das Prinzip des demokratischen Zentralismus, auf die sozialistische Gesetzlichkeit, das sozialistische Rechtsbewußtsein oder

die Anschauungen einzelner Bevölkerungsgruppen oder Parteien verpflichten, sind nicht anzuwenden.

Artikel 2
Eigentum

Privateigentum einschließlich des Erwerbs von Eigentum und eigentumsgleichen Rechten an Grund und Boden sowie an Produktionsmitteln wird gewährleistet. Dadurch wird die gesetzliche Zulassung besonderer Eigentumsformen für die Beteiligung der öffentlichen Hand oder anderer Rechtsträger am Wirtschaftsverkehr nicht berührt.

Artikel 3
Wirtschaftliche Handlungsfreiheit

(1) Jede natürliche und juristische Person hat das Recht, im Rahmen der Gesetze mit anderen Verträge zu schließen und sich insbesondere wirtschaftlich zu betätigen.
(2) Die Außenwirtschaft einschließlich des Außenhandels und der Valutawirtschaft darf gesetzlich geregelt, aber nicht staatlich oder anderweitig monopolisiert werden.

Artikel 4
Tarifvertragsparteien

(1) Jedermann hat das Recht, zur Wahrung und Förderung der Arbeits- und Wirtschaftsbedingungen Vereinigungen zu bilden, ihnen beizutreten, aus solchen Vereinigungen auszutreten und ihnen fernzubleiben.
(2) Tariffähige Gewerkschaften und Arbeitgeberverbände müssen frei gebildet, auf überbetrieblicher Grundlage organisiert und unabhängig sein sowie das geltende Tarifrecht als verbindlich anerkennen.

Artikel 5
Unabhängige Rechtsprechung

Die Richter sind in ihrer Rechtsprechung unabhängig und nur der Verfassung und dem Gesetz unterworfen. Sie unterliegen insoweit keiner Aufsicht staatlicher oder gesellschaftlicher Organe. Eine Leitung der Rechtsprechung unterer Gerichte durch obere Gerichte ist nicht zulässig.

Artikel 6
Schutz der Arbeit

Die Arbeitskraft wird vom Staat geschützt. Der Staat fördert das Recht des einzelnen, durch Arbeit ein menschenwürdiges Leben in sozialer Gerechtigkeit und wirtschaftlicher Freiheit zu führen.

Artikel 7
Neufassung
Artikel 106 der DDR-Verfassung wird wie folgt gefaßt:

„Artikel 106

Die Verfassung kann nur von der Volkskammer der Deutschen Demokratischen Republik durch Gesetz geändert werden, das ausdrücklich als ‚Verfassungsgesetz' bezeichnet ist. Staatsverträge der Deutschen Demokratischen Republik und andere völkerrechtliche Verträge sind, soweit durch sie die Verfassung geändert wird, durch ein Ausdrücklich als ‚Verfassungsgesetz' bezeichnetes Gesetz zu bestätigen."